Inhalt

Vorwort

Die letzten Jahre zeigen immer deutlicher, wie sehr sich Menschen spalten und trennen lassen, sei es auf politischer, gesellschaftlicher oder religiöser Ebene. Lange überwunden geglaubte Verhaltensweisen zeigen sich in wieder neu entstandener Pracht. Dabei sind jedoch nur die prachtvollen Gewänder ausgetauscht worden, die in neuen Farben erstrahlen.

Je mehr sich die Gewänder ähneln, desto mehr fühlen sich die Menschen zueinander hingezogen, weshalb sie sich in Gruppen organisieren. Unter den einzelnen Gewändern befinden sich jedoch immer noch dieselben uralten Verhaltensweisen von Menschen wie Selbstüberhöhung, projizierendes Verhalten, Spaltung, Abwertung, Verurteilung oder Diffamierung, die letztlich irgendwann in Handlungen oder Taten umgesetzt werden, die nicht selten destruktiv sind. Weshalb sind du und ich so anfällig für solches Verhalten?

Welche Mechanismen führen dazu, dass wir uns in Gruppen geborgen fühlen, die im Kern extremistisch sind und die sich stark gegen andere Gruppierungen und Menschen absetzen? Welche Mechanismen wirken innerhalb von Gruppen, die zum **Untergang deiner eigenen Persönlichkeit** führen? Welche Techniken setzen Gruppen ein, um dich an sie zu binden und um dafür Sorge zu tragen, dass du dein Verhalten nachhaltig änderst? Mit welchen Methoden arbeiten Menschen und Gruppen, die sich für den Klimaschutz einsetzen? Und was ist daran so gefährlich? Welche Mittel der religiösen Sprache verwenden sie und welche Methoden des **Brainwashings** setzen sie ein? Weshalb wird der Einsatz solcher Methoden sogar im Psychotherapeutenjournal 3/2019 von einem Psychotherapeuten als **Therapieempfehlung** gefordert? Weshalb sind Ideologien erfolgreich und unter welchen Umständen werden sie besonders erfolgreich?

Wie können wir die Methoden des Brainwashings erkennen? Wie wirken diese Methoden? **Was ist es in uns selbst, das uns für Ideologien empfänglich macht?**

Diesen Fragen gehen wir in diesem Buch nach. In dem ersten Teil des Buches beschäftigen wir uns mit der Definition des „Ichs" und der Definition der Seele aus dem jüdisch/christlichen Kontext heraus, den individuellen neurotischen Anteilen des Menschen und wie sie in kleinen und großen Organisationsformen von Gruppen aufgehen. Wir erörtern, welche religiösen und hypnotischen Tendenzen innerhalb ideologischer Gruppen wirken können, obwohl sie nichts mit Religionen zu tun haben. Weshalb dürfen Anführer einer Gruppe niemals öffentlich differenzieren? Welche Mechanismen wirkten bei der deutschen Energiewende 2011 und bei der Migrationspolitik 2015?

Welchen Einfluss hat traumatisches Erleben Einzelner auf ihre Entscheidung, einer Ideologie zu folgen? Was ist ein psychisch erlittenes Trauma und welche Folgen hat es? Weshalb heißt es, führt eine Posttraumatische Belastungsstörung nach erlittenem **Trauma immer zu einer Spaltung der Persönlichkeit? Weshalb wird „Gut" zu „Böse" und „Böse" zu „Gut"? Was solltest du als Angehöriger eines Traumatisierten unbedingt vermeiden? Weshalb ist bei Traumatisierten Vergeben/Verzeihen kein Akt des Willens?** Und was haben ideologische Gruppierungen mit bewusst eingesetzten, kleinen Verletzungen der Seele bzw. bewusst ausgelösten Traumatisierungen zu tun?

Die Mechanismen, die individuell und innerhalb des Kollektivs wirken, wollen wir dir anhand von vier Kurzgeschichten darlegen.

In der ersten Geschichte treffen wir Paul, einen jungen, ehrgeizigen und intelligenten Entwicklungsingenieur aus der Fahrzeugbranche. In seiner Freizeit beschäftigt er sich mit Killerspielen, die ihm zur „Entspannung" verhelfen. Sozial agiert er ungeschickt, seine Kollegen bezeichnen ihn oft als Nerd. Nach einem erfolgreichen Projektabschluss trifft er in einer Fußgängerzone auf Nele und lässt sich auf einen kleinen Persönlichkeitstest ein. Wenige Tage später befindet er sich mit Fabian in seinem ersten Auditing, das ihn sehr tief aufwühlen wird. Welche Mechanismen wirken auf bewusster und unbewusster Ebene, die dazu führen, dass Paul sich auf Scientology einlässt? Und wie endet die Geschichte?

Die zweite Geschichte beruht auf einer wahren Begebenheit. Sie handelt von einer Familie und beleuchtet ihr Wirken über drei Generationen hinweg. Sie erzählt die graue, trübe, traurige und oft sehr brutale Kindheit von Heinrich und Ursula, die sich bei den Zeugen Jehovas kennenlernen. Heinrich ist erst seit kurzer Zeit bei den Zeugen Jehovas, Ursula seit Kindestagen. Sie gebären einen Sohn, Michael. Michael wird in der Lehre der Zeugen Jehovas erzogen und erweist sich als ein freudiger und junger Diener Jehovas. So zumindest sieht es nach außen hin aus, denn sie gelten innerhalb der Zeugen Jehovas als Vorbildfamilie. Michael hingegen leidet schwer unter seinen Eltern und den Prozessen, die der ideologischen Sekte innewohnen. Doch die Mechanismen dieser Sekte sind hochwirksam. Michael wird diese Mechanismen eines Tages erkennen, und aus den Büchern des Lebens seiner Eltern wird er erfahren, welche traumatisierenden Begebenheiten und Neurosen dazu geführt haben, dass sie bei den Zeugen Jehovas gefangen sind. Eines Tages wird er seinen Vater mit den dunklen Methoden der Zeugen Jehovas konfrontieren und ihn fragen, weshalb er z.B. die Subliminals der Literatur, also die unterschwelligen, eingezeichneten Botschaften, nicht erkannt habe. Weshalb hat Heinrich die Teufelskralle, die neben Jesus dargestellt wird, oder die zahlreichen, auf einer unterschwelligen Ebene eingezeichneten, Dämonen nie gesehen? Er wird seinen Vater mit seiner „Wahrheit" bezüglich essentieller Themen der Bibel konfrontieren. Was könnte es bedeuten, wenn es heißt, „Gebt dem Cäsar, was des Cäsars ist?" Was ist Sünde aus der Sicht Jesu? Wie ist das mit der Liebe dem Nächsten gegenüber und der Liebe zu den Feinden? Und worin besteht der Unterschied zwischen Urteilen und Verurteilen aus Michaels Sicht? Es wird ihm für einen kurzen Moment gelingen, hinter die Programmierungen und Schutzwälle seines Vaters zu gelangen. Einen Tag später wird er völlig fassungslos das Ergebnis realisieren. Wird es Michael, trotz allen Erkennens und Wissens um die negativen Mechanismen der Zeugen Jehovas, gelingen, sich von ihnen und seinen Eltern zu lösen oder sind die Mechanismen der Sekte so stark, dass er ihnen wieder verfällt? So wie es vielen anderen Menschen ergeht?

Laras Arbeitstag als Kostümbildassistentin beginnt wie so viele andere Arbeitstage zuvor. Es ist bereits die dritte Anprobe mit Elvira „Elvi" Vanderheyden, um endlich alle Kleidungsstücke für einen Fernsehfilm zusammenzustellen. Wie in vielen anderen Bereichen des Lebens treffen hier hochneurotische, im Falle Elvis sind es histrionische[1], Persönlichkeitszüge, aufeinander. Lara erlebt, vermutlich wie die meisten anderen Menschen tagtäglich, wieder einmal einen Tag vollgespickt mit kleinen Sticheleien, die das Leben unnötig schwer machen. Am Nachmittag trifft sie auf Timo, den befreundeten Stuntman. Die darauffolgenden Ereignisse markieren einen Wendepunkt, woraufhin sie sich die Frage nach dem Sinn ihres Lebens stellt. Sie beginnt zu recherchieren, welche Mechanismen Menschen dazu bringen, Medien und insbesondere TV-Angebote zu verkonsumieren und wie weit sie sich dadurch von sich selbst entfernen. **Wie weit entfernen wir Menschen uns voneinander, wenn Framing gezielt dafür eingesetzt wird, Menschen zu spalten?** Wie beeinflusst Fernsehen die Entwicklung unserer Kinder? Welche Korrelation zwischen Fernsehen und AD(H)S-Erkrankungen gibt es? Wie reagiert eine junge Frau mit Down-Syndrom auf den dargestellten Mord an einem Schauspieler? Wie reagieren scheinbar gesunde Menschen auf den Tod eines Seriencharakters? Wie weit geht die Identifikation, die zum Untergang des Ichs führen kann, wenn die Rolle des Schauspielers innerhalb einer Serie verstirbt? Ist es wirklich schon so weit gekommen, dass fiktive Rollen als Familien- und Freundesersatz angesehen werden? Wie weit hat Lara sich von sich selbst entfremdet und trägt Entfremdung, als kleines Zahnrad des großen Getriebes, mit hinein in die Gesellschaft und dazu bei, dass andere Menschen sich von sich selbst und ihren Nächsten entfernen? Und schafft sie es, die Belastungen des erlittenen Traumas loszuwerden?

Jan will seine Tochter Mia abholen, um das Wochenende gemeinsam mit ihr zu verbringen. Dafür wirft er sich, nach einem Arbeitstag in einer Hamburger Sozietät, in seinen Achtzylinder-SUV. Doch kaum hat er auf dem Ledersessel Platz genommen, bemerkt er die beschädigte Motorhaube, auf der „UMWELTSAU" eingekratzt ist. Voller Wut rast er zu seiner Tochter, die ohne sein Wissen an einigen fridays-for-future-Demonstrationen teilgenommen hat. So kommt es, wie es kommen muss. **Zum Crash der Generationen.**

Genau in diesen Crash greift Eva, die neue Lebensgefährtin Jans, mit uralten, weiblichen und sanften Mitteln ein. Mit Wissen, Weisheit, Hingabe und Empathie hilft sie Mia und Jan, die Mechanismen zu entdecken, die sich hinter dem im Außen auftauchenden Klimathema verbergen. Sie begegnet und stellt sich gemeinsam mit Mia Mias Ängsten. Beide erleben einen kurzen Moment der Spiritualität, der Mia sehr aufrütteln wird. Und nicht nur Mia wird dieser Moment aufrütteln, er wird Jan in seinen Grundfesten erschüttern. Auch darauf wird sich Eva einschwingen und lange mit Jan über die Fallstricke der menschlichen Kommunikation sprechen, und wie Frieden Einzug in die Kommunikation halten kann. Sie werden die Themengebiete des Vier-Seiten-Modells, der Transaktionsanalyse, der Problematik von Warum-Fragen und „normopathisches Verhalten innerhalb von Gruppenprozessen" erörtern. Darüber hinaus berichtet sie, als Psychotherapeutin, über ihre Erfahrungen mit autistischen Erkrankungen. Wie oft sind die Eltern bzw. deren Erlebnisse (mit-)verantwortlich für die Erkrankung ihrer Kinder? Wie ist der Bezug zu Greta Thunberg? Welche Mechanismen wirken in Gretas Familie? Was macht die Familiengeschichte der Thunbergs so dramatisch? **Und weshalb ist die Beschäftigung mit dem Klimawandelthema als Erlösung für die Familie Thunberg zu verstehen?** Zudem spricht sie mit Jan über die **religiösen Tendenzen der Klimabewegung** und zeigt anhand eines Artikels des Psychotherapeutenjournals 3/2019 auf, welch religiöse Sprache dort verwendet und wie ganz offen zum Brainwashing aufgerufen wird. Welche Mechanismen kommen hier zusammen? Kann es überhaupt eine Erlösung für „Klimaretter" geben, wie sie in anderen Religionen versprochen wird? Werden Jan und Mia sich auf einer neuen Ebene begegnen können? Werden sie die unterschiedlichen wissenschaftlichen Erkenntnisse und Aussagen aushalten können oder bleibt es bei den verhärteten Strukturen, die doch nur bestehen, weil die Menschen tief verletzt sind – und das über Generationen? Finden sie zusammen?

Das Buch schließt mit dem Aufeinandertreffen Evas auf Michael. Sie erörtern, welche Probleme entstehen, wenn wir Menschen uns gegenseitig mit subjektiven Begriffen brandmarken. Sie besprechen es anhand des Begriffs „Tätervolk". Abschließend bringen sie beide auf den Punkt, wie wir die Tricks des Brainwashings erkennen, überwinden und die Spaltung auflösen können.

Das Individuum

Das Ich und die Seele aus jüdisch / christlicher Sicht

Die jüdische Philosophie und auch Teile des Alten Testaments unterteilen die verschiedenen Seelenanteile in Nefesh, Ruach, Neshama, Chaya und Yechida. Nefesch ist der Erde zugehörig und steht für den physischen Körper und die Lebenskraft. Ruach ist der ordnende Anteil der Beziehungen zu anderen Menschen und steht für die Wahrnehmung der Emotionen und Gefühle. Insbesondere die Gottesliebe wird über eine entwickelte Ruach gefühlt und auch weitergegeben. Neshama steht für die Gemeinschaft mit Gott in den Welten, versteht die Schöpfungsprinzipien auf dieser Erde, nimmt das Licht und die Liebe Gottes wahr und bringt es auf die Erde. Das Chaya-Bewusstsein übersteigt den schöpferischen Aspekt und kommuniziert mit Gott und den göttlichen Kräften im Zustand des Einsseins, unabhängig von den Schöpfungsanteilen Gottes. Es verschmilzt mit dem göttlichen Bewusstsein und dabei existiert kein Ich mehr. Yechida ist der Bewusstseinszustand der Essenz der Seele, die auf ewig mit dem Ewigen verbunden ist.[1]

Diese Beschreibung der unterschiedlichen Seelenanteile findet sich in ähnlicher Form in manchen fernöstlichen Traditionen wieder, wenn auch nicht in allen. In einigen wird die individuelle Seele als Entität abgelehnt. Auch das Neue Testament beschreibt unsterbliche Anteile der Seele, wenngleich in der gesamten Bibel auch Hinweise auf die Seelenteile zu finden sind, die mit dem Tod sterben. Jesus selbst sagte zu seinen Jüngern: „Und fürchtet euch nicht vor denen, die den Leib töten, doch die Seele nicht töten können; fürchtet viel mehr den, der Leib und Seele verderben kann in der Hölle." (Matthäus 10:28) Im ersten Brief des Petrus findet sich der Bericht über Jesus, der nach seinem Tod im Geiste den Geistern, die während Noahs Zeit ungehorsam waren, gepredigt haben soll. In einem weiteren Kapitel wird den Toten das Evangelium verkündet. Auch im sechsten Kapitel der Offenbarung trifft Johannes auf Seelen Verstorbener, die sprechen und somit aktiv sind.

Das Ego

Der Begriff „Ego" wird häufig in negativer Konnotation verwendet. Dabei stammt „Ego" aus dem Latein und bedeutet erst einmal nur „Ich". Ein „Ich" ist in dieser materiellen Welt erforderlich, um überhaupt Erfahrungen machen zu können. In der dualen Wirklichkeit sind wir eben nicht alle „Eins", wie es einige spirituelle Gruppen versuchen zu vermitteln, sondern wir unterscheiden uns. Wir unterscheiden uns im Aussehen, in den Blutbildern, Krankheiten, Biographien, Ansichten und Glaubenssystemen und in den Genen. Auf die verschiedenen Bedeutungen des Egos als „Selbst" oder „Selbstkonzept" als psychologischer Begriff soll hier nicht weiter eingegangen werden. Auch Diskussionen über die exakte Definition des „Ichs" bringen uns an dieser Stelle nicht weiter. Denn ob wir uns mit unseren beiden Beinen als „Ich" bezeichnen und was das „Ich" mit amputierten Beinen wäre, ist hier wenig hilfreich.

Rabbi Eitan Yardeni bezeichnet Satan als

> „negative Kraft, die wir alle in uns haben. [...] Eine der Manifestationen dieser Kraft, die Satan genannt wird, ist unser Ego. [...] [Es] ist die Quelle aller Selbstsucht, reaktiven Gefühle, egoistischen Verhaltens, Eifersucht, Traurigkeit und Depression, Opferbewusstsein und Schuldbewusstsein. Es ist der Teil in uns, der sich unwohl fühlt, wenn etwas nicht in unsere Richtung geht. [...] Wut, Verärgerung, Schmerz und Enttäuschung fühlen sich so real an. Der Sohar lehrt uns jedoch, dass es temporäre Kräfte sind, die existieren, um uns herauszufordern, bis wir die kollektive Transformation der Welt erreichen."[2]2

Für ihn gibt es einen Unterschied zwischen dem „Seelenbewusstsein" und dem „Satanbewusstsein". Der Begriff „Ego" wird häufig auch mit dem „Selbstbild", das wir von uns machen, verwendet und verstanden. Es liegt jedoch in der Natur der Sache, dass Bilder nur einen Ausschnitt der gesamten, umfassenden Realität und auch nur einen kleinen zeitlichen Abschnitt darstellen können. Wenn ich mich selbst als „tollen Hecht" sehe und wahrnehme, muss ich dieses Selbstbild mit allen erdenklichen Mitteln und zu jedem Zeitpunkt aufrechterhalten. Wenn ich ein „Held" bin oder sein will, führt dies, neben dem narzisstischen Größendenken, zu dauerhaftem Leistungsdruck. Wenn ich mich selbst als „ängstlich" wahrnehme, blende ich die Facetten bzw. die Bilder meines Lebens aus, in denen ich mutig war. Zudem bringt es mich in eine depressive Stimmung und programmiert mein weiteres Sein. Denn da ich ja ängstlich bin, werde ich es auch in Zukunft sein. „Ich bin" mit einem drauffolgenden Verb oder einem Adjektiv ist schon die erste Form einer Identifikation und u.U. eine Programmierung. Jede Identifikation verkürzt mich selbst und/oder meine Wahrnehmung.

Mit diesen Definitionen und Glaubensrichtungen lässt sich nur schwerlich ein gemeinsamer Nenner definieren, der ein „Ich" oder das „Ego" erklären könnte. Vielleicht können wir uns für den weiteren Verlauf des Buches einigen: Als „Ich" definieren wir für den Körper „Nefesch" und die emotionale Ebene des Menschen „Ruach", und wenn du willst, nimm noch die drei anderen Anteile dazu. Wenn nicht, ist das auch okay, denn wir wollen ja nicht über Spiritualität diskutieren, sondern herausfinden, welche Mechanismen dazu führen, dass Menschen Ideologien anheimfallen. Als „Ego" definieren wir das „Selbstbild" mitsamt der schädlichen „Identifikation" als kleinsten gemeinsamen Nenner. Und in der Tat – Identifikation ist ein entscheidender Faktor der Ego-Problematik, der wir Menschen ausgesetzt sind. Identifikation mit dem Job – obwohl der Mensch aus viel mehr besteht als aus dem Job – mit der Partei, dem Verband, der Rasse, der Firma, für die gearbeitet wird, dem Fußballverein, der Religion, der Gewerkschaft, der Essenskultur oder der Marke, deren Artikel einfach nur verkonsumiert werden.

Identifikation führt zum Untergang des Ichs

Gustave Le Bon schrieb bereits 1895 in „Psychologie der Massen", dass

> „unter bestimmten Umständen, und nur unter diesen Umständen, besitzt eine Versammlung von Menschen neue, von den Eigenschaften der einzelnen, die diese Gesellschaft bilden, ganz verschiedene Eigentümlichkeiten. Die bewusste Persönlichkeit schwindet, die Gefühle und Gedanken aller einzelnen sind nach derselben Richtung orientiert. Es bildet sich eine Gemeinschaftsseele [...]. "[3]
>
> „Das Überraschendste an einer psychologischen Masse ist: welcher Art auch die einzelnen sein mögen, die sie bilden, wie ähnlich oder unähnlich ihre Lebensweise, Beschäftigungen, ihr Charakter oder ihre Intelligenz ist, durch den bloßen Umstand ihrer Umformung zu Masse besitzen sie eine Art Gemeinschaftsseele, vermöge deren sie in ganz andrer Weise fühlen, denken und handeln, als jedes von ihnen für sich fühlen, denken und handeln würde. "[4]

Unter dem Einfluss einer Masse geht also die eigene Persönlichkeit unter, ja sie wird sogar freiwillig aufgegeben. Aus den einzelnen energetischen Anteilen bildet sich die Gemeinschaftsseele. Zweifellos kann, um zur jüdischen Tradition zurückzukehren, hier nur der Ruach-Aspekt (der emotionale Anteil) gemeint sein. Die Energien der einzelnen verbinden sich zu einer gemeinsamen Matrix. Der Wunsch nach Einheit scheint hier die Ursache dafür zu sein, dass die einzelnen Menschen ihr eigenes Sein aufgeben. Laut Le Bon können vom Einzelnen sowohl nützliche als auch schädliche Aspekte des Massenbewusstseins vollkommen unbewusst und unreflektiert übernommen werden. Zudem wird die Kritikfähigkeit vollkommen ausgeschaltet. Der Einzelne ist nicht mehr in der Lage, Argumente der Gegenseite wahrzunehmen, geschweige denn diese abzuwägen. Wissenschaftlicher Erkenntnisprozess formuliert eine These, der Widerspruch mündet in die Formulierung der Antithese, und diese münden in eine Synthese. Selbstverständlich würde freies Denken der Synthese eine neue Antithese gegenüberstellen. Das scheint für die Masse unmöglich zu sein. Le Bon schreibt dazu:

> *„Die Massen kennen nur einfache und übertriebene Gefühle. Meinungen, Ideen, Glaubenssätze, die man ihnen einflößt, werden daher nur in Bausch und Bogen von ihnen angenommen oder verworfen und als unbedingte Wahrheiten oder ebenso unbedingte Irrtümer betrachtet. […] Der einzelne kann Widerspruch und Auseinandersetzung anerkennen, die Masse duldet sie niemals. In den öffentlichen Versammlungen wird der leiseste Widerspruch eines Redners sofort mit Wutgeschrei und groben Schmähungen beantwortet, und wenn der Redner beharrlich ist, folgen leicht Tätlichkeiten, und der Redner wird hinausgeworfen. Ohne die einschüchternde Anwesenheit der Sicherheitsbehörde würde man oft den Gegner lynchen.*"[5]

Mit diesen Erkenntnissen sollten wir besser nicht versuchen, eine Antithese auf einer Demonstration der fridays-for-future-Bewegung zu formulieren. Le Bon definierte ungleichartige Massen wie die Rassenseele und gleichartige Massen wie die Kaste, die Sekte oder die Klasse. Die Identifikation mit der Religion ist das Paradebeispiel für die Ego-Problematik von uns Menschen. Nur sehr wenige Religionen haben in ihrer Geschichte andere Religionen akzeptiert. Eine zu starke Identifikation mit der Religion wertet automatisch andere Religionen ab, denn nur die eigene ist ja grundsätzlich als richtig und einzig wahr akzeptiert und anerkannt worden. Dabei liegt es auf der Hand, dass niemand den Wahrheitsgehalt von 30.000 christlichen Gruppen innerhalb eines Lebens überprüfen kann. Wie kann ein Mensch den Wahrheitsgehalt jeder einzelnen Religion sämtlicher islamischen, hinduistischen, christlichen und anderen Richtungen überprüft haben? Dennoch wähnt sich das Menschlein in der Lage, die eigene Religion als ultimativ richtig zu proklamieren. So wird der Wahn des Gottesvertreterprinzips, denn „nur die Kaste der eigenen Religion vertritt diesen Gott", automatisch zum Größendenken führen.

Das individuelle Größendenken in Gruppen

Nur „wir" wissen, was einzig richtig ist, sei es, weil es uns unsere Priester, die manchmal auch Wissenschaftler genannt werden, so gepredigt haben oder weil wir anderweitig indoktriniert worden sind und die Indoktrination nur bei anderen Menschen erkennen können. Erlösung wiederum erhalten „wir" nur durch das richtige Tun – und nur „wir" wissen, wie das richtige Tun aussieht.

„Wir sind mehr" oder „Wir sind noch mehr!"

Nur „wir" haben Recht und die Anderen Unrecht. Wie oft die Menschheit oder auch der jeweilige Stand der Wissenschaft so weit von der richtigen Erkenntnis entfernt lag, das wollen „wir" nicht sehen, denn mit wissenschaftlichen Erkenntnisprozessen haben „wir" uns noch nie beschäftigt, weil „wir" das gar nicht nötig haben.

„Wir" möchten alle gerne glauben lassen, dass „wir" alle Menschen lieben und für „uns" alle Menschen gleich sind. Das gilt allerdings nur für den Fall, dass „alle" „unsere Meinung teilen", und wie hart wir die ausgrenzen, die anderer Meinung sind, merken wir schon gar nicht mehr. Denn „wir" haben uns auf einen oder mehrere Throne zugleich gesetzt, denn nur mit „unserer" wahren Erkenntnis lenken wir die weniger Begabten. Schaffen wir dies nicht während unseres Erdenseins, dann finden „wir" in der Religion, der „wir" angehören, Versprechungen auf Herrschaft über andere Menschen, die „wir" dann gemeinsam mit Jesus, oder wem auch immer, nach unserem Ableben ausüben dürfen. Den scharfen Narzissmus, der dadurch in „uns" innewohnt, können „wir" nicht mehr sehen. „Wir" wollen auch nicht wissen, wie internationale Diagnoseschlüssel wie das ICD-10 Narzissmus klassifizieren – und selbst wenn „wir" diese Pathologie schwarz auf weiß vor uns liegen hätten, so könnten wir uns selbst niemals darin wiederfinden. Genau das ist ja der Kern des Narzissmus – fehlende Krankheitseinsicht – aber dies gilt natürlich nur für die Anderen.

Dieses Größendenken lässt uns andere Menschen <u>nicht</u> auf Augenhöhe sehen, diese nicht akzeptieren. Damit ist es nur noch ein kleiner Schritt, bis die Abwertung so weit gediehen ist, dass das Ego anderes Leben als nicht lebenswert erachtet und den anderen „Untermenschen" ausrotten möchte. Auch wenn Religionen als überdauert angesehen werden, sie sind es nicht! Der Mensch schafft sich in anderen Feldern ebenso fleißig Ideologien, die nach ähnlichen Prinzipien wirken. Sämtliche Formen der Ideologie führen zur Identifikation und bekommen einen religiösen Charakter.

Die Wesenszüge des Menschen stellen das Problem dar, die Propaganda ist nur ein Werkzeug, um diese Wesenszüge für die eigenen Interessen auszunutzen. Diese Wesenszüge sind in allen Menschen wirksam, es sind nicht „die Politiker", „die Industriellen" oder „die wahren Weltenlenker", sondern wir alle. Wir lassen uns spalten und spalten selbst. Und durch die Spaltung kennen wir nur noch Schwarz oder Weiß. Grauschattierungen oder gar Farben können wir, aufgrund dieser in uns wohnenden Mechanismen, schnell nicht mehr wahrnehmen. Spaltung wiederum ist ein Freud'scher primitiver Abwehrmechanismus der Seele. Frappierend – gerade bei der Krankheit „Borderline", bei der es häufig zu Selbstverletzungen kommt, ist Spaltung ein häufig beobachtetes Phänomen. Wie sehr sich Menschen als Gruppen in der Geschichte der Menschheit gegenseitig verletzt und damit letztlich sich selbst verletzt haben!

Als Ursache dafür könnten Fehlentwicklungen zu benennen sein, die aus der Kindheit stammen.

Die individuelle Neurose

Siegmund Freud beschrieb in seinen Modellen, welche Entwicklungsstörungen in der Kindheit auftreten und wie sie, wenn sie nicht aufge-
löst werden, ein Leben lang weiterwirken können. Diese Entwicklungsstörungen nannte er Neurosen. Wie später noch dargelegt wird, werden
Traumata und daraus resultierendes Verhalten über die Epigenetik bis
in die dritte Generation vererbt. Neurosen haben immer etwas mit den
Eltern zu tun. Die Vermutung liegt sehr nahe, dass Neurosen, und daraus resultierende Abwehrmechanismen, ebenso von Generation zu Generation weitergegeben werden.

Die sogenannte Projektion zählt sicherlich zu den bekannteren Abwehrmechanismen. Wir sehen etwas in einem anderen Menschen, das
ebenso in uns schlummert, dass wir in der anderen Person jedoch ideali-
sieren oder entwerten. Diese Tendenz ist insbesondere in Gruppenprozessen zu beobachten. Der eigenen politischen Gruppe beispielsweise
wird die Meinungsäußerung gerne zugestanden, der anderen Gruppe,
die eine andere politische Meinung ausdrückt als die eigene, wird dies
jedoch vehement untersagt. Die Anderen seien schließlich in ihrem
Kernwesen Diktatoren, egal ob braun, rot, blau oder grün. Einem Diktator dürfe selbstverständlich keine Meinungsäußerung zugestanden
werden, weil die dort geäußerte Meinung immer und grundsätzlich
falsch sei. Damit wird der eigene innere Diktator auf den anderen Menschen oder die andere Gruppe projiziert und dort bekämpft. Das dabei
diktatorische Methoden angewendet werden, wird dem Einzelnen oder
der Gruppe nicht im Geringsten bewusst. „Liebe und offene Grenzen
für Alle" werden fast im gleichen Zug skandiert wie „Wir hassen die andere Gruppe", was einer Ausgrenzung, und damit dem Errichten einer
neuen Grenze, gleichkommt.

Spaltung in „Gut" vs. „Schlecht"

Auf Ebene der Religion und in der Spiritualität begegnen wir Menschen uns seit Jahrtausenden immer wieder mit Projektionen, die letztlich zu Hass und Krieg führen. Hass liegt Spaltung, ein weiterer Abwehrmechanismus, zugrunde. Spaltung in Freund oder Feind, wahr oder falsch, Licht oder Dunkelheit, gut oder schlecht. Auf zwischenmenschlicher Ebene können dieselben Prozesse ablaufen. Die Verurteilungen des Anderen beginnen oft schleichend und wachsen sich entlang des weiteren Prozesses oft bis zur Trennung aus, die häufig mit kriegerischen Handlungen beendet wird, sei es durch Gerichtsprozesse oder durch andere bewusste Verletzungen des ehemaligen Partners. So wird die eigene Dunkelheit in das Außen, in den Partner, projiziert, den wir einmal *„geliebt haben"*. Die eigene Dunkelheit wird nicht gesehen.

Weitere Abwehrmechanismen

Eine sogenannte Übertragung ist eine Unterform der Projektion. Übertragungen entstehen durch Erfahrungen mit anderen Beziehungspartnern, insbesondere mit den Eltern oder Geschwistern, und diese Erfahrungen werden auf neue Beziehungspartner übertragen. Sie sind erst einmal normal, sie führen jedoch dann zu Problemen in Beziehungen, wenn die Erfahrungen der Kindheit nicht durch Liebe sondern durch Abhängigkeiten oder Übergriffe gekennzeichnet waren, oder wenn die bisher gemachten Erfahrungen dazu führen, dass der Einzelne sich so programmiert, dass er keine neuen Erfahrungen machen kann. „Wenn alle Männer fremdgehen", wird auch der nächste Partner fremdgehen. Mit dieser Erwartungshaltung der Frau wird die Übertragung zur selbsterfüllenden Prophezeiung. Liegt bei beschriebener Dame allerdings der eigene Wunsch nach mehreren Sexualpartnern vor, der abgelehnt und ins Außen projiziert wird, und werden durch das Verhalten dieser Dame die jeweiligen Partner dazu gebracht, dass sie tatsächlich fremdgehen, obwohl es normalerweise nicht deren Wesenszug wäre, liegt ein weiterer Abwehrmechanismus vor: Die projektive Identifikation!

Zwei individuelle Neurosen als Kollusion in der Partnerwahl

Jürg Willi, Facharzt für Psychiatrie und Psychotherapie, begründete den Begriff der Kollusion. Unter Kollusion verstand er, dass sich Partner finden, die ungelöste Konflikte aus der Kindheit mit in die Partnerschaft hineinbringen. Dabei wird der Partner unbewusst ausgewählt, damit die Konflikte der Kindheit gelöst werden können. In solchen Partnerschaften verhalten sich beide Partner dann zueinander wie das Schlüssel-Schloss-Prinzip. Ein narzisstischer Part z.B., der tendenziell eher kontrolliert, im Mittelpunkt steht, Aufmerksamkeit benötigt, nur eigene Interessen kennt und damit bestimmt, in welche Richtung es gehen soll, könnte z.B. auf einen zurückhaltenden, tendenziell phobischen, defensiven Part treffen, der schlecht eigene Grenzen und Wünsche formulieren kann. Die Nachteile für den defensiveren Part liegen auf der Hand: Eigene Interessen müssen hintenangestellt werden und sie haben sich der narzisstischen Persönlichkeit unterzuordnen. Positiv könnte jedoch sein, dass sie nach wie vor wenig Verantwortung für sich selbst übernehmen müssen und ein Teil des narzisstischen Glanzes des Partners auch auf sie selbst abfällt wie z.B. Wohlstand, Ruhm, Macht etc. Dennoch sind beide Partner nicht frei von den Strukturen ihrer Vergangenheit. Solange beide Partner nicht erkennen können, welche energetischen Grundthemen in ihnen selbst angelegt sind, sind sie in der Regel auch nicht in der Lage, eine dauerhafte Beziehung auf Augenhöhe zu führen. Mit neurotischen Strukturen stecken beide gewissermaßen noch in kindlichen Strukturen fest und können, mindestens partiell, ihre Partnerschaft nicht auf Augenhöhe führen. Wenn nun Menschen ihre Partner unbewusst auswählen, um ihre Neurosen der Kindheit abzuheilen, wie viel mehr liegt die Annahme nahe, dass sie sich genau aus denselben Gründen in speziellen Gruppen zusammenfinden?

Negative Tendenzen in Massen

„Wir haben gesehen, dass die Massen nicht überlegen, dass sie Ideen in Bausch und Bogen annehmen oder verwerfen, weder Auseinandersetzung noch Widerspruch dulden, und dass die Einflüsse, die auf sie wirken, den Bereich ihrer Vernunft gänzlich erfüllen und danach streben, sich sogleich in die Tat umzusetzen. Wir haben gezeigt, dass die entsprechend beeinflussten Massen bereit sind, sich für das Ideal zu opfern, das man ihnen suggeriert hat. Wir haben schließlich festgestellt, dass sie nur heftige und extreme Gefühle kennen. Die Zuneigung wird bei ihnen schnell zur Anbetung, und kaum geborene Abneigung wandelt sich in Hass. Diese allgemeinen Merkmale lassen uns die Art ihrer Überzeugungen ahnen. Die nähere Untersuchung der Überzeugungen der Masse, sowohl in den Zeiten des Glaubens, als in den große politischen Erhebungen, wie etwa im vorigen Jahrhundert, ergibt, dass diese Überzeugungen stets eine besondere Form aufweisen, die ich nicht besser zu bezeichnen weiß als mit dem Namen religiösen Gefühls.“[6]

Diese Mechanismen wirken also nicht nur bei Religionen und Sekten, sondern bei allen anderen Feldern des menschlichen Seins. Religion, Rasse, Kaste, Klasse definierte Le Bon selbst. Ganz zweifellos lassen sich bei erlernten Berufsbildern ähnliche Phänomene erkennen. Eine zu große Identifikation mit dem Job lässt manche Menschen die Energetik, die komplette Matrix, des eigenen Berufsbilds übernehmen und ihr gesamtes Sein richtet sich danach aus. Jeder kennt „den Lehrer", „den Feuerwehrmann", „den Sanitäter", den „Autoverkäufer", „den Polizisten", „den Politiker der Grünen" – jeweils austauschbar mit anderen politischen Farben – „den Journalisten" oder „den Programmierer" mit den dazugehörenden Eigenarten des jeweiligen Jobs, die oftmals bis weit ins Privatleben hineinreichen. Im privaten Umfeld werden solche Menschen von neuen Bekannten schnell erkannt und der Job zutreffend erraten. Auch hier bildet sich offensichtlich eine eigene Berufsmatrix auf Ruach-Ebene, die von den Menschen übernommen wird. Die Matrix steuert das Individuum: Eigenes Nachsinnieren über die Welt, eigene Schlussfolgerungen, sind daraufhin kaum noch möglich. Auf gewisse Fragen, die durchaus differenzierte und abgewogene Antworten zuließen, wird Person A der Matrix exakt so antworten wie Person B. Sicher, gewisse Eigenschaften gehören zweifellos zu den Berufsbildern – hier geht es jedoch um die zu starke Identifikation mit der Matrix und dem Untergehen des individuellen Seins zugunsten der jeweiligen Matrix.

Die Machthabenden in den einzelnen Gesellschaften sind sich dieser Mechanismen nicht erst seit Hitler bewusst. „Teile und herrsche" – erst werden die Menschen in viele Teile geteilt – und innerhalb dieser Teile können sie einen Hauch von Einheit empfinden, der jedoch mit dem Preis der Ausgrenzung Anderer zu bezahlen ist.

Der Anführer darf nicht öffentlich differenzieren

„Die Aufnahmefähigkeit der großen Masse ist nur sehr beschränkt, das Verständnis klein, dafür jedoch die Vergesslichkeit groß. Aus diesen Tatsachen heraus hat sich jede wirkungsvolle Propaganda auf nur sehr wenige Punkte zu beschränken und diese schlagwortartig so lange zu verwerten, bis auch bestimmt der Letzte unter einem solchen Worte das Gewollte sich vorzustellen vermag. Sowie man diesen Grundsatz opfert und vielseitig werden will, wird man die Wirkung zum Zerflattern bringen, da die Menge den gebotenen Stoff weder zu verdauen noch zu behalten vermag.[7] [...]

Die breite Masse eines Volkes besteht nicht aus Diplomaten oder auch nur Staatsrechtslehrern, ja nicht einmal aus lauter vernünftig Urteilsfähigen, sondern aus ebenso schwankenden wie zu Zweifel und Unsicherheit geneigten Menschenkindern. Sowie durch die eigene Propaganda erst einmal nur der Schimmer eines Rechtes, auch auf der anderen Seite zugegeben wird, ist der Grund zum Zweifel an dem eigenen Rechte schon gelegt. Die Masse ist nicht in der Lage, nun zu unterscheiden, wo das fremde Unrecht endet und das eigene beginnt. Sie wird in einem solchen Falle unsicher und misstrauisch, besonders dann, wenn der Gegner eben nicht den gleichen Unsinn macht, sondern seinerseits alle und jede Schuld dem Feinde aufbürdet. [...]

Das Volk ist in seiner überwiegenden Mehrheit so feminin veranlagt und eingestellt, dass weniger nüchterne Überlegung als vielmehr gefühlsmäßige Empfindung sein Denken und Handeln bestimmt. Diese Empfindung aber ist nicht kompliziert, sondern sehr einfach und geschlossen. Es gibt hierbei nicht viel Differenzierungen, sondern ein Positiv oder ein Negativ. Liebe oder Hass, Recht oder Unrecht, Wahrheit oder Lüge, niemals aber halb so und halb so oder teilweise usw."[8]

Diese Erkenntnisse stammen von Adolf Hitler, die er in „Mein Kampf" niedergeschrieben hat. Er war der Meinung, dass ein Großteil eines Volkes nicht in der Lage ist, vernünftig zu urteilen. Der Masse gegenüber dürfe niemals zugestanden werden, dass auch die andere Seite Recht habe. Es ginge nicht um ein vernünftiges Urteilen oder Abwägen, sondern um schlichtes Schwarz oder Weiß, um Liebe oder Hass, Recht oder Unrecht, Wahrheit oder Lüge. Würde ein weiser Mensch mit Leitungsfunktion differenzieren wollen oder differenzierte Meinungen zulassen, stünde er also vor einem Problem. Denn er würde, Hitler zufolge, seine Anhänger unsicher und misstrauisch machen und sie wendeten sich von ihm ab.

Hypnotische Suggestionen in Gruppenprozessen

Problematisch sind zusätzliche Suggestionen und Beeinflussungen, die hypnotischer Natur sind. Le Bon schreibt dazu:

„[...]ein einzelner, der lange Zeit im Schoße einer wirkenden Masse eingebettet war, sich alsbald – durch Ausströmungen, die von ihr ausgehen, oder sonst eine noch unbekannte Ursache – in einem besonderen Zustand befindet, der sich sehr der Verzauberung nähert, die den Hypnotisierten unter dem Einfluss des Hypnotiseurs überkommt. Da das Verstandesleben des Hypnotisierten lahmgelegt ist, wird er Sklave seiner unbewussten Kräfte, die der Hypnotiseur nach seinem Belieben lenkt. Die bewusste Persönlichkeit ist völlig ausgelöscht, Wille und Unterscheidungsvermögen fehlen, alle Gefühle und Gedanken sind in die Sinne verlegt, die durch den Hypnotiseur beeinflusst werden. Ungefähr in diesem Zustand befindet sich der einzelne als Glied einer Masse. Er ist sich seiner Handlungen nicht mehr bewusst. Während bei ihm, wie beim Hypnotisierten, gewisse Fähigkeiten aufgehoben sind, können andere auf einen Zustand höchster Überspannung getrieben werden.

Unter dem Einfluss einer Suggestion wird er sich mit unwiderstehlichem Ungestüm auf gewisse Taten werfen. Und dies Ungestüm ist in den Massen noch unwiderstehlicher als bei den Hypnotisierten, weil die für alle einzelnen gleiche Suggestion durch Gegenseitigkeit wächst.“[9]

Werden Suggestionen begleitend zu traumatisierenden oder emotional belastenden Ereignissen eingesetzt, kann sich die Meinung von Menschen noch nachhaltiger ändern, wie wir es noch untersuchen wollen.

Angela Merkels Kehrtwenden und ihre Suggestionen

Am 5.12.1994 äußerte Angela Merkel als Bundesumweltministerin: „Im Licht des CO_2-Problems ist die Kernkraft eine saubere, unter Sicherheitsaspekten verantwortbare Energie und auch für die Zukunft wichtig." Am 15.6.2009 gab sie Folgendes zum Besten: „Wenn ich sehe, wie viele Kernkraftwerke weltweit gebaut werden, dann wäre es wirklich jammerschade, sollten wir aus diesem Bereich aussteigen."[10]

Am 11. März 2011 registrierten die Seismographen der japanischen Kernkraftwerkanlage in Fukushima schwere Erdstöße, die durch ein zwei Minuten andauerndes Erdbeben ausgelöst wurden. Die externe Stromversorgung wurde daraufhin unterbrochen und die Notstromaggregate der Anlage sprangen ordnungsgemäß an, um die Wasserkühlung der Reaktoren zu gewährleisten. 47 Minuten später trafen 15 Meter hohe Tsunamiwellen die Anlage, die zu einem Versagen der Generatoren führte. Der Ausfall der Kühlung führte zur Kernschmelze.

Angela Merkel kündete daraufhin eine radikale Wende in der Atompolitik und den Ausstieg aus der Kernenergie an, obwohl kurz zuvor eine Laufzeitverlängerung für die deutschen Kraftwerke beschlossen worden war. „An so einem Tag darf man sicher nicht sagen, unsere Kernkraftwerke sind sicher. (Pause) Sie sind sicher."[11] Das äußerte sie am 12.03.2011, einen Tag nach dem Erdbeben, während 60.000 Menschen zwischen dem AKW Neckarwestheim und Stuttgart eine 45km lange Menschenkette bildeten und für den Ausstieg aus der Atomkraft demonstrierten.[12]

2016 urteilte das Bundesverfassungsgericht, dass die Energiekonzerne dafür zu entschädigen seien. 2018 beschloss der Bundestag, dass die Stromkonzerne eine Entschädigung erhalten. Die Höhe der Entschädigung kann jedoch erst im Jahr 2023 abschließend beurteilt werden.[13]

In dem Verfahren vor dem Internationalen Schiedsgericht der Weltbank (ICSID) verklagt Vattenfall die Bundesrepublik Deutschland auf Zahlung von rund 6,1 Milliarden Euro,[14] EON hofft deshalb auf 2,6 Milliarden Euro.[15]

Im September 2018 bestätigte Japan **den ersten Strahlentoten** infolge des Super-Gaus. Während Deutschland aussteigt und hierzulande der zweithöchste Strompreis zu berappen ist,[16] ist weltweit der Bau über 200 neuer Kernkraftwerke geplant. Japan plant, trotz Fukushima, den Bau von neun Atomkraftwerken (Stand 2018).[17]

Angela Merkel war im Jahr 2000 noch der Meinung, „dass die multikulturelle Gesellschaft keine lebensfähige Form des Zusammenlebens ist".[18]

2002 äußerte sie:

„Das Maß des Zumutbaren ist überschritten [...] Bevor wir über neue Zuwanderung reden, müssen wir erst einmal die Integration der bei uns lebenden ausländischen Kinder verbessern. [...] Sie haben keine einzige Mark vorgesehen, um das Problem zu beseitigen, dass hier in Berlin-Kreuzberg 40 Prozent der ausländischen Kinder und Jugendlichen weder einen Schulabschluss haben noch einen Berufsabschluss, und trotzdem reden Sie über mehr Zuwanderung!"[19]

2003 war sie folgender Auffassung:

„Wir erleben es doch in vielen sachpolitischen Diskussionen: Kaum einer kann sich doch verkneifen, uns in der Zuwanderungsdiskussion sofort in eine rechte Ecke zu stellen. Ich habe über die Fragen ‚Wie empfinden Menschen ihr persönliches Leben?' und ‚Glauben sie, dass es gerecht zugeht?' gesprochen. Man muss natürlich darüber sprechen, dass es den Missbrauch des Asylrechts gibt. Man muss natürlich sa-

gen: Die Folge können nur Steuerung und Begrenzung von Zuwanderung sein. Alles andere wird in der Bevölkerung keine Akzeptanz finden. "[20]

2010 äußerte sie auf dem Deutschlandtag der Jungen Union in Potsdam:

> *„[...] wir sind ein Land, das im Übrigen Anfang der sechziger Jahre die Gastarbeiter nach Deutschland geholt hat. Und jetzt leben sie bei uns. Wir haben uns eine Weile lang in die Tasche gelogen. Wir haben gesagt, die werden schon nicht bleiben. Irgendwann werden sie weg sein. Das ist nicht die Realität. Und natürlich war der Ansatz, zu sagen, jetzt machen wir hier mal Multikulti und leben so neben einander her und freuen uns über einander. Dieser Ansatz ist gescheitert, absolut gescheitert! [...].* "[18]

Kehrtwenden der deutschen Gesellschaft in Energie- und Migrationspolitik

Angela Merkel, und mit ihr ein großer Teil der Gesellschaft, machten in ihrem politischen Kurs sowohl 2011 beim Atomausstieg, als auch 2015 während der Flüchtlingskrise, eine Kehrtwende um 180°. Diese Ereignisse waren beide verbunden mit Bildern, die mindestens Teile der Bevölkerung massiv emotional beeinflusst oder gar geschockt haben dürften. 2011 waren es die Bilder des Tsunamis mit fast 20.000 Toten, die mit der Reaktorkatastrophe verknüpft worden sind. Bis 2018 wurde jedoch „nur" ein Strahlentoter gezählt.[21] 2015 waren es Bilder von Flüchtlingen, die auf der Flucht über die Meere zu Tode gekommen waren oder von Kriegsopfern aus Syrien oder Libyen, die sich auf die öffentliche Meinung auswirkten.

Auch wenn die emotionale Wirkung der Bilder auf Frau Merkel aus der Ferne nicht beurteilt werden kann, so weiß sie dennoch um die

Wirkung solcher Bilder. Als es um eine mögliche Schließung der Grenzen ging, traf sie „keine Entscheidung, sondern verlangte von ihrem Minister Zusagen, dass die Grenzschließung vor Gerichten Bestand haben würde und es außerdem keine öffentlich schwer vermittelbaren Bilder vom Einsatz der Bundeswehr gegen Flüchtlinge gebe."[22]

Die sogenannte Flüchtlingskrise wurde begleitet von Suggestionen wie „Wir schaffen das" oder Spaltungen, wie die folgende des Kölner Kardinals Woelki aus dem September 2015: „Deutschland leuchtet in diesen Wochen und macht Europa hell."[23]

Wenn Deutschland Europa „hell macht", war Europa bis dahin dunkel? Was ist mit den Staaten, die anderer Meinung sind und aus ihren eigenen Beweggründen heraus keine Migranten aufnehmen möchten? Sind das demnach Horte der Dunkelheit? Solche Spaltungen sind es, die Menschen sich voneinander entfernen lassen. Auf politischer Bühne sind sie an der Tagesordnung. Auf Ebene der EU kam es in Folge der Flüchtlingskrise zu heftigen Auseinandersetzungen zwischen den Visegrád-Staaten, die keine Migranten aufnehmen wollten, und den vermeintlichen Staaten des Lichts. Das britische Volk entschied sich im Juni 2016 für den Brexit. In Berlin äußerte Angela Merkel am 26.9.2017 nach einer deutlichen, bundesweiten Wahlschlappe: „Ich kann nicht erkennen, was wir jetzt anders machen müssten."

Die Masse gestattet ihren Führern, differenziert zu den Annahmen Hitlers, offenbar doch einen radikalen Kurswechsel, wenn die Voraussetzungen dafür stimmen. Welche Mechanismen Menschen plötzliche Kehrtwendungen um 180° machen lassen, wollen wir im Folgenden weiter untersuchen.

Trennung vom eigenen Selbst durch Traumata

Bevor wir untersuchen, welchen Einfluss selbst weit zurückliegende, psychische Traumatisierungen auf Menschen haben oder wie gezielt kleine Verletzungen oder Schocks des Seelenlebens eingesetzt werden, um das Verhalten von Menschen zu manipulieren, wollen wir uns erst einmal mit der Definition eines Traumas befassen und wie Betroffene und Angehörige damit umgehen können.

Das Wort „Trauma" geht auf das griechische Wort „τραύμα" (sprich travma) zurück, das „Verletzung" oder „Wunde" bedeutet. Psychische Traumata können durch ein oder mehrere Ereignisse entstehen, die subjektiv als existenzbedrohend empfunden worden sind. Sie können durch Unfälle, körperliche Belastungen wie Krankheiten oder Herzstillstände etc. oder Katastrophen hervorgerufen werden. Im Gegensatz zu traumatischen Ereignissen, die z.B. durch Naturgewalten oder Unfälle hervorgerufen werden, wirken die Traumata, die bewusst durch andere Menschen, und insbesondere durch nahestehende Personen, ausgelöst worden sind, besonders stark beziehungseinschränkend und seelisch-verletzend. Dazu zählen kollektive Erfahrungen wie Krieg, Haft, Vertreibung oder die Zugehörigkeit zu Extremgruppen wie Sekten. Individuelles Erleben als Opfer übergriffiger Handlungen wie Misshandlungen, Vergewaltigungen, Entführungen oder versuchtem Mord hinterlassen ebenso sehr häufig ein psychisches Trauma. „Es scheint, als würde der Glauben an das Gute in diesen Menschen zerstört", sagt Iris Hauth, Präsidentin der Deutschen Gesellschaft für Psychiatrie und Psychotherapie, Psychosomatik und Nervenheilkunde (DGPPN).[24]

Flucht oder Kampf

Auf bedrohliche Ereignisse reagieren wir Menschen entweder mit Flucht oder Kampf, wobei eine „Traumatische Belastungsreaktion" nach einer erfolgreichen Flucht, oder einem gewonnenen Kampf ohne weitere Gewaltfolgen, in der therapeutischen Praxis in aller Regel leichter lösbar ist.

Der Kampf- oder Fluchtmodus lässt die Muskeln anspannen und Adrenalin durch die Venen fließen. Das Adrenalin erleichtert Flucht oder Kampf, indem es den Blutdruck ansteigen lässt, die Herzfrequenz steigert, die Pupillen und die Bronchien erweitert, damit das Atmen leichter fällt, und den Fettabbau anregt, um über Energie zu verfügen. Auf eine erhöhte Ausschüttung von Adrenalin reagiert der Körper mit der Ausschüttung von Cortisol. Das wiederum wirkt jedoch immunsuppressiv, weshalb Menschen, die sehr viel psychischem Stress ausgesetzt waren, deutlich anfälliger für Infektionen sind.[3]

Nach den Erkenntnissen von David Berceli, dem Begründer der „Tension and Trauma Releasing Exercises", ist der Psoas-Muskel hauptverantwortlich dafür, dass wir fliehen oder kämpfen können. „Es ist eben so, dass wir einen Muskel haben, in der Körpermitte, das ist der sogenannte Psoas-Muskel, der geht von den Oberschenkelknochen durch die Hüfte an die untere Wirbelsäule und der zieht sich immer bei Angst zusammen."[25]

Es liegt auf der Hand, dass ein Kind gegenüber seinen Eltern oder sonstigen Erwachsenen nicht mit Kampf oder Flucht reagieren kann. Deshalb bleiben Kindern nur noch Erstarrung oder dissoziative Unterwerfung übrig, um auf die Gewalt ihrer Eltern reagieren zu können. Diese Reaktionen auf unmittelbare Bedrohungen erfolgen meist instinktiv.

Erstarrung

Erstarrungen können wir im Tierreich gut beobachten. Sicher hast du mal eine Maus beobachtet, die sich so lange tot stellt, bis die Katze von ihr ablässt. Bei uns Menschen führen Erstarrungen ebenfalls bis hin zum Totstellreflex oder bis zur absoluten Handlungsunfähigkeit, die mit passivem Beobachten der Situation einhergeht. Die Muskulatur wird, wie im Kampf- oder Fluchtmodus, dabei meist sehr stark angespannt. Das kann dazu führen, dass die Muskulatur häufig über Jahre hinweg in der Anspannung verbleibt, oder einzelne Begebenheiten dazu führen, dass sie wieder angespannt wird. Damit sendet die Muskulatur weiterhin Signale an das Gehirn – und diese Signale werden Entspannung wohl kaum vereinfachen. Körper und Seele verbleiben so im unbewussten Flucht- bzw. Kampfmodus. Körperliche Schäden wie Bandscheibenvorwölbungen, Bandscheibenvorfälle und andere können die Folge sein.

Kinder haben häufig keine andere Wahl, als in der potentiellen Bedrohungslage zu verbleiben, wenn sie von den unmittelbaren Bezugspersonen ausgeht. So verbleibt auch der Spannungszustand des Körpers und des energetischen Systems. Die Symptomatik verstärkt sich aufgrund immer neuer Übergriffe immer mehr. Werden diese Kinder erwachsen, können sie sich deshalb mit einem großen Teil ihres Seins immer noch im Kampf- oder Fluchtmodus befinden. Die Entspannung konnte nicht eintreten, weil es keine Möglichkeit einer Abreaktion gab. Als Abreaktion versteht man die Entladung psychischer Spannungen und gestauter Affekte, die in Handlungen umgesetzt werden.[4][26]

Dissoziative Unterwerfung

Dissoziierung,
das Gegenteil von Assoziierung, bedeutet Trennung oder Abspaltung. Psychische Funktionen trennen sich voneinander oder fallen auseinander, die normalerweise vollständig integriert sind. Wir konzentrieren uns hier nur auf Dissoziierungsphänomene, die durch traumatische Ereignisse hervorgerufen werden, und denen keine körperlichen oder andere Ursachen zugrunde liegen. Im Grunde ist jeder Mensch im Laufe seines Lebens ein- oder mehrmals von Dissoziationen betroffen. Amnesien, also Gedächtnisverluste, treten sehr häufig als Folge schwerer

Unfälle oder Gewalttaten auf. Dabei macht es keinen Unterschied, ob wir diese Ereignisse selbst miterlebt oder nur beobachtet haben. Auch bei schweren Schmerzen können kurze Erinnerungslücken auftreten. Problematisch werden Dissoziationen, wenn sie über einen längeren Zeitraum andauern oder immer wieder auftreten.

Neben Amnesien gehören auch Depersonalisation, wenn Sinneswahrnehmungen wie Hunger oder Durst gestört sind oder Menschen sich fremd im eigenen Körper fühlen, Derealisation, wenn die Umgebung als fremd oder irreal wahrgenommen wird, Sensibilitäts- oder Empfindungsstörungen, die das Hautempfinden oder Seh-, Hör- oder Riechvermögen betreffen, dissoziative Bewegungsstörungen oder Trance- und Besessenheitszustände u.a. zur Gruppe der dissoziativen Störungen.

Trauma bei PTBS führt immer zu einer Spaltung der Persönlichkeit
Ellert Nijenhuis, Onno van der Hart und Kathy Steele beschreiben ein weiteres Phänomen der Dissoziierung: Die Strukturelle Dissoziation. Als Folge eines oder mehrerer durchlebter Traumen[5] können zwei psychische, innere Anteile gebildet werden, der ANP, der anscheinend normale Persönlichkeitsanteil, und der EP, der emotionale Anteil. Der ANP kann dabei scheinbar völlig normal am Leben teilnehmen und funktionieren. Dieser Anteil ist nicht als gesund zu bezeichnen, denn Freude, echte Intimerlebnisse oder Spontanität können nicht ausgedrückt werden. Der Alltag wird überwiegend als eintönig und anstrengend empfunden. Oft erscheinen diese Menschen emotional stumpf oder herzlos. Sie sind es aber nicht. Sie mussten den emotionalen Anteil abspalten oder verschieben, um das traumatische Ereignis aushalten und überleben zu können. Es geht darum, ihn wiederzuholen. Wieder leben zu können! Solange der EP jedoch abgetrennt ist, ist er weiterhin den traumatischen Situationen ausgesetzt. Obwohl das Geschehene vergangen ist, wird es im „Hier und Jetzt" erlebt, wenn das Opfer an die auslösende Situation erinnert wird.[27]

Bei wiederholter andauernder Exposition von belastenden Ereignissen während der Kindheit kann sich daraus eine sogenannte Dissoziative Identitätsstörung entwickeln. Dabei bilden sich verschiedene innere Teilpersönlichkeiten, die unabhängig voneinander fühlen, denken und mit der Umwelt in Aktion treten. Oft haben sie verschiedene Namen. Ist eine Teilpersönlichkeit aktiviert, treten die anderen in den Hintergrund. Es gibt Fälle, da kennen sich die Teilpersönlichkeiten untereinander und können miteinander in Kontakt treten, und es gibt Fälle, in denen Teilpersönlichkeiten nichts voneinander wissen. Sie können sich so weit voneinander unterscheiden, dass sich das Blutbild und sogar die Augenfarbe[6] verändern können, wenn eine bestimmte Teilpersönlichkeit aktiviert ist und augenblicklich im Vordergrund steht. Es können sogar blinde und sehende Teilpersönlichkeiten nebeneinander existieren.[7]

Unterwerfung,
ist eine Form, um andauernde Traumatisierungen überleben zu können. Sie kann nicht nur bei *Opfern* von Terroranschlägen und Überfällen beobachtet werden, bei denen die Opfer stunden- oder tagelang der Gewalt der Täter ausgesetzt waren, sondern auch bei Kindern, die Misshandlungen ihrer Bezugspersonen ertragen mussten. Neben der klassischen Unterwerfung, in der das Opfer alles tut, was der Täter von ihm verlangt, existiert das Phänomen der Solidarisierung. Es wird auch als Stockholm-Syndrom bezeichnet. Erstmals konnte es beobachtet werden, als die Schwedische Kreditbank 1973 in Stockholm überfallen und dabei für fünf Tage Geiseln genommen worden sind. Die Opfer entwickelten eine größere Angst vor der Polizei und den Einsatzkräften als vor dem Täter. Zugleich entwickelten sie Sympathien für den Täter, baten später für ihn um Gnade und besuchten ihn sogar im Gefängnis. Als mögliche Gründe für die Solidarisierung wird die immense Angst vermutet, die ebenso als bedrohlich wahrgenommen wird. Angst und der Verlust von Kontrolle sind für uns Menschen nur schwer zu ertragen.

Die Solidarisierung bewirkt, dass der Einzelne sich mit den Zielen des Täters identifiziert und somit beide, Täter und Opfer, scheinbar das gleiche Ziel verfolgen. Damit erlangt das Opfer die verlorengegangene Kontrolle zurück.

Gewähren Täter ihren Opfern kleine Zuckerbrote, kann dadurch bei den Opfern Sympathie entstehen. Das Lösen von Fesseln, Gewähren von Toilettengängen oder Verteilen von Mahlzeiten erzeugt so eine soziale Bindung, die über die Sympathie hinaus ebenso zur Solidarisierung mit dem Täter führen kann.[28]

Ähnlich ist es bei Kindern, deren Eltern oder Bezugspersonen Gewalt und Missbrauch ausüben. Die Kinder müssen sich emotional an sie binden, sie haben ja keine andere Wahl, und damit gleichzeitig Zuneigung ausdrücken, die diesen Eltern, neutral betrachtet, jedoch nicht zusteht. Die Kinder befinden sich dabei in einem starken Spannungsfeld, denn sie empfinden oder heucheln Zuneigung den Tätern gegenüber, obwohl sie von diesen Gewalt erfahren. Das offene Äußern ehrlicher Gefühle würde die Täter umso mehr veranlassen, weitere Gewalt auszuüben. Wie schwierig sich ein solch erlerntes Verhalten im weiteren Verlauf des Lebens auswirkt, liegt auf der Hand.

Zittern als Traumareaktion

Tiere reagieren sehr häufig mit starken Zitteranfällen, wenn sie einen Angriff überlebt haben. Sie schütteln sich das gerade erlebte Trauma einfach ab. Auch Menschen zeigen dieses Zittern, wenn sie eine belastende Situation verarbeiten müssen. Nach traumatischen Ereignissen zittern sie oft noch über Stunden hinweg. Die therapeutische Erfahrung zeigt, dass nach Zitteranfällen, infolge traumatischer Begebenheiten, seltener Symptome einer Posttraumatischen Belastungsreaktion entwickelt werden.

Oft wird uns der angeborene Zitterreflex sehr früh abtrainiert. Dennoch kann man bei Kindern, die von ihren Eltern oder den Bezugspersonen angeschrien werden, beobachten, dass sie sich nach der Attacke schütteln. Dabei wird der Kopf nach unten geneigt, die Schultern nach oben gezogen und der Oberkörper sowie der Kopf schütteln sich für wenige Augenblicke. Die Beine schlottern dabei etwas. Das ist ein deutliches Anzeichen dafür, dass das Kind überlastet worden ist und es selbst die dadurch entstandenen Emotionen wieder loswerden möchte. Kinder mit übergriffigen Elternteilen wissen intuitiv, dass sie während oder nach Attacken nicht zittern dürfen, denn das könnte ihre Situation weiter verschlimmern. Oft bleibt ihnen nichts Anderes übrig, als krank zu werden, um die Eltern zu bewegen, von ihnen abzulassen.

Ein Teil des gesamten Systems des Kindes möchte lieber krank sein, als mit diesen, es umgebenden, schädigenden Einflüssen weiter leben zu müssen. Diese Passivität oder auch das Kränkeln schleppen sie als Erwachsene sehr häufig mit in ihre Beziehungen. Als Kind hatten sie kaum eine andere Wahl, als Erwachsener wird es jedoch schwierig, die erlernte Hilflosigkeit zu überwinden.

Weitere Traumafolgen

Emotionale Anteile werden oft erst dann ausgedrückt, wenn an das Trauma erinnernde Situationen auftreten. Sie können entstehen, wenn das Opfer sexueller Gewalt mit dem Thema Sex oder Erotik berührt wird. Oder das Opfer einer Extremgruppe wie z.B. einer Sekte erinnert wird an die Erfahrungen, die es seinerzeit mitmachen musste. Vermeintliche Kleinigkeiten können dabei das emotionale Erleben und die nicht ausgedrückten Empfindungen reaktivieren. Sei es durch einen Geruch, der in die Nase strömt und der an das damalige Ereignis erinnert. Oder eine Verhaltensweise eines anderen Menschen, eine Geste, ein Wort, eine Tonalität – all dies können Auslöser für das Wachrufen der alten und abgetrennten Emotionen sein. Die Bilder der damaligen Situation können vor dem inneren Auge erscheinen, die Situation mag noch einmal durchlebt werden oder einzelne Emotionen wie Angst, Panik, Erstarrung oder auch Aggressionen wie Wut, Rachelust oder Zerstörungsgedanken auftreten.

Diese Emotionen können ebenso durch nun „nahestehende" Menschen ausgelöst werden, die mit der Ursache jedoch überhaupt nichts zu tun haben. Das wiederum kann bei dem Traumatisierten zu Rückzug führen. „Nahestehende" Menschen werden so als Bedrohung angesehen und auf Abstand gehalten, weshalb echte Nähe oft nicht entstehen kann.

Wer mit dem Gefühl der ständigen Bedrohung leben muss, neigt zu Schlafstörungen, Reizbarkeit, Schreckhaftigkeit, Konzentrationsstörungen, Schmerzstörungen oder Depressionen. Das Betroffene versuchen, diesen Symptomen durch die Einnahme von Suchtmitteln zu entfliehen, liegt auf der Hand.

Gut wird zu Böse und Böse zu Gut
William Walters Sargant beschrieb, dass Iwan Petrowitsch Pawlow in seinen Versuchen weit mehr entdeckt habe als die „Klassische Konditionierung". Im Allgemeinen ist bekannt, dass Pawlow entdeckte, dass Hunde schon beim Anblick des Futters mit der vermehrten Sekretion von Verdauungssäften und Speichel reagieren. Wird das Anbieten des Futters nun mit einem zusätzlichen Reiz verknüpft, z.B. mit einem Klingelton, entsteht der vermehrte Speichelfluss im weiteren Verlauf schon beim Hören des Tons, obwohl kein Futter mehr angeboten wird.[29]

Darüber hinaus hat Pawlow Hunde Stress verschiedener Stärke ausgesetzt. Dabei fand er heraus, dass Hunde unterschiedlich auf Stress reagieren und diese Reaktionen je nach Stärke des Stressimpulses variieren. Auch Hunde reagieren, wie wir Menschen, auf extremen Stress mit

Nervenzusammenbrüchen. Pawlow konnte beobachten, dass seine Hunde nach Nervenzusammenbrüchen „ultraparadox" reagierten. Sie fühlten sich plötzlich zu Mitarbeitern des Labors hingezogen, die sie vor der traumatischen Erfahrung nicht mochten und lehnten die Mitarbeiter ab, die sie vorher mochten. Dieses Verhalten kann auch bei Menschen beobachtet werden. Unter großer Angst und Anspannung akzeptiert der Mensch Suggestionen, die völlig paradox sind oder er verändert sein Verhalten infolgedessen und verändert sein Weltbild und seine damit verbundene Meinung um 180°.

Pawlow beschrieb den Zustand seiner Hunde nach wiederholten Induktionen von Stress als „ständig hypnoidal" oder „hypnotisch".[30] Dies deckt sich in der Tat mit menschlichen Reaktionen auf traumatische Ereignisse, die mit Suggestionen verbunden sind. Der rationale Anteil des Hirns ist wie ausgeschaltet, es können keine rationalen Entscheidungen mehr getroffen werden, oder Entscheidungen, die die Gefühlsebene und die rationale Ebene gleichwertig einfließen lassen. Auf andere Themen bezogen mögen rationale Entscheidungen durchaus noch möglich sein. Auf das Themengebiet bezogen, zu dem Ängste und Schocks ausgelöst worden sind, sind diese Entscheidungen jedoch nicht mehr möglich. Der Schock, die Ängste und die Suggestionen hinterlassen einen hypnotischen Effekt, der es den Menschen unmöglich mach, das Themengebiet rational zu betrachten. Spätestens, wenn Triggerwörter des Kultes benutzt werden, verfallen sie in den hypnotischen Zustand. Denk bitte daran, wenn du von Heinrichs tiefen Wahrheiten lesen wirst, wenn Michael ihn mit den Subliminals der Literatur der Zeugen Jehovas konfrontieren wird. Und was er einen Tag später dazu äußern wird.

William Sargant beschreibt weiter, dass sich das Verhalten von Menschen am ehesten unter höchster emotionaler Anspannung verändert und neu programmiert. Dabei schildert er das „Versagen" von Missionaren und Predigern, die es nicht vermochten, Menschen zu ihrem

Glauben zu konvertieren. Sie verwendeten die gute Botschaft der Evangelien und behaupteten, Gottes Reich sei ausgebreitet über der Erde und trotz aller Sünden kehrten die Menschen nach dem Tod ins Himmelreich ein. Diese Predigten lockten niemanden aus der Reserve hervor, sie waren niemals von Erfolg gekrönt, wenn der Erfolg sich daran bemisst, wie viele Menschen zu dem Glauben konvertierten. Der Erfolg der Missionare stieg jedoch sofort merklich an, wenn sie die Techniken sehr erfolgreicher Prediger wie die von Wesley übernahmen, der bereits 1751 sehr genau dargelegt hat,[31] dass der Erfolg sich darin bemisst, wie stark in den Menschen überwältigende Emotionen hervorgerufen werden könnten. Den Sündern sei ihre Sünde darzulegen, ihnen sei zu verkünden, sie kämen in die Hölle und diese solle in allen schrecklichen Facetten wiedergegeben werden. Die Bilder der Hölle sollten sichtbar gemacht werden, die Menschen sollten sich die Hölle mitsamt deren Gestalten und des Feuers selbst imaginieren. Zugleich solle immer wieder auf die Liebe und den Frieden Gottes hingewiesen und das Verhalten, das Gott liebt, geschildert werden. Der Frieden Gottes komme nur über die Menschen, wenn sie sich als Sünder bekennen würden und sich fortan so verhielten, wie es die entsprechende Glaubensrichtung verlangt. So wie es heutzutage bei einigen evangelikalen Sekten üblich ist, brachen die Menschen unter lautem Geschrei, lautem Weinen, starkem Zittern oder lautem Umsich-Schlagen zusammen. Das war der Nervenzusammenbruch, exakt wie bei Pawlows Hunden. Und siehe da: Je größer der Zusammenbruch, desto stärker war die Verhaltensänderung danach. Die meisten sprachen, nachdem sie den Nervenzusammenbruch überwunden hatten, von einem unglaublichen Frieden und einer Liebe, die über sie gekommen seien, deren Urheber Gott sei. Die Angst und die starke Imagination der Hölle hat sie zusammenbrechen lassen, während des Zusammenbruchs erlebten sie Frieden und Liebe, und waren dabei gleichzeitig höchstanfällig für Suggestionen, die das künftige Verhalten beeinflussen sollten. Solche Erfahrungen können so einprägsam sein, dass die Änderung des Verhaltens sehr lange andauern kann.

Sargant beschreibt weiterhin, wie bestimmte Naturvölker aller Kontinente mit ähnlichen Prinzipien ihre Rituale begehen und damit den Glauben an ihren Kult in den Stammesangehörigen verfestigen. So werden Masken verwendet, um die Angst vor Dämonen zu beflügeln, rhythmische Trommelschläge, die unkontrollierbare Körperbewegungen induzieren sollen, Erzählungen von Gottheiten in Stimmgesang untergebracht, die Lösung des eigenen, richtigen Glaubens verkündet, gepaart mit ein paar wirksamen Suggestionen, und fertig ist die Mischung für einen Zusammenbruch inklusive nachfolgender Verhaltensänderung.

Derlei Erfahrungen sind nicht nur auf den religiösen Kontext beschränkt. In Zeiten größter Not oder lebensbedrohlicher Situationen berichten Menschen aller Konfessionen, aber auch Atheisten, von Gefühlen des Friedens, der allumfassenden Liebe oder des Einsseins mit Allem.

Problematische Reaktionen Anderer

Häufig berichten Traumatisierte über Reaktionen Angehöriger, die sie im Nachhinein mehr verletzten, als die eigentliche Erfahrung sie verletzt habe. Es sind dahingesagte Floskeln wie „Stell dich doch nicht so an", „Es ist doch schon sechs Monate her, sollte es dir nicht besser gehen?", „Denk doch mal positiv", „Es ist doch vergangen, wo ist das Problem?" oder „Reiß dich mal zusammen", die den Betroffenen noch mehr in die Einsamkeit oder an den Rand des Selbstmords drücken. Denn sie fühlen sich nicht nur durch die Tat missbraucht und wurden durch evtl. Gewalttaten in den Grundfesten des Vertrauens erschüttert, sondern erleben nun auch noch, dass sie erneut nicht ernstgenommen und damit ausgestoßen werden. Wieder werden sie mit übergriffigem, unterdrückendem Verhalten konfrontiert. Dabei brauchen sie anstelle des ausgrenzenden Umfelds unbedingt Hilfe und ein stützendes, auffangendes Umfeld. Eine anonyme Autorin berichtet von vier Reaktionen Angehöriger, die „für das Opfer oft mindestens genauso schmerzlich" sind. „Sie unterstellen dir zu lügen", „sie gehen dir aus dem Weg", „sie nehmen dein Trauma nicht ernst" und „sie überrennen dich mit ihrem Mitleid."[32]

Gedankenlosigkeit und fehlende Empathie als mögliche Ursachen für solche sinnentleerten Sprüche mögen schnell als Begründung herhalten, wenn versucht wird, ein solches Verhalten zu erklären. Als weitere Ursache ist Selbstschutz zu nennen. Der von dem Trauma Betroffene steht dem Angehörigen nahe. Damit nähert sich das traumatische Erleben mit all seinen schrecklichen Aspekten dem Angehörigen des Opfers. Plötzlich wird dem Angehörigen bewusst, wie schnell und unvorhergesehen das scheinbare Netz der Sicherheit reißen kann, wie schnell Menschen von „jetzt auf gleich" nachhaltig beschädigt werden können. Das eigene Selbstkonzept, das die Menschen in gefühlter Sicherheit leben lässt, ist häufig verbunden mit der naiven Vorstellung oder der spirituellen Illusion, dass eigenes Wohlverhalten dazu führe, von solchen schrecklichen Erfahrungen verschont zu bleiben. Nun aber zeigt sich durch die Erfahrung des Angehörigen, dass das Selbstkonzept sehr fragil ist. Zugleich zeigen sich der Verlust der Kontrolle, Emotionen der Ohnmacht, der Angst, der Wut etc. Die Abwehr solcher Emotionen ist die einfachste Methode, um sich in dem vermeintlichen Sicherheitsnetz wieder sicher und frei von Angst fühlen zu können. Mit dem Abwehren der nicht gewollten Emotionen geht das Ablehnen des Opfers einher. Das eigene Gefühl der Unsicherheit wird darüber hinaus auch häufig noch dadurch bekämpft, dass Gründe für die Tat im Verhalten des Opfers gesucht werden.

Vergeben / Verzeihen ist kein Akt des Willens

Zu den mindestens ebenso gedankenlos formulierten Forderungen an Traumatisierte gehört die Aufforderung, sie sollten dem Täter doch einfach verzeihen, dann würde es ihnen auch besser gehen. Leider verlassen solche Sätze häufig den Mund von scheinbaren Profis wie Seelsorgern, Pfarrern oder Priestern, die von Traumatisierten aufgesucht werden, damit sie Hilfe erhalten. Das Zitieren von Matthäus 6:14-15 „Denn wenn ihr den Menschen ihre Vergehungen vergebt, so wird euer himmlischer Vater auch euch vergeben; wenn ihr aber den Menschen nicht vergebt, so wird euer Vater eure Vergehungen auch nicht vergeben", wird dem Opfer kein Stück weiter helfen. Das Opfer <u>kann in aller Regel nicht verzeihen</u>, weil es sich ja, wie oben bereits erläutert, in dem traumatisierenden Strudel befindet, der es Gegenwart von Vergangenheit nicht unterscheiden lassen kann. Was bewirken diese Sätze also bei dem Opfer? Gehört die Person nun selbst einer Religionsgemeinschaft an und kennt diese und andere Aussagen der Bibel, wird sie sich noch schlechter fühlen, weil sie, obwohl sie sich womöglich noch so anstrengt, nicht verzeihen kann. Zudem wird sie sich von den Worten des „Beraters" von „oben herab" behandelt fühlen. Emotionen wie Wert- und Nutzlosigkeit kommen hinzu, denn schließlich kann sie die Forderung ja nicht in die Tat umsetzen. Wieder fühlt sie sich unverstanden und ausgegrenzt. Diese sinnentleerten und übergriffigen Forderungen sind schlicht und ergreifend zu unterlassen. Wie häufig Menschen mit ihren Worten größeres Leid anrichten! Es ist in etwa so, als würde jemand mit einer leichten Verspannung des unteren Rückens einem Schmerzpatienten aufgrund einer Skoliose raten, welche Übungen er doch anwenden solle, damit es ihm besser ginge.

Was sind Vergeben und Verzeihen?

Es gibt keine allgemeine Definition von Vergebung. „Unbestrittene Elemente von Vergebung sind, dass eine Person jemanden als verantwortlich für ein schädigendes Verhalten ansieht und gleichzeitig ungezwungen und aus freien Stücken von sämtlichen Vorwürfen und Ansprüchen zurücktritt."[33] Die Bitte um „Entschuldigung" geht jedoch vom „Täter" aus. Was passiert nun bei der Vergebung? Bittet der „Täter" wahrhaftig um Verzeihung, erkennt er sein eigenes Verhalten als „falsch" an, und versucht damit in erster Linie, seinen eigenen, inneren

Frieden wiederherzustellen. Vielleicht geht es auch darum, den Frieden zwischen beiden Parteien wiederherzustellen. Das mag ein Einverständnis des „Opfers" voraussetzen, damit der „Täter" „ent-schuldigt" und diesem vergeben wird und der „Täter" Verzeihung empfängt. Dennoch ist es ein Vorgang, der im inneren Gefühlsleben des „Täters" stattfindet. Er wird seine Belastung los und es entsteht Frieden, wenn der Ausgangspunkt die Bitte um Entschuldigung war. Was passiert nun, wenn das Opfer die Entschuldigung nicht annimmt? Oder das Opfer überhaupt keine Schuld in der Tat erkennen kann, weil es die Angelegenheit schon lange für erledigt hält? Treibend hinter der Bitte um Entschuldigung ist die Erkenntnis, etwas falsch gemacht zu haben. Es existiert damit also auch ein innerer Vorwurf, ein Selbstvorwurf. Mit dem Akt der Verzeihung wird der „Täter" von den wenig angenehmen Aspekten des Selbstvorwurfs befreit. Tatsächlich bedarf es nicht der Anwesenheit des „Opfers", um inneren Frieden wiedererlangen zu können. Die Befreiung von eigener, gefühlter Schuld ist auch anderweitig, z.B. im Rahmen eines therapeutischen Prozesses, möglich.

Genauso wenig bedarf es der Anwesenheit des Täters, um vergeben zu können. Vergebung dient letztlich nur dem Opfer. Denn auch das Opfer möchte frei von Emotionen der Wut, der Rache, des Hasses oder der Angst werden, wenn es den Weg der Vergebung gehen möchte. Soll der Weg der Rache gegangen werden, so ist das Ziel nicht Vergebung. Mit dem Weg der Rache wird, wie auf dem Weg der Vergebung, versucht, inneren Frieden wiederherzustellen und inneres Gleichgewicht zu erlangen. Bei der Vergebung werden die o.g. Gefühle überwunden; das Opfer ist damit frei. Der bewusste Akt der Vergebung ist oft schwer genug, bei festsitzenden Traumata jedoch oft unmöglich. Denn die negativ aufgeladenen Emotionen stecken fest. Sie können nicht durch den Akt des Willens befreit werden. Gestaltet sich nun eine professionelle Traumatherapie erfolgreich, so werden die festsitzenden Emotionen während der Therapie „befreit" und abgeladen. Danach fühlen sich die Menschen befreit. Ein bewusster Akt des Verzeihens ist dann oft nicht mehr erforderlich. Im besten Fall empfinden sie nach erfolgreicher Therapie keinerlei belastende Emotionen dem Täter gegenüber. Der gewünschte Frieden ist eingekehrt. Dafür bedarf es allerdings der Unterstützung ausgebildeter, empathischer und professioneller Trauma-Therapeuten. Die mit den Emotionen wie Hass, Wut, Rache, die sich im Zerstörungswillen oder viel heftigeren Gedanken äußern können, umgehen können und die <u>Opfer dafür nicht verurteilen</u>.

Traumatisierung durch Zuhören

Es ist erwiesen, dass Helfer stützender oder pflegender Berufe co-traumatisiert und damit sämtliche Symptome einer Posttraumatischen-Belastungsstörung entwickeln können, selbst wenn sie dem Betroffenen „nur" zuhören, da das Gehirn Gesehenes und Vorstellungen ähnlich verarbeitet.[34] Das gilt selbstverständlich auch für Angehörige. „„Das habe ich in meiner eigenen Arbeit mit Menschen erlebt, die sexuellen Übergriffen ausgesetzt waren', sagt Binder-Krieglstein. ,Eine Patientin habe sehr anschaulich geschildert, wie ihre Genitalien mit Gegenständen manipuliert wurden. Und da hatte ich selbst mit eindringenden Bildern zu kämpfen, bei denen es sich um Wiedererinnerungen von Bildern handelte, die ich während dieser Schilderung hatte', sagt er."[34] David Grand, der „Erfinder" des „Brainspottings", behandelte mehr als einhundert Betroffene der Terroranschläge von 9/11. Brainspotting ist eine Methode, um Traumata und emotionale Belastungen aufzulösen. Er selbst fühlte sich im Sommer des Jahres 2002 „ausgebrannt" und „hatte das Gefühl, als hätte mich diese unmittelbare Konfrontation mit den Auswirkungen dieser Ereignisse bis auf eine molekulare Ebene verändert – wie es bei denjenigen geschieht, die sich zu nahe an einem Explosions- oder Detonationsherd befinden."[35] Deshalb ist allen Beteiligten, die einen oder mehrere Traumatisierte begleiten, zu raten, sich selbst therapeutisch begleiten zu lassen.

Traumatisierungen durch Erzählungen, Geschichten oder Fernsehen

Wenn sekundäre Traumatisierungen durch die Schilderungen der Opfer erfolgen können, sind Traumatisierungen durch das Fernsehen oder drastisch geschilderte Geschichten ebenso denkbar. Auch Aussteiger aus Extremgruppen leiden nicht selten noch Jahre später unter Albträumen und damit verbundenen Ängsten. Bei ehemaligen Zeugen Jehovas finden sich sehr häufig Berichte von der Angst vor der eigenen Vernichtung durch Gott in dessen Endschlacht Harmagedon. Sie waren jedoch nicht unbedingt Opfer einer direkten Gewalteinwirkung, sondern haben sich, vielleicht sogar (bedingt) freiwillig, in die Arme der Sekte begeben. Dennoch können die drastischen Schilderungen, die Grafiken der Literatur und die mit der Sekte verbundenen Riten zu lang anhaltender Traumatisierung führen. Einen Einblick in die Mechanismen, die in der Welt der Zeugen Jehovas wirken, wird im Laufe der folgenden, wahren Geschichte Michaels deutlich. Wir lernen im Laufe des Buches Mechanismen kennen, die Menschen brechen und dazu bringen sollen, ihr Verhalten zu ändern.

> *„Über Traumata durch Horrorfilme gebe es bislang kaum wissenschaftliche Erkenntnisse. ‚Wir haben allerdings Hinweise aus der Psychotherapie, dass vor allem Personen traumatisiert werden können, die nicht aus freien Stücken einen Horrorfilm sehen‘, so die Medienpsychologin [Angela Schorr].“*[36]

Vermutlich werden wir noch lange warten dürfen, bevor es seriöse Forschungen zu dem Thema „Traumaauslösung durch Medienkonsum" geben wird. Offenbar reicht hingegen das Schauspielern aus, um nachhaltige Wirkung zu erzielen.

> *„Horrorfilme zu drehen sei weniger schlimm, als Horrorfilme anzuschauen, erklären Schauspieler gern. Dakota Johnson kann da wohl nicht beipflichten: Die Dreharbeiten zur Neuauflage des italieni-*

schen Horrorklassikers ‚Suspiria‘ nahmen die ‚50 Shades of Grey‘-Darstellerin so sehr mit, dass sie sich professionelle Hilfe suchen musste: ‚Das hat mich so fertig gemacht, ich musste ungelogen in Therapie‘, gestand die 28-Jährige im Interview mit ‚Elle‘.“[37]

„Doch dann habe ich zwei Wochen lang wirklich jede Nacht von Pennywise geträumt. Mal kamen wir beide im Traum vor, mal war ich er. Das war wie ein langer, mühsamer Exorzismus, denn dieser Clown schien sich mit aller Macht dagegen zu sträuben, dass ich ihn hinter mir lasse.“[38]

Das berichtet Bill Skarsgård, der Darsteller des Clowns in Stephen Kings „Es“. Nach der Verfilmung des Hitchcock-Klassikers „Psycho“ machte die Hauptdarstellerin Janet Leigh „lange Zeit einen großen Bogen um jede Dusche.“[39]

„1995 erzählte sie gegenüber der New York Times:

‚Ich muss mich immer vergewissern, dass Fenster und Türen des Hauses verschlossen sind und der Duschvorhang und die Badezimmertür bleiben offen. Ich blicke immer aufmerksam zur Tür, egal wo sich der Duschkopf gerade befindet‘.“[40]

„Da ist sie allerdings nicht die einzige. Viele Zuschauer gehen ängstlich ins Bad. Nach der Veröffentlichung des Films erhält Hitchcock Post eines wütenden Vaters. Seine Tochter wolle nach dem Besuch des Films weder in die Wanne, noch unter die Dusche. ‚Schicken Sie Ihre Tochter‘, beantwortete der Regisseur den Brief, ‚doch einfach in die Reinigung.‘“[39]

Als die Darstellerin Kyle Richards ihre eigene Rolle in „Halloween“ das erste Mal auf der Leinwand sah,

„jagten ihr die brutalen Szenen große Angst ein: ‚Es war sehr gruselig. Ich habe bei meiner Mutter geschlafen, bis ich fünfzehn war.‘“[40]

Selbst wenn die Auswirkungen des Fernsehens nicht an die Symptome einer Posttraumatischen Belastungsstörung heranreichen können, so liegt die Annahme nahe, dass bedrohliche Szenarien, dargestellt in Nachrichten oder Filmen, kleine Schocks oder mindestens psychischen Stress auslösen können und damit Einfluss auf das Verhalten von Menschen haben. Menschen setzen sich dieser Form der Unterhaltung freiwillig aus!

Vererbung von Traumata bis in die dritte Generation

Traumata können laut Prof. Dr. Alon Chen, Direktor und wissenschaftlicher Mitarbeiter des Max-Planck-Instituts für Psychiatrie, vererbt werden und zu epigenetischen Veränderungen führen. Bis in die dritte Generation von Holocaust-Überlebenden oder bei Enkelkindern von Soldaten aus dem Zweiten Weltkrieg können noch immer epigenetische Spuren der Traumata beobachtet werden.

> *„Diese führen schließlich dazu, dass diese Menschen ängstlicher oder anfälliger für stressbedingte Krankheiten sind. [Epigenetik bedeutet nicht], dass sich die Buchstaben der DNA, also ihre Sequenz ändert. [...] Wir reden dann von chemischen Veränderungen, welche beeinflussen, in was die DNA letzten Endes übersetzt wird. [...] Durch diesen Prozess entstehen die Proteine in unserem Körper, einschließlich unseres Gehirns. [...] [Die] epigenetische Signatur [...] [wird] an folgende Generationen weitergegeben.“*[41]

Auflösung von Ängsten und Traumata

Es gibt zahlreiche Möglichkeiten wie u.a. Körperpsychotherapie, EMDR[8], Brainspotting oder Somatic Experience, Traumata zu behandeln. Doch es ist nicht vorhersagbar, wie lange es bis zur Heilung dauert, geschweige denn, ob Heilung überhaupt möglich ist. Bevor Traumabehandlungen durchgeführt werden können, ist oft eine Phase der

Stabilisierung erforderlich. Die Behandlung von Traumata gehört ausschließlich in die Hand erfahrener und entsprechend ausgebildeter Therapeuten.

Zusammenfassung

Wir können feststellen, dass neurotische Dispositionen zu neurotischen Partnerschaften führen. Folglich liegt die Annahme nahe, dass diese Dispositionen, wie auch traumatisierende Erfahrungen, dazu führen können, Extremgruppen, Sekten oder sonstigen Gruppierungen, die Ideologien folgen, anheimzufallen. „Nach dem Frankfurter Psychologen Werner Gross (Berufsverband Deutscher Psychologen) gibt es folgende Typen", die anfällig für Sekten sind: „Der Sucher", „der Enttäuschte", „der Orientierungslose", „der Krisengeschüttelte", „der psychisch Kranke", „der schwer Kranke" und „der junge Idealist".[42]

Die Heilung wird im Kontakt mit anderen Menschen gesucht, die eine tragende Beziehungsbasis zur Verfügung stellen sollen. Da die Beziehung zu sich selbst aufgrund der neurotischen Struktur oder des traumatischen Erlebens schwierig ist, wird die Beziehung zu anderen Menschen auch schwierig werden. Zudem ist es für die Betroffenen doppelt tragisch, dass diese Gruppierungen aufgrund ihrer beschriebenen innewohnenden Prozesse meist keine tragfähige Beziehung bieten können.

Ideologischen Massenbewegungen liegt eine religiöse Essenz zugrunde, wie Le Bon es treffend beschrieb. Menschen werden mehr an ideologische Konzepte gebunden, wenn sie mit Hilfe einiger schockierender oder traumatisierender Techniken beeinflusst werden, wie William Walters Sargant es zutreffend beschrieb. Dies verstärkt die hypnotischen Tendenzen, die Le Bon bereits in den Verhaltensweisen von Massen erkannte.

In den folgenden Kurzgeschichten werden sowohl Paul, ein sehr gebildeter Mensch, aufgrund eines schweren traumatisierenden Ereignisses, sowie Heinrich und seine spätere Frau, aufgrund traumatisierender und neurotischer Strukturen, Ideologien anheimfallen. Denk bitte an die hypnotischen und traumatisierenden Auswirkungen des Gruppenprozesses, wenn Michael, der Sohn Heinrichs, ihn eines Tages konfrontieren wird. Was einen Tag später passieren und wie Heinrich antworten wird! Hier müssen hypnotische Befehle, oder abgetrennte Persönlichkeitsanteile aufgrund der Traumatisierungen durch die Gruppe, wirken! Diese Kurzgeschichte beruht auf wahren Begebenheiten. Auch die geschilderte Situation hat sich exakt so begeben.

Zugleich werden wir darlegen, wie Medien mit Methoden des Framings Menschen spalten, und welche weiteren Methoden angewendet werden, um Menschen von sich selbst und ihren Nächsten zu entfremden. Neurotische Strukturen liegen auch dem Konflikt zwischen Jan und Mia zugrunde. Mia engagiert sich aufgrund dieser Strukturen und aufgrund heftiger Angst bei fridays-for-future. Doch beide haben Unterstützung! In Form von Eva. Doch ob diese Unterstützung ausreichen wird? Lesen Sie selbst!

Pauls Verwandlung durch Scientology

Scientology wurde von L.R. Hubbard gegründet. Kurz gefasst will Scientology erreichen, dass die Angehörigen dieser Sekte in einen Clear-Zustand gelangen. „Der optimale Mensch" wird ein „Clear" genannt. Ein „Clear" ist vollkommen frei von Psychosen, Neurosen, Zwängen, Verdrängungen und selbsterzeugten Krankheiten.[43] So glauben es die Scientologen.

Paul ist 35 Jahre alt, Single, diplomierter Ingenieur und in der Entwicklung eines Premium-Fahrzeugherstellers beschäftigt. Er entwickelt moderne Fahrwerksysteme, die Fahrbahnunebenheiten im Voraus erkennen und die Federbeine im richtigen Moment exakt so verstellen können, dass die Insassen möglichst sanft über die Straße getragen werden.

Heute gab es einen Erfolg für ihn zu feiern. Das entwickelte Fahrwerk wurde erfolgreich getestet und hat uneingeschränkt die Serienfreigabe erhalten. Das Projekt, an dem er über zwei Jahre intensiv mitgearbeitet und nächtelang über den Programmcodes gebrütet hat, um die Dämpfung des Fahrwerks weiter zu optimieren, ist nun endlich abgeschlossen worden. Für sein Engagement erhielt er ein besonderes Lob von seinem Teamleiter Hansen, der die Leistungen Pauls extra, und das sogar vor dem gesamten Team, zur Würdigung brachte. „Ohne unseren Paul wären wir in der Kürze der Zeit nicht fertig geworden und wir hätten unser altes Stahlfahrwerk auch in unserem neuen Fahrzeugtyp verwenden müssen. Weil unser Paul aber viele Nächte geopfert hat, sind wir gerade noch rechtzeitig fertig geworden und können uns zukünftig als Marktführer im Bereich der Premium-Fahrwerke betrachten. Den Mitbewerbern sind wir damit Jahre voraus. Lieber Paul, ich danke dir im Namen des gesamten Teams. An deiner Leistung kann man sich nur ein Beispiel nehmen!" Paul wusste gar nicht so recht, wie er auf die Ansprache reagieren sollte. Hansen bat ihn nach vorne, überreichte ihm den Blumenstrauß und bemerkte die Unsicherheit Pauls. Ursprünglich wollte er ihn noch um ein feierliches Wort gebeten haben, doch bloßstellen wollte er ihn auf keinen Fall. Paul nahm den Blumenstrauß entgegen, stammelte ein kurzes „Danke" hervor und setzte sich schnell wieder hin. Sicher, das Lob ging runter wie Öl und auch er ist der Meinung, dass die anderen Teammitglieder ihre Familien zu wichtig nehmen und sich mehr engagieren sollten – und heute hatte er es ihnen allen gezeigt. Das Projekt wurde nur durch ihn zu einem positiven Abschluss gebracht. Ohne ihn wären sie im Grunde nichts.

Zur Feier des Tages beschloss er, sich auf sein Fahrrad zu setzen, um in die Stadt zu fahren und dort den Ego-Shooter für seine Spielekonsole zu kaufen, der ihn schon länger ruft. Sonst bestellt er die meisten Dinge online, dazu ist er allerdings in den letzten Tagen nicht mehr gekommen. Die Nächte waren schon sehr anstrengend, da einige Programmcodes immer wieder angepasst werden mussten, denn die Kamerasteuerung des Fahrwerks wollte einfach nicht so funktionieren, wie er sich das gedacht hatte. Nun aber war die Zeit gekommen, endlich mal richtig auszuspannen. Zwei Tage Wartezeit auf den Versand des Shooters schienen ihm zu lange. Also holt er das staubige E-Bike aus dem Keller, pumpt schnell die Reifen auf und fährt in die nahegelegene City.

„Der Blumenstrauß, oh Mist, ich habe ihn in der Firma liegengelassen. Wenn das die anderen sehen." (Hinweis: Gedanken sind im Text immer kursiv dargestellt.) Eigentlich kann er mit dem Gestrüpp sowieso nichts anfangen. Den Gedanken an die Blumen schiebt er schnell beiseite und biegt in die Fußgängerzone ein. Er hat doch zwei Wochen Urlaub. Jemand wird die Blumen schon versorgen oder wegschmeißen. Paul kann den Namen des Kaufhauses schon lesen, als er bemerkt, dass er schon in der Fußgängerzone ist. Er steigt fahrend ab und lässt das E-Bike, stehend auf dem linken Pedal, dynamisch bis kurz vor den Eingang des Kaufhauses weiterrollen. Dort ist ein kleiner Stand aufgebaut, an dem sich eine blonde, langhaarige Frau aufhält. Die kann er jedoch noch gar

nicht recht erkennen, da der Stand im Schatten des Eingangsbereichs liegt. Die Wärme der Sonnenstrahlen bemerkt er erst jetzt. Und auch den Schweiß, der ihm unter dem karierten Hemd den Rücken kalt herunterläuft. Mit dem letzten Schwung platziert der das Vorderrad des modernen E-Bikes gekonnt in den Rillen des Fahrradständers und schließt es mit einem lässigen Tritt gegen das Hinterradschloss ab. Es wird sich wieder automatisch entriegeln, wenn er mit seinem Smartphone in die Nähe des Bikes kommt.

Leichtfüßig wendet er sich dem Eingang des Kaufhauses zu. Die blonde Frau ist inzwischen aus dem Schatten herausgetreten und lächelt ihn an. Sonst kennt er nur das Lächeln seiner Mutter Sophie, wenn er sie alle vier Wochen für ein Wochenende besucht. An den Programmcodes kann er sowohl bei ihr in der Küche als auch im ICE arbeiten – und nebenbei braucht er schließlich auch mal neue Wäsche. Ansonsten hat Paul es nicht so mit Frauen. Die sind ihm einfach zu emotional, zumindest wenn er sich so an die Geschichten seines Kumpels Ben erinnert. Was Ben ihm schon alles erzählt hat. Die sind wirklich alle gleich. Auch die Gespräche mit Frauen, die er in verschiedenen Online-Partnerbörsen geführt hat, waren nicht wirklich erquickend. Wahre Entspannung empfindet Paul nur, wenn er sich als amerikanischer Soldat, perfekt getarnt und mit modernstem Equipment ausgestattet, auf die Lauer legt, um Araber zu erschießen. Doch dazu ist er in letzter Zeit nicht mehr gekommen, aber der nächste Ego-Shooter mit Arabern wartet schon auf ihn. Montags ist Paul redseliger als sonst. Da erzählt er seinen Kollegen gerne von den Erfahrungen des Wochenendes, wie viele Panzer er mit welchen Waffen und auf welche Entfernungen er arabischen Terroristen den Kopf weggeschossen hat. Weshalb viele Kollegen nur so kurz angebunden sind, hat er sich auch schon gefragt.

Blonde lange Haare, weibliche Figur, blaue Augen, die ihn mit diesem bezaubernden Lächeln anstrahlen. Was für eine Schönheit! Peinlich berührt schaut er nach unten, um schnell die Schwingtür erreichen zu können.

„Hallo. Ich bin die Nele. Möchtest du etwas über dich erfahren?"

Paul kann noch gar nicht realisieren, dass er gemeint ist. Schließlich ist er ja richtig schnell geworden. Er muss aber tatsächlich gemeint sein, denn Nele hat ihre Warteposition verlassen, begleitet ihn schnellfüßig und hat den Kopf „so süß" zur Seite geneigt. Paul bleibt stehen und dreht ihr den Kopf zu.

„Meinst du mich?"
„Ja! Dich!"
„Was soll ich erfahren?"
„Etwas über dich!"
„Über mich?" Er dreht sich vollends zu ihr.
„Ja. Über dich", antwortet Nele und lächelt ihn leicht verschmitzt an. Ihre langen Haare hat sie inzwischen über ihre linke Schulter gelegt. Erst jetzt fallen ihm ihre vollen Lippen auf und das Klemmbrett, das sie in der linken Hand hält.
„Aus der Nähe betrachtet ist sie ja noch viel schöner. Was für eine tolle Frau!"
„Na, was ist? Hast du Lust?"
„Na klar habe ich Lust", platzt es aus ihm heraus. Zugleich schießt ihm seine Röte ins Gesicht und er stammelt weiter, „also, auf das….Wie war das? Was wolltest du nochmal?"
„Na meine Frage ist, ob du dich selbst einfach mal besser kennenlernen möchtest."
„Mich selbst? Wie meinst du das?" *„Hoffentlich merkt sie nicht, dass ich eigentlich viel lieber sie kennenlernen möchte."*
„Na schau mal. Ich bin Nele. Hallo."
„Ha, Hallo Nele!"
„Wie darf ich dich ansprechen?"
„Oh, sorry. Ich bin Paul!"
„Hallo Paul. Schön dich kennenzulernen. Also: Heute bieten wir hier einen kostenfreien Test an, der schon hunderttausende Male auf

der Welt durchgeführt worden ist und von dem viele Menschen profitiert haben. Ich stelle dir ein paar Fragen und wir schauen, welchen Charakter du hast und wo du dich selbst noch verbessern kannst, wenn du das möchtest. Denn wir glauben, dass Menschen ihr wahres Potential erst dann entfalten können, wenn sie sich wirklich selbst kennen. Dabei würden wir dir gerne helfen!"

„Wer seid Ihr?"

„Nun, wir sind ein Institut, das sich um die Menschen und ihr Wohlbefinden kümmert. Magst du etwas mit mir trinken? Wir haben hier in dem Gebäude einen Raum, da gibt es kalte Getränke und ich zeige dir, was wir machen. Keine Angst, es ist alles kostenfrei. Wir beißen nicht. Du gehst keinerlei Verpflichtung ein."

„Wow, diese Schönheit geht mit mir etwas trinken. Na, bei diesem erfolgreichen Tag, den Ego-Shooter kann ich mir später auch noch holen. Was habe ich denn heute noch zu verlieren? Außerdem, wann habe ich das nächste Mal eine Chance, mit einer tollen Frau etwas trinken zu gehen?"

„Na klar, ich bin dabei."

Wenige Momente später findet sich Paul gegenüber von Nele an einem Tisch wieder. An der rechten Tischseite hat Fabian Platz genommen. Scheinbar ist dieser Fabian, für den Paul ansonsten kein großes Interesse zeigt, irgend so etwas wie der Mentor für Nele. Hin und wieder, wenn Paul sich unbeobachtet fühlt, wirft er einen kurzen und möglichst unauffälligen Blick auf sie. Inzwischen sitzt sie mit geöffnetem Haar vor Paul. Die blonden, leicht gewellten Haare reichen Nele etwa bis zu den Lendenwirbeln. Inzwischen ist der blasse Teint Neles zu Gunsten eines gut durchbluteten und leicht geröteten Gesichts gewichen. Paul versteht nur etwas von einem Test aus Oxford, der 200 Fragen hat und den er ausfüllen soll. Nele überreicht ihm mehrere Blätter, auf denen Paul etwas von „Oxford Capacity Analysis" und „Scientology" liest. Paul erschrickt.

„Moment mal, Scientology?" Nele legt den Kopf leicht schräg und lacht Paul an.

„Sie ist so süß, wenn sie den Kopf neigt. Und ihre Zähne strahlen so schön."

„Ja, Scientology!"

„Gehörst du etwas zu Scientology?"

„Ja Paul. Ich weiß." Nele seufzt leicht und ihr wunderschönes Lächeln weicht einem ernsteren Gesichtsausdruck. Woran erinnern ihn dieser ernstere Gesichtsausdruck und die traurigen **Kulleraugen** nur?

„Paul, welchen Beruf hast du?"

„Ich bin Diplom-Ingenieur und arbeite hier bei unserem großen Automobilwerk im Entwicklungszentrum."

„Oh, das klingt anspruchsvoll. Dann bist du ja eindeutig sehr intelligent und in der Lage, dir ein eigenes Bild zu machen. Vom Mainstream werden wir immer wieder verunglimpft. Es werden solche Lügen über uns erzählt. Es ist unfassbar. Welche kennst du?"

„Nun, Ihr sollt den Leuten Geld aus der Tasche ziehen und sie manipulieren. Viel mehr weiß ich, ehrlich gesagt, auch nicht."

„Ah okay. Paul, ich bin hauptberuflich Leiterin einer Kindertagesstätte. Reich bin ich nicht, Scientology kann mich also gar nicht ausnehmen. Im Gegenteil, hier wird mir so viel gegeben. Wenn wir uns besser kennen, erzähle ich dir gerne meine Geschichte. Ich gehe sogar so weit, dass Scientology mein Leben gerettet hat. Vor drei Jahren ging es mir sehr schlecht, und ich bin so dankbar, die wissenschaftlich begründeten Lehren, die ich hier kennenlerne, in meinem Leben anwenden zu dürfen. Zurück zu dir. Ich schätze dich als so intelligent ein, dass du dir dein eigenes Bild machen kannst. Ich verspreche dir: Hier wird nichts, aber auch gar nichts, gegen deinen Willen unternommen. Alles, wirklich alles, ist freiwillig. Du kannst jederzeit aufstehen und gehen. Schau mal, diese Oxford-Persönlichkeits-Analyse ist eine der Grundlagen unserer Arbeit. Klar, 200 Fragen hören sich viel an. Allerdings musst du nur eine von drei Möglichkeiten ankreuzen. Fabian wird dir gleich erklären, wie es funktioniert. Dieser Test ist die Grundlage für Erfolg und Glück und Millionen von Menschen haben von ihm profitiert. Paul, traust du dir zu, dir ein eigenes Bild über uns zu machen?"

„Natürlich!"

„Gut! So habe ich dich auch eingeschätzt!" Nele lächelt wieder.

„Gibt es Bereiche in deinem Leben, die mehr Glück vertragen könnten?"

„Äh, jaaaa."

„Na siehste. Vielleicht ist das ja heute dein Glückstag. Der Test liefert die Grundlage, um Menschen wie dir zu helfen, Antworten zu finden, Ziele zu verwirklichen, Selbstsicherheit zu gewinnen und auch, um zwischenmenschliche Beziehungen zu verbessern. Hast du daran Interesse?"

„Na klar!"

„Na super! Paul, ich muss wieder runter zu unserem Stand. Mein Vorschlag ist, dass du den Test ausfüllst, Fabian wird es dir zeigen, und wir treffen uns demnächst hier mal wieder."

„Okay, würde mich freuen", stammelt Paul.

Nele steht auf, beugt sich leicht über den Tisch, die blonden Haare fallen seitlich auf die vorderen Schultern, die durch das hellgrüne Shirt verdeckt sind, und streckt Paul die Hand hin. Normalerweise würde Paul aufstehen, um sich von einer Frau zu verabschieden, aber das klappt heute irgendwie nicht. Er reicht ihr die Hand und im nächsten Augenblick eilt Nele auch schon zur Tür. Die Tür schließt sie jedoch nicht, ohne Paul zuvor noch einmal anzulächeln und zu winken.

Dieses letzte Bild Neles taucht an diesem Abend häufiger vor Pauls geistigem Auge auf. Die Terroristenjagd durch irgendeine virtuelle Stadt am anderen Ende der Welt gelingt Paul heute nicht so gut wie sonst, denn immer wieder muss er an sie denken. Manchmal fallen ihm auch noch einige wenige der 200 Fragen ein, die er beantwortet hat wie „Fragen Sie sich manchmal, ob irgendjemandem wirklich etwas gelegen ist an Ihnen?", „Gehen Ihnen manche Geräusche durch Mark und Bein?", selbst dabei zuckt Paul jetzt noch zusammen, oder „Werden Sie wegen einer herzhaften Begrüßung, wie zum Beispiel einem Kuss, einer Umarmung oder einem Klopfen auf den Rücken verlegen, wenn es in der Öffentlichkeit gemacht wird?" Paul liegt schon auf seiner Schlafcouch, als er noch darüber nachdenkt, wie verlegen er heute den Blumenstrauß entgegennahm und freut sich schon auf den Kurs, der Samstagmittag stattfindet, der irgendwas mit Ehe und damit zu tun hat, den richtigen Partner ins Leben zu ziehen, um mit diesem auch zusammenbleiben zu können. Fabian hat ihn dazu eingeladen und vielleicht trifft er da ja auch Nele wieder.

Welche Mechanismen kommen nun an diesem einzigen Tag in Pauls Leben zusammen? Paul ist emotional stark beansprucht worden. Über einen langen Zeitraum hat er sogar nachts viel geleistet und an den Programmcodes gearbeitet. Eine Ursache dafür ist, dass er einfach keine andere sinnvolle Tätigkeit gefunden hat, die ihn interessiert und zugleich keine nährenden sozialen Kontakte aufbauen konnte. Selbst zu seinen Kollegen kann er keine angemessene Bindung aufbauen; sie wenden sich von ihm ab, wenn er von seinen Killerspielen erzählt. Ein Dank des Vorgesetzten, das vor dem gesamten Team ausgesprochen wird, ist ihm unangenehm. Er weiß einfach nicht, mit sozialen Kontakten umzugehen. Im Grunde igelt er sich immer mehr ein und entwickelt mehr und mehr eine soziale Phobie. Von seinem Computer kommt er selbst dann nicht weg, wenn er mal entspannen möchte. Entspannung findet er im gespielten Mord und Totschlag. Woher soll er auch wissen, dass seine alte unterdrückte Wut hier ein Ventil findet? Wenn sich diese Wut durch den gespielten Mord und Totschlag wieder etwas entladen hat, empfindet er ein wenig Entspannung. Weshalb er unruhig schläft, weiß er auch nicht. Selbst das Fahrrad ist verstaubt, womit er raus in die Natur fahren und den Körper in sportliche Tätigkeit bringen könnte. Entspannung würde die logische Folge sein, doch zum Fahrradfahren ist Paul meist viel zu erschöpft.

Dennoch hat er heute ein Hochgefühl. Er hat es allen gezeigt! Er ist der Beste! Er weiß wie es geht! Obwohl sie ihn doch alle für den Nerd halten. Das dieser Moment des Erfolgs nur von kurzer Dauer ist, ist ihm nicht bewusst. Er genießt ihn und will auch gerne ein Leistungsträger bleiben. In einer narzisstischen und „leistungsbezogenen" Gesellschaft, die ständig nach Erfolg und Anerkennung lechzt, ist es doch völlig normal, dass er sich nach einem Lob gut fühlt. Wie oft gieren Menschen nach Anerkennung von Vorgesetzten, weil sie sich selbst letztlich nicht ausreichend genug anerkennen und damit selbst lieben können? Diese Tatsachen sind Paul jedoch nicht bewusst. Traurigkeit und Gefühle der Einsamkeit kennt er nur sehr wenig, denn wenn sie mal leise anklopfen, muss ganz sicher wieder dringend der Programmcode angepasst werden oder eine Geisel aus terroristischer Hand befreit werden. Familien verachtet er und sieht Menschen, die das Familienleben schätzen, als unfrei an. Auch Blumen sind für ihn weder Lebewesen, mit denen kommuniziert oder durch die Freude empfunden werden könnte, noch Geschenkmöglichkeit, mit denen Menschen Gefühle und Emotionen übermitteln könnten. Gefühle und Emotionen sind sowieso eher Frauensache. Schnittblumen sind eine Erwartung von Pauls Mutter. An jedem ihrer Geburtstage muss er Blumen mitbringen, weil er das sonstige Gemecker einfach nicht mehr hören möchte. Die Umarmungen seiner Mutter mag er auch nicht so wirklich, lässt sie aber über sich ergehen.

Zur Feier des Tages, und auch um den Urlaub einzuläuten, entdeckt er auf dem Weg zum Kauf seines Ego-Shooters knapp vor dem Kaufhaus eine blonde Frau, die sich im Schatten befindet. Sie ist der Schlüssel dazu, dass er den Schweiß auf seinem Rücken und die Wärme der Sonnenstrahlen bemerkt. Er spürt Wärme und verknüpft diese Wärme unbewusst bereits jetzt mit ihr. Sie hilft ihm bereits jetzt, dass er sich bewusster wird. Als er das Kaufhaus fußläufig erreichen möchte, tritt sie aus dem Schatten heraus, um ihn zu empfangen. Jeder Organismus strebt nach Licht und Wärme, und wir Menschen streben zudem nach emotionaler Wärme. Unbewusst verknüpft er sie mit Licht, das in sein Leben tritt. Durch sie tritt Licht in sein Leben. Er findet sie schön. Er erfasst ihre Äußerlichkeiten genau. Und wie durch Zufall sprudelt der Mund vor Lust und dem Freud'schen Versprecher „Na klar habe ich Lust" über. Lange unterdrückte Energien steigen auf und zeigen sich durch das Erröten des Gesichts. Erstmals seit langer Zeit findet ein intensiver Austausch von Energien zwischen ihm und einer Frau statt. Nele macht erst einmal alles richtig. Schnell stellt sie sich vor und nimmt ihm etwaige Ängste. Selbst seine Unsicherheiten umfährt sie geschickt. Die Wörter „Institut" und „Test, der schon hunderttausende Male durchgeführt worden ist", lassen Paul meinen, dass Nele und das Institut Erfahrung, Sicherheit und Seriosität ausstrahlen. Die Aussicht auf ein Getränk mit Nele und der Rahmen, der sich zwischenzeitlich entwickelt hat, lassen ihn in das Gebäude mitgehen. Paul wähnt sich aufgrund seiner Intelligenz sowieso in Sicherheit. Welche Gefahr sollte ihm denn mit diesem Test schon drohen?

„Oxford Capacity Analysis"

Den Begriff „Oxford Capacity Analysis" verbindet er mit der dortigen berühmten Universität, auch wenn beide nichts miteinander zu tun haben. Das klingt erst einmal seriös. Trotz aller bewussten und unbewussten Emotionen und Gefühle, die in ihm heute aufgetaucht sind, lässt der Begriff „Scientology" sein Warnsystem anspringen. Der Verstand jedoch wird schnell wieder ausgetrickst, denn Nele verliert ihr Lächeln und Paul empfindet es unbewusst so, als sei er verantwortlich dafür, dass sie nun traurig wird. Das dies etwas mit seiner Kindheit und den Erfahrungen mit seinen Eltern zu tun hat, ist ihm nicht im Geringsten bewusst. Nele soll schnell wieder „glücklich" werden. Sie darf einfach nicht traurig sein. Denn dann fühlt auch er sich abgeschnitten von der Wärme, dem Licht und der Lust, die sie bereits in ihm geweckt hat. Ihre geröteten Wangen sind ihm aufgefallen. Nele reagiert überaus geschickt, indem sie ihn nach seinem Job befragt. Sie appelliert an seine Intelligenz und sein Ego, denn schließlich ist er doch in der Lage, sich ein eigenes Bild zu machen. Dem **kann** Paul nur zustimmen. Mit dem Begriff der „Lüge" bringt sie den nächsten Frame[9] in die Situation hinein. Sie steigert den Deutungsrahmen noch, indem sie Paul direkt fragt, welche Lügen er denn schon über Scientology kennen würde. Sollte er diesem Deutungsrahmen nicht widersprechen, ist er gesetzt – und zwar für alle Anwesenden. Mit der Antwort gibt Paul den Widerstand auf und erkennt gleichzeitig an, dass Lügen über Scientology existieren. Er benennt bereits jetzt Fakten als Lügen und wähnt sich gleichzeitig in der Lage, jederzeit gehen zu können. Das hat ihm ja sogar diese wunderbare Nele zugesichert.

Sie geht bestimmt ganz wunderbar mit Kindern um, malt Paul sich aus. Und irgendwie freut er sich schon darauf, wenn sie ihm ihre Geschichte erzählen wird. War das eine Andeutung, dass sie ihn mag? Dass sie ihn wiedersehen will? Definitiv hält sie ihn für intelligent. Das wertet Paul als ersten Erfolg. Er weiß unbewusst um seine Themen, die er gerne lösen möchte, und da kann dieser harmlose Test, der die Grundlage für Wachstum bilden soll, doch nicht schaden. Oder? Denn schließlich ist ja heute sein Glückstag. Und wie durch Zufall gebrauchte auch Nele diesen Begriff. Etwas mehr Selbstsicherheit könnte er vertragen. Tragfähige Beziehungen auch, erst recht, wenn er dabei an Nele denkt. *„Dieser hübsche blonde Kopf und das hellgrüne Shirt. Diese Farbe steht ihr doch so gut!"* Ihm ist nicht bewusst, dass mit „hellgrün" das Energiezentrum seines Herzens, dem Sitz der Liebe, angesprochen wird. Was für ein emotionaler Tag. Wie bedeutend.
„Ist da jemand, der mich versteht?"

Ein Stück Hoffnung auf eine bessere Zukunft ist geweckt. Paul schläft ein – im wahrsten Sinne des Wortes.

Über overts und withholds

Acht Tage später findet sich Paul in einem Raum mit Fabian wieder. Fabian ist wieder schick gekleidet. Hemd, Krawatte, Jeans und blitzende Schuhe. Samstag vor einer Woche hat Paul an einem kleinen Kurs zur Stabilität von Ehen teilgenommen. Da hat er etwas von sogenannten offenen und stillen Vereinbarungen innerhalb von Beziehungen gelernt. Man könnte diese Vereinbarungen auch als Kodex bezeichnen. Und er hat dort etwas von „Overts" gehört. „Overts" sind Handlungen, die man nicht hätte tun sollen oder Handlungen, die man hätte tun sollen und nicht getan hat. Und diese „Overts" sollen dazu führen, dass Paare sich voneinander entfremden.

„Ach ja, und es gab die sogenannten ‚Withholds'", berichtet er Fabian heute.

„‚Withholds' sind ‚Overts', die dem Partner nicht mitgeteilt werden. Damit entzieht man sich der Kommunikation. Beides zusammen trennt die Partner voneinander. Sehr logisch. Traurig, dass man draußen darüber nie etwas hört. Fast so, als hätte das System kein Interesse daran, Menschen zu zeigen, wie man stabile Ehen und Beziehungen führen könne."

„Super, dass du so viel lernen konntest. Ich stimme dir zu, dass das heutige System etwas gegen Familien hat. Man sieht Familien ja häufig als Keimzellen des Faschismus an."[44]

„Ach, vielleicht brechen deswegen immer mehr Ehen auseinander. Übrigens waren auch Beate und Peter da. Sie sind ja schon seit 25 Jahren verheiratet. Beide haben berichtet, wie sie vor zwanzig Jahren ihre Ehe durch Scientology retten konnten. Und wie glücklich sie heute mit der Anwendung des Dreiecks ‚Affinität, Realität und Kommunikation' leben. Tja, und weil Peter mich danach im Vier-Augen-Gespräch von einer Auditing-Sitzung überzeugt hat, sitzen wir heute hier. Danke, dass du Zeit für mich hast."

„Sehr gerne, Paul."

Paul nimmt seinen ganzen Mut zusammen: „Sag mal Fabian. Wie geht es eigentlich Nele?"

„Oh. Sie müsste morgen Mittag auch hier sein. Zu unserem Kurs ‚Persönliche Werte und Integrität'. Du solltest auch kommen. Denn so eine Sitzung, wie du sie heute erleben wirst, kann anstrengend sein. So hättest du morgen ein wenig Abwechslung. Mir fallen gerade Stefan und Bernd ein. Die beiden stelle ich dir mal vor. Stefan ist auch Entwickler in der Fahrzeugbranche und in der Unfallforschung tätig. Bernd ist Geistlicher bei uns. Er macht auch irgendwas mit Autos. Ich glaube, er schreibt die Anleitungen für die Reparaturwerkstätten oder so. Ihr werdet Euch mögen!"

Pauls erstes Auditing

Eine Stunde später befinden sich beide mitten im sogenannten Auditing. Fabian hat Paul bereits zu einigen Stationen seines Lebens befragt. Eine Frage zu Pauls Vater beantwortet Paul mit „Zu ihm habe ich keinerlei Kontakt mehr! Im Grunde ist mein Vater nicht mein Vater, sondern nur mein Erzeuger. Mein Vater ist der Mann meiner Mutter gewesen, der mich großgezogen hat und der sehr liebevoll zu mir war. Er ist leider vor zwei Jahren verstorben." Fabian befragt Paul weiter zu dessen Erzeuger. „Wie gesagt, zu ihm habe ich keinerlei Kontakt. Und suche ihn auch nicht. Das Thema ist mir egal."

Doch der Zeiger des E-Meters, einem Gerät, das Veränderungen des Hautwiderstands anzeigt, spricht eine andere Sprache. War er doch bei der ersten Frage nach ihm bereits ausgeschlagen. Diesmal schlägt der Zeiger deutlicher und länger aus. Fabian deutet es so, als seien hier noch Themen verborgen, die Paul heute noch emotional stark belasten und die Paul alles andere als gleichgültig sind. Durch gezieltes Weiterfragen bringt er Paul dazu, sich an eine Szene zu erinnern.

„Ich sehe ein Gesicht vor mir!"
„Sprich einfach weiter. Was zeigt sich als nächstes?"

Paul wird unruhig und korrigiert seine Sitzposition. Er greift sich an seine linke Schulter, weil sie plötzlich schmerzt.

„Fabian. Mir geht es auf einmal gar nicht gut. Ich fange an zu schwitzen und meine Schulter schmerzt. Wir sollten abbrechen!"

„Paul, versuch dich zu konzentrieren. Das sind normale Reaktionen auf Ereignisse deines Lebens, die dich tagtäglich unbewusst beeinflussen. Wir wollen versuchen, das zu lösen und dich von deinem emotionalen Ballast zu befreien. Diese Schmerzen gehören bald der Vergangenheit an, wenn wir erfolgreich waren. Dazu musst du jedoch einmal da durch."

„Okay. Danke. Puh!"

„Was taucht als Nächstes vor deinem inneren Auge auf?"

„Ich sehe ein Gesicht. Es ist ein Mann. Es ist so nahe vor mir! Ich sehe ihn von oben. Ich schaue auf ihn herab!"

Stille für einige Momente.

„Sprich einfach weiter, Paul. Was kommt als Nächstes?"

„Fabian, ich spüre meine Beine nicht mehr!"

„Mach einfach weiter!"

„Ich sehe einen Bart. Einen Vollbart. Er ist ungepflegt, die Haare wachsen wild hin und her. Seine Haare sind schulterlang. Und fettig. Sie fallen in Strähnen auf seine Schultern. Seine Gesichtsfarbe ist fahl. Eher gelblich."

Stille für einige Momente.

„Was taucht als Nächstes auf. Kannst du etwas riechen?"

Stille. Keine Reaktion. Paul sitzt wie versteinert in seinem Sitz. Er ist regelrecht erstarrt.

Fabian wird etwas lauter: „Paul. Sprich mit mir. Was taucht auf?"

„Mir wird so schlecht. Ich kann es riechen. Es stinkt nach Urin und Alkohol. Und immer wieder dieses Gesicht. Ich kann nicht mehr!"

„Paul, mach einfach weiter. Es ist alles normal, was bei dir passiert!"

Paul schluchzt auf. „Seine Lippen sind zusammengepresst. Ich, ich, ich bin noch ein Baby. Er hält mich hoch. Seine Gesichtszüge sind

hart. Ich kann eine Narbe unter seinem linken Auge erkennen. Es ist
mein Vater! Äh, mein Erzeuger!"

Paul sammelt sich etwas während Fabian ihn ermuntert, tief durch-
zuatmen.

Leise spricht er weiter: „Ich sehe die Leere in seinen Augen. Und...er
hat braune Augen und…und…und sie sind voller Hass. Als würde er
mich gleich töten wollen!"

Paul atmet tief durch und zittert.

„Was passiert hier?"

„Paul, es ist alles normal und es ist so wichtig, dass das endlich bei
dir passieren darf. Schau wie du reagierst. Du zitterst, schluchzt, hast
Schmerzen und die damalige stinkende Umgebung widert dich heute
noch an. Das alles sind Erfahrungen, die eine emotionale Aufladung
bewirkt haben. So etwas hält Menschen gefangen. Sie halten dich gefangen. Mach einfach weiter. Was taucht als Nächstes auf?"

„Ich sehe meine Mama auf der Couch sitzen. Ihre Wimperntusche
ist verschmiert. Sie muss geweint haben. Nein, sie weint. Ihre Augen
sind weit aufgerissen. **Diese Kulleraugen** voll Traurigkeit. Neiiiiin.
Diese Augen!"

Paul weint und hält sich mit beiden Händen verkrampft am Stuhl
fest. *„Nein, ich nehme die Hände nicht vor das Gesicht. Da will ich
jetzt durch. Egal was passiert, ich muss da jetzt durch"*, denkt er sich.

Die beiden Vorrichtungen, die er eben noch in der Hand gehalten
hat und die den Ausschlag des Zeigers bewirken, muss er schon vor einiger Zeit auf dem Tisch abgelegt haben. Fabian hatte dies genau registriert. Da er jedoch über eine sehr große Herzensbildung verfügt, beließ
er es erst einmal dabei.

„Sie haben vorher gestritten. Meine Mama hat den Herd nicht so
sauber gemacht, wie er es wollte. Darüber ist ein Streit entbrannt,
weil mein Vater den Geruch des verbrannten Herdes nicht mochte.
Sie haben sich angeschrien, woraufhin er sie auf die Couch gestoßen

hat. Ich sehe ihn mich aus dem Laufstall heben."

„Was taucht als Nächstes auf?"

„Jetzt sehe ich ihn wieder. Den Bart, das Gesicht, die Narbe. Und den Hass. Wie kann ein Mensch sein eigenes Kind nur so hassen?"

Paul schildert diese Begebenheit mit einer viel ruhigeren und gefassteren Stimme als eben noch.

„Paul, siehst du noch mehr? Welche Bilder oder welche Ereignisse tauchen noch auf?"

„Einen Moment. Ja. Es kommt noch mehr. Lass mir einen Moment!"

Fabian wartet geduldig und bleibt in der Stille. Paul sitzt in seinem Stuhl und starrt nach unten auf den Boden, ganz in andere Zeiten versunken. Zirka zwei Minuten vergehen, bis er plötzlich laut aufschreit. Ein tiefer, langgezogener Schrei entsteigt aus der Tiefe seiner Seele. Er springt von dem Stuhl auf und schmeißt sein Glas mit voller Wucht an die gegenüberliegende Wand, die sich weit genug hinter Fabian befindet. Fabian kennt solche Situationen sehr gut. Er ist so erfahren, dass er sich selbst die Freiheit nimmt, auch mal vom Protokoll abzuweichen. Er bleibt sitzen und beobachtet, wie Paul schluchzend, weinend und zitternd auf den Boden sinkt und die Embryonalstellung einnimmt. Nach ca. drei Minuten wird Pauls Weinen leiser, zwischendurch schluchzt er noch auf. Er zittert weiter. Nach weiteren zehn Minuten sind das Schluchzen und das Weinen einer tiefen Stille gewichen.

„Paul, kannst du wieder aufstehen und dich hinsetzen?", fragt Fabian leise.

„PAUL!", Fabian wird lauter und spricht deutlicher.

„P A U L!", Fabian ruft laut und deutlich.

Paul nimmt die Hände aus seinem Gesicht und schaut zu Fabian hoch.

„Tut mir leid Fabian. Ich weiß nicht, was gerade passiert ist. Scheiße.

Ich habe das Glas zertrümmert." Paul richtet sich auf und setzt sich auf seine Knie.

„Paul, ich bin sehr dankbar, dass ich dieses kräftige Ereignis mit dir erleben darf. Mach dir keine Gedanken um das Glas. Das war eine klassische emotionale Entladung. Alles gut. Nur, setz dich bitte wieder hin."

Paul steht auf und setzt sich wieder auf den Stuhl gegenüber von Fabian.

„Paul, nimm bitte die beiden Elektroden wieder in die Hand und berichte das Ereignis von vorne."

„Fabian, das alles nochmal? Was soll das bringen?"

„Paul, wir müssen sichergehen, dass du von diesem Ereignis wirklich befreit bist. Dazu brauchen wir den E-Meter. Wenn er nicht mehr ausschlägt, dann solltest du frei davon sein."

„Okay!"

Paul nimmt beide Elektroden in die Hände und begibt sich erneut in die Situation. Er schildert alles noch einmal von vorne und kann nun auch darüber berichten, was er kurz vor seinem Zusammenbruch gesehen hatte.

„Er sagt mit dieser eiskalten Stimme zu mir: ‚Du kleiner Bastard bist an Allem schuld!' Im nächsten Moment sehe ich, dass er mich über die Brüstung des Balkons hält, sehr feste an der Schulter packt", dabei fasst Paul sich wieder an seine linke Schulter „und meine Mutter völlig ruhig, mit dieser eiskalten Stimme, warnt. Sie solle alles tun, was er verlange, ansonsten würde er beim nächsten Mal loslassen. Meine Mutter ist von der Couch aufgesprungen und ihm auf den Balkon hinterhergelaufen. Sie kniet neben ihm auf dem Balkon und fleht ihn an, von mir abzulassen. ‚Ich tue alles, was du verlangst. Aber bitte lass Paul am Leben!'
Diese Kulleraugen!"

Paul schluchzt, seine Augen füllen sich mit Tränen. Doch die Elektroden hat er nicht mehr losgelassen. Der Zeiger des E-Meters schlägt aus. Fabian wartet einen Moment ab, bis Paul wieder etwas ruhiger geworden ist.

„Paul, bitte erzähl noch einmal von Anfang an."

Paul bemerkt eine Veränderung in sich und widerspricht der Anweisung nicht. „Okay, kann ich bitte noch ein Glas Wasser haben?"

„Ja natürlich!"

„Ich räume die Scherben beiseite."

„Nein, Paul. Das können wir später noch tun!"

Fabian besorgt ein neues Glas, gießt ein und Paul nimmt ein paar tiefe Schlucke zu sich, stellt es mit leicht zitternder Hand wieder auf dem Tisch ab und nimmt die zweite Elektrode wieder auf. Paul erzählt sein Erlebnis noch geschlagene weitere drei Mal. Jedes Mal ist er ein Stück weniger belastet. Es strengt ihn unendlich an, aber die Schmerzen in der Schulter schwinden. Beim dritten Durchgang schlägt der Zeiger nur noch minimal aus. Fabian bittet Paul, sein Erlebnis noch einmal zu schildern. Beim vierten Mal bleibt der Zeiger ruhig.

„Fabian, es ist unfassbar", berichtet Paul und legt die Elektroden ab. „Ich habe die Situation gesehen und war nur noch wie ein Beobachter. Mir ist klar, dass ich es selbst erlebt habe, aber es ist....wie....es ist ohne Bedeutung. Unfassbar! Unfassbar, dass ich das alles noch so gewusst habe. Und dass es mich so belastet hat, ich wusste das ja alles gar nicht!"

Nun lächelt auch Fabian. „Paul, das ist Scientology. Wir befreien die Menschen von ihren Traumata und Krankheiten. Daraus kann sich ein völlig neuer Mensch entwickeln. Bei dir werden sich noch weitere Wunder zeigen. Du wirst sehen. Denn eins ist klar, dein Frauen- und auch Männerbild, das sich bei dir geprägt hat, wird sich aus den Situationen, die du erlebt hast, entwickelt haben. Und so wirst du völlig neue Bilder für dich selbst entwerfen und die Welt mit völlig neuen Augen sehen können! Du wirst ein völlig neuer Mensch!"

Paul spürt seinen Körper auf dem Weg nachhause kaum. Es ist, als sei er gar nicht richtig da. Dennoch fühlt er sich irgendwie befreit. Er kann es noch nicht richtig einordnen, aber heute ist etwas Großes passiert, das weiß er einfach. Der Computer bleibt diesen Abend aus.

Drei Monate später ist in Pauls Leben so viel passiert wie scheinbar nie zuvor. Er trifft Nele regelmäßig. Sie hat sich als gute Zuhörerin erwiesen und ihm einige Techniken gezeigt, sich etwas mehr im Hier und Jetzt zu fühlen, wenn Paul Auditing-Sitzungen hinter sich gebracht hat. Sein Körpergefühl hat sich deutlich verbessert. Gleichzeitig hat er gelernt, zuzuhören. Er kennt den Lebensweg von Nele und konnte sich gut in ihre Erfahrungen hineinversetzen. Sie treffen sich sehr gerne, um über die Lehren von Scientology zu sprechen. Dabei war er anfänglich wie ein Schüler, die neuen Erkenntnisse saugte er förmlich in sich auf. Es gibt auch so viele neue Begriffe einzuordnen. Manchmal erinnert ihn das an Vokabellernen. Dennoch kann Paul in der Definition der Begriffe keine Fehler entdecken. Im Gegenteil, er empfindet sie als richtig und stimmig. Und überhaupt, er ist doch das beste Beispiel dafür, dass die Lehren funktionieren und richtig sind.

Wog und dog

Über den Begriff „Wog" musste er anfänglich noch etwas schmunzeln. „Wogs" seien Nicht-Scientologen. Und die haben einfach nicht begriffen, dass sie als Seele-Geist-Wesen hier auf der Erde inkarniert sind, noch handelten sie als Thetane. Den Begriff „Thetan" kann Paul zwar immer noch nicht so recht einordnen, aber „wogs" und „dogs", das ist doch eine tolle Eselsbrücke, findet er.

Gerne gibt er Nele ein wenig zurück, lädt sie beim Inder oder Koreaner zum Essen ein und sie darf ihn inzwischen auch bei ihm zuhause besuchen. Dafür hat er extra ein ganzes Wochenende geopfert, um seine kleine Wohnung auf Vordermann zu bringen und mal richtig aufzuräumen. Ihren alten Opel Corsa hat er sich auch zur Brust genommen. Da ist ihm gleich sonntags nach einem Treffen in der Scientology-Kirche aufgefallen, dass der Motor des Corsas nur auf drei Zylindern lief. Deshalb hat er ihr angeboten, mit ihr am nächsten Wochenende gemeinsam in die Mietwerkstatt zu fahren. Die Ursache für den schlechten Motorlauf fand Paul schnell heraus. Die Zündkerzen waren offenbar seit vielen Jahren nicht erneuert worden. Über den Zustand des Fahrwerks jedoch war Paul sehr erschrocken. Die vorderen Bremsbeläge waren unter der Verschleißgrenze, die rechte hintere Fahrwerksfeder gebrochen. Das allerdings der vordere rechte Querlenker ausgeschlagen war, war nicht akzeptabel.

„Du spielst mit deinem Leben, Nele. Du fährst keinen Meter mehr mit dem Auto."
„Paul, ich war damit schon in der Werkstatt, um mir einen Kostenvoranschlag zu besorgen. Das, naja, es war eben sehr teuer."
„Nele, es ist dein Leben, über das wir hier sprechen. Sollte dir das nicht wertvoll genug sein?"
„Paul, ich habe das Geld einfach nicht."
„Na gut, lass uns mal heute Abend zusammenrechnen, was die Teile kosten, wenn wir sie bei meinem Onlinehändler des Vertrauens bestellen und die Teile selbst einbauen. Du wirst sehen, das kostet nicht einmal ein Drittel."

Ein paar Tage später geht Nele Paul in der Mietwerkstatt gut zur Hand und wechselt dabei zum ersten Mal im Leben das Öl ihres Fahrzeugs selbst. Mit schwarzen Fingern und ölverschmierten Gesichtern präsentieren beide das Fahrzeug später einem TÜV-Prüfer und freuen sich über die Zuteilung der längst überfälligen Plakette. Das erste Mal haben beide etwas gemeinsam erschaffen.

Eineinhalb Jahre später wohnen Paul und Nele zusammen, nachdem sie sich sowohl standesamtlich als auch in ihrer Kirche das Ja-Wort gegeben haben. Paul konnte die Anteile seines Aktienfonds, in den er innerhalb der letzten sieben Jahre Monat für Monat eine Sparrate von 400 Euro investierte, verkaufen. Schließlich sind sie beide ja zusammengezogen und so etwas kostet einfach Geld. Der größte Teil des Geldes ist viel sinnvoller angelegt worden, findet Paul, nämlich in Audits für Nele und ihn und in Kurse, an denen sie beide unbedingt teilnehmen wollten. Nele wird den Clear-Status sicher vor ihm erreichen, glaubt Paul. So etwas Einzigartiges gibt es eben nicht umsonst.

Pauls „Erfolge"

Zwei weitere Erfolge konnte Paul feiern. Er ist selbstbewusster, kommunikativer und zielstrebiger geworden. Vor einem dreiviertel Jahr wurde er nach einer souveränen Präsentation zum Thema „Autonomes Fahren und Ethik" sowohl intern als auch extern sehr gelobt. Zahlreichen Journalisten von Fachzeitschriften konnte er Interviews geben und nächste Woche entscheidet sich, ob er eine neue Stelle als Teamleiter in der Abteilung „Compliance" antreten wird. Regelgerechtes, vorschriftsmäßiges und ethisch-korrektes Verhalten sollte in der heutigen Zeit auch endlich in die Fabriken der Welt, und damit auch in seinen Konzern, einziehen. Dafür ist ein Scientologe doch besser geeignet als ein dog, findet Paul. *„Ach nein, es heißt ja ‚Wog'."*

Der zweite Erfolg ist ca. ein halbes Jahr alt und betrifft Pauls Mutter. Die hatte ihn von Anfang an vor Scientology gewarnt. Sie hatte sehr viel Verständnis für Pauls Verletzungen gezeigt und auch ihre Version der zurückliegenden Ereignisse geschildert.

„Paul, dein Vater oder Erzeuger, wie du ihn nennst, hatte mich vorher schon öfter geschlagen. Mein letzter Nasenbeinbruch war erst seit wenigen Tagen verheilt. Ich lag angsterfüllt wach und habe gewartet, bis er eingeschlafen war. Ich konnte einfach nicht mehr ertragen, dass er dich umbringen wollte. Das war einfach zu viel. Das konnte ich nicht zulassen. Natürlich hätte ich vorher reagieren müssen, wirklich ‚Klick' gemacht hat es erst nach seiner Attacke gegen dich. Es war so, als wäre ein Schalter bei mir umgelegt worden. Ich musste mit dir fliehen. Also habe ich gewartet, bis er endlich geschnarcht hat, bin ganz leise aufgestanden, habe die nötigsten Dokumente zusammengesucht, einen Mantel über mein Nachthemd gezogen, Schuhe angezogen, für Strümpfe blieb keine Zeit, stell dir vor, du wärst wachgeworden und hättest geweint, dich leise in die alte orange Decke eingehüllt und so sind wir beide langsam zur Wohnungstür geschlichen. Dort bist du plötzlich wach geworden! So schnell wie möglich habe ich die Tür geöffnet und sie nicht mehr zugezogen. Ich erinnere mich nur noch an dein Weinen und das wir irgendwann völlig durchnässt an einem Frauenhaus angekommen sind. Ich sehe nur noch unser Rennen durch die Nacht, viel mehr weiß ich auch nicht mehr. Im Frauenhaus haben wir beide von null angefangen."

Viel schlimmer für Paul aber war, dass sie sich mit Büchern und Erfahrungsberichten von Aussteigern beschäftigt und gar den ortsansässigen Pfarrer zu sich nachhause eingeladen hatte, damit er mit Paul reden könne. Das war bei seinem letzten Besuch vor einem halben Jahr. „Was will mir der Pfaffe denn erzählen? Man sieht doch ganz objektiv an der Geschichte und den Lehren der Kirche, dass man sich von denen lieber fernhalten sollte. Diese Kinderschänder! Die sind fast so schlimm wie Psychotherapeuten", raunzte Paul sie noch an, bevor er ihr Haus verließ. Noch auf der Fahrt im Zug rief er Fabian an, um mit ihm einen Termin für ein kurzfristiges Audit zu vereinbaren. Dabei kam heraus, dass seine Mutter, vielleicht sollte er eher Gebärerin sagen, eine unterdrückende Person ist, die ihn sogar aus der Ferne zum Negativen beeinflussen will. Fabian meinte, sie gehöre zu den zwei Prozent der Bevölkerung, die etwas dagegen habe, dass Scientology so viel tut, um der Gesellschaft zu helfen. Nach dem Audit konnte er ihr einen Brief schreiben, um ihr darin den Kontaktabbruch für das weitere Leben zu erklären. Und das, ohne emotional engagiert oder involviert zu sein. *„Das ist ein weiterer toller Erfolg"*, findet Paul.

Trauma, Neurosen und die Zeugen Jehovas
– eine Familiengeschichte

Heinrichs Werdegang

Heinrich ist achtzehn Jahre alt, befindet sich in einer Ausbildung zum Bankkaufmann und ist seit einigen Jahren Messdiener in der katholischen Kirche. Seine Eltern hatten nie wirklich viel Zeit für ihn und seine Bedürfnisse. Sie sind beide selbstständig mit einem Elektroinstallationsbetrieb und mussten nach dem Krieg mühsam ihre Existenz aufbauen. Deshalb blieb auch nicht viel Zeit für Sohn und Tochter. Und so war er mit seiner Schwester oft bei seinen Großeltern.

Heinrich ist als Kind häufig traurig. Besonders erinnert er sich an die Zeiten, als er im Alter von zehn Jahren mit einer Latzhose, grünen Socken und Sandalen bekleidet, über die Wiesen einer deutschen Großstadt schlenderte, und dabei manchmal heimlich in die ein oder andere Bombenruine abbog, die man einmal als Haus genutzt hatte. Die Trümmer verstärkten seinen melancholischen Eindruck noch. Sicher, er selbst wurde nach dem Krieg geboren und ihm fehlte es nie an materiellen Dingen, aber irgendwie schien diese Schwere über der Stadt zu liegen. Manchmal spielte er heimlich auf Baustellen herum. Sein Freund Max, der Rabauke, wollte ihn immer wieder dazu bewegen, doch endlich auch einmal auf einem der neu eingezogenen Balken zu balancieren. Doch das war nicht seine Welt. Davor hatte er viel zu viel Angst. Einmal, als Max früher nachhause musste, ging er bis ganz nach oben ins Dachgeschoss eines neu errichteten Gebäudes. Das Dach war noch nicht gedeckt, aber die Treppe war schon in einem guten Zustand, fand er. Niemals wäre er über das Gerüst in das Gebäude eingestiegen, dafür war er zu vernünftig. Er war eben anders als Max. Oben im Dachgeschoss angekommen, konnte er weit in alle Richtungen schauen. Eine Bahn hielt gerade mit kreischenden Bremsen an einer Haltestelle. Niemand stieg aus, niemand stieg ein. Es war ein ruhiger Abend, keine

Wolke am Himmel zu sehen und die Straßen waren leer. Die Sonne schickte sich an, die letzten Strahlen über die Stadt zu senden. Auch von hier oben sah alles trostlos aus. In alle Himmelsrichtungen, so empfand er es, war diese Schwere zu spüren.

Schwere und Dunkelheit im Leben Heinrichs

„Ob es hinter dem Horizont wohl auch so schwer ist? Liegt die Schwere wohl über dem gesamten Land? Wieso bin ich eigentlich hier hochgelaufen? Die Treppe hat ja nicht mal ein Geländer und ich muss nachhause. Es wird dunkel."

Wenn er abends in die Wohnung eintrat, war es oft so, als zöge ihn diese Schwere noch viel stärker hinunter in Richtung Boden. Als sei dies einer der dunkelsten Plätze überhaupt. *„Vielleicht verbreitet sich die Schwere von hier aus bis zum Horizont oder sie kommt aus allen Richtungen genau hier zusammen."* Darüber hatte er sich häufiger abends im Bett Gedanken gemacht, wenn er mal wieder nicht einschlafen konnte.

Vom Flur aus bog er in Richtung Wohnzimmer ab. Leise betätigte er den Türgriff nach unten und schob die Tür vorsichtig auf. Das hatte er sich angewöhnt. Denn Lärm und Licht sollte er vermeiden. Er trat auf den weichen, dunklen Teppich und schloss behutsam die Tür hinter sich. Ein Teelicht brannte hinten in der Ecke des abgedunkelten Raums unter dem Kreuz mit dem Leib Christi, das an der Wand aufgehängt war. So ein Kreuz musste er auch immer als Messdiener vor sich hertragen. Die Vorhänge waren geschlossen. Ein kleiner Lichtstrahl drang von einer Wohnung des Nachbarhauses durch einen kleinen Spalt zwischen den beiden Vorhängen ein. Bevor er sich auf die kurze Seite der Couch setzte, schloss er die Vorhänge noch einmal gründlich. Auf dem Wohnzimmertisch stand seine schwarze Tasse bereit. Ja, Durst hatte er nach dem langen Nachmittag. Also goss er den Kamillentee aus der Thermoskanne in seine schwarze Tasse. Seine Augen hatten sich schon lange an die Dunkelheit gewöhnt, und so war es leicht, die weiße Tasse und den Untersetzer zu erkennen, die sich beide auf der linken Seite des Tischs befanden. Die Tasse war noch gefüllt, wie meist jeden Abend. Wenn sie leer gewesen wäre, hätte er nachgeschenkt. So saß er dort für einige Zeit in der Dunkelheit. Manchmal drehte er sich hoch zu dem Kreuz und schaute es an. *„Irgendwas ist doch komisch mit diesem Kreuz."*

Wie an so vielen Abenden wurde auch an diesem Abend die Stille durch ein leichtes Räuspern und eine leise, kaum hörbare, Stimme unterbrochen: „Heinrich, holst du mir bitte meine Tabletten aus der Küche!" Seine Mutter lag auf dem langen Couchteil unter einer braunen Decke.

In der Küche sortierte er die Tabletten in einer kleinen Schale zusammen. Die Zusammensetzung kennt er genau, es ist fast zu einem Ritual geworden, sie für seine Mutter zusammenzustellen. Der Arzt, Dr. Häusgen, verschreibt sie ihr noch heute, acht Jahre später. Sie leidet an Schwermut, diffusen Schmerzen und schweren Ängsten. Zwar kümmert sie sich um Beruf, Haushalt und Garten, für mehr hat sie jedoch keine Kraft. Auch Jahrzehnte später wird er äußern, dass er sich an Umarmungen seiner Eltern nicht erinnern könne.

Es klingelt an der Tür. „Guten Tag, mein Name ist Rupert Neumaier. Das hier ist meine Frau Brigitte. Weshalb, glauben Sie, lässt Gott Kummer und Leid zu?"

Vier Jahre später ist Heinrich verheiratet. Mit Ursula. Sie ist anders als er. Lauter, fröhlicher. Und sie lacht so oft und gerne. Sie scheint ein großes Herz zu haben. „So sagt man doch, oder?" Das erste Mal gesehen hat er sie in der Versammlung, der „Kirche" der Zeugen Jehovas. Rupert hat sich damals extra Zeit für ihn genommen und ihm jeden Anwesenden persönlich vorgestellt. Sie waren alle so freundlich zu ihm, haben ihn angelächelt und willkommen geheißen. Was ein Unterschied zu dem dunklen Wohnzimmer mit diesem Kreuz an der Wand. Heimlich traf er sich über Monate hinweg mit Rupert und Brigitte, um mit ihnen „die Bibel zu studieren". Neben der Bibel „studierten" sie viele Publikationen der Wachtturmgesellschaft, die er zuhause verstecken musste. Denn seine Eltern haben etwas gegen seinen neuen Weg und die „Wahrheit, die zum ewigen Leben führt". Er wird den Tag nie vergessen, als er seinen Eltern eröffnete, dass er sich als Zeuge Jehovas taufen lassen wolle. Selbst seine sonst so gefühlsarme Mutter schaute ihn mit großem Entsetzen und weit geöffneten Augen an. Sein Vater Egon, der Handwerksmeister, brüllte ihn laut an und drohte ihm, dass sie ihn rausschmissen, wenn er sich als Zeuge Jehovas taufen ließe. Obwohl sie ihre Drohung nie wahr gemacht haben, war es ein großer Schock für Heinrich, von dem er Jahrzehnte später noch immer wieder mit leiser bebender Stimme berichten wird. Einige Tage später boten sie ihm einen neuen VW Käfer als Geschenk an, wenn er sich denn nur nicht als Zeuge Jehovas taufen ließe. Doch auf die möglichen Reaktionen der Eltern, die vom Teufel kommen, haben ihn die Zeugen Jehovas gut vorbereitet, so wie generell Zeugen Jehovas jede Woche mehrfach auf mögliche Reaktionen von anderen Menschen vorbereitet und die „biblisch begründeten" Antworten darauf geschult und antrainiert werden. Das Verhalten der Eltern bestärkte Heinrich nur darin, „den schmalen, schwierigen Pfad" und nicht den „breiten Weg, der in die Vernichtung führt", weiter zu beschreiten. „In der Wahrheit" hat er schließlich schon so viel gelernt:

„Zuallererst ist Jesus an einem Marterpfahl gestorben und nicht an einem Kreuz. Die katholische Kirche hat mehrmals in der Geschichte gelogen, Kriege geführt etc." Das wusste er schon vorher, doch wie falsch sie die Bibel interpretiert! Als „einzigen Mitteilungskanal Gottes" akzeptiert er nun nicht mehr den Papst, sondern den „treuen und verständigen Sklaven". Was diese Herren im Gebet beschließen, gilt auch für ihn, den inzwischen getauften Zeugen Jehovas. Das Evangelium Jesu soll verkündet werden. Bluttransfusionen, das Feiern von Geburtstagen,

Weihnachten, Karneval und Ostern sind verboten. Es gilt: „Sei kein Teil der Welt!" Denn die neue Welt wartet schon auf ihn. Die Welt, die bunt wird, in der sich alle verstehen, in der es kein Leid, keine Trauer, kein Tod und Geschrei mehr geben wird. Dort wird er ewig leben, in dem Paradies auf Erden, nachdem Satan endlich im ewigen Abgrund versenkt worden ist. Gott, dessen einziger und richtiger Name Jehova ist, wird in Harmagedon, der größten Schlacht aller Zeiten, alle Menschen töten, die keine Zeugen Jehovas sind. Das ist seine gute Botschaft, die er fleißig, bis zu 90 Stunden monatlich, von Haus zu Haus den Menschen verkündet.

In einigen wenigen Wochen wird er jedoch eine Vollzeitstelle annehmen und diesen Predigtdienst für Jehova etwas reduzieren müssen, da sich die Geburt seines Sohnes ankündigt. Auf die Option einer steilen Karriere ist er nicht weiter eingegangen, denn was nutzt ihm eine fundierte Ausbildung noch in dem *„System der Dinge, das dem Ende zugeht?"* Er ist „kein Teil der Welt" und froh, kein „Weltmensch" mehr, sondern ein echter Diener Gottes, und „in der Wahrheit" zu sein. Während des Predigtdienstes, wenn er so von Haus zu Haus zieht, an den Wohnungstüren klingelt und dabei auch in sehr gepflegten Stadtteilen unterwegs ist, schmiedet er mit seinen Glaubensbrüdern und -schwestern Pläne, in welche Häuser sie einziehen werden, wenn Gott demnächst eingegriffen und die darin lebenden Bewohner getötet haben wird. Er hat sie ja schließlich gewarnt und dabei die zahlreichen Artikel und Illustrationen der Wachtturmgesellschaft verwendet, die das Abschlachten der Menschen in Wort und Bild beschreiben.

Ursulas Werdegang

Ursula kann sich an das Klingeln der Zeugen Jehovas an der Wohnungstür ihrer Eltern nicht erinnern. Irgendwann ließ sich ihre Mutter taufen und sie tat es ihr im dreizehnten Lebensjahr gleich. Sie kann sich jedoch sehr gut erinnern, wenn ihr Vater nachts nachhause kam, wenn er mal wieder getrunken hatte. Dann verging er sich regelmäßig an ihrer Mutter. Sie und ihre Brüder, Matthias und Friedhelm, lagen dann wie gelähmt in ihrem kleinen, kalten Kinderzimmer und hörten das leise Schreien ihrer Mutter. Sie hörten ihn Russisch sprechen, obwohl er es nie in der Schule gelernt hatte. Auch er hat mitgekämpft für Deutschland und verloren, kam mit dem „letzten Zug" und einem nekrotisierten Bein aus Stalingrad zurück.

Ihre Mama ist leiderprobt. Wie viele schwere Bombenangriffe sie schon überlebt hat. Manchmal kam der Zug, in dem sie als Schaffnerin tätig war, noch gerade in einem Tunnel zum Stehen, andere Male musste der Zug auf freiem Feld halten und sie rannte um ihr Leben, um sich vor den näherkommenden Kampfflugzeugen zu schützen. Bei der Bergung der Leichen half sie häufig mit, und kam, wie durch ein Wunder, ohne körperliche Verletzungen davon. Ursulas Kindheit war geprägt von Armut und Trauer. Sie erinnert sich noch, als ihr Bruder Matthias weinend nachhause kam und von dem schweren Unfall ihres Bruders Gerd berichtete. Wie er mit seinem Roller von einem Auto erfasst worden war und noch an der Unfallstelle verstarb. Matthias und Friedhelm ertränkten ihre Jugend in Unmengen an Alkohol. Matthias wird, noch bevor er sein vierzigstes Lebensjahr erreicht, an Leberzirrhose versterben. Drei weitere Geschwister erreichten nicht einmal das erste Lebensjahr, sie starben bereits früher – im Mutterleib, bei der Geburt oder in der Krippe. Im Sommer, wenn sie mit der Hochbahn von den Zusammenkünften der Zeugen Jehovas wieder nachhause fuhren, drehte sie sich häufig noch einmal um, schloss die Augen und genoss die letzten Strahlen des Sonnenuntergangs.

Schwere und Dunkelheit im Leben Ursulas
Gleich schon würde sie die Dunkelheit und Schwere wieder erdrücken, wenn sie hinter ihrer Mama die Stufen zu ihrer Wohnung emporsteigen würde. *„Zum Glück wird Gott dem 1975 ein Ende setzen."*[45]
Mit Heinrich wartet sie heute noch auf Harmagedon.

Ihr Sohn Michael

1977 wird ihr Sohn geboren. Michael soll er heißen. Mi kamocha elo-him, da steckt Gott ja schon im Namen. Heinrich findet keinen Draht zu Michael. Wenn er abends nachhause kommt, wird er zuallererst seine Frau Ursula fragen, ob Michael schon im Bett sei. Das ist ihm wichtig. Er will seine Ruhe haben. Irgendwas fehlt ihm in seiner Ehe. Seine Frau empfindet er häufig als hysterisch, sehr laut und täglich kommt es zu heftigen, lauthals ausgetragenen Streitigkeiten und Verletzungen – und das soll über weit mehr als zehn Jahre so bleiben. Dennoch verrichten sie ihren Predigtdienst über die „gute Botschaft" regelmäßig mit bis zu zwanzig Stunden monatlich. Das berichten sie dem „Sekretär" der „Versammlung" (örtlichen Gemeinde), indem sie dafür einen „Be-richtszettel" am Monatsende ausfüllen und angeben, wie viele Stunden sie aufgebracht, Broschüren, Bücher und Zeitschriften abgegeben ha-ben. Natürlich nehmen sie an den regelmäßigen Zusammenkünften teil. Mit An- und Abreise kommen da locker 44 Stunden im Monat zusam-men. Über die Zeit, die sie für die Vorbereitung auf die „Versammlung" benötigen, weil sie zuhause schon einmal vorab die Publikationen der Wachtturmgesellschaft „studieren", führen sie nicht gesondert Buch. Selbst wenn sie in Urlaub fahren, informieren sie sich vorher, wo und wann sie an der dort ansässigen „Versammlung" teilnehmen können.

Hypnotisierte Zuhörer?

Michael lernt schnell, dass auch Kinder in der „Versammlung" ruhig sitzen zu bleiben haben. Wenn ihm das mal nicht gelingt, schnappt sich Heinrich den Dreijährigen, um mit ihm auf die Männertoilette im Kel-ler zu gehen. Dort setzt es dann mal ordentlich Prügel. Danach wird das Kind schon ruhig. Michael ist schlau genug, ab diesem Zeitpunkt lieber ruhig sitzen zu bleiben. Er wird allerdings nie vergessen, wie eini-ge Jahre später Sarah, ein junges, aufgewecktes, lachendes und auch mal lauteres Kind von ihrem Vater quer durch den Saal geschleift, auf die-selbe Toilette verbracht und dort verprügelt worden ist. Während sie auf ihren Knien durch den Saal geschleift wurde, rief sie „Nein, nein, bitte nicht Papa!" Diese Worte hallen Michael heute noch in den Ohren und er wird nie verstehen, dass ca. 100 Erwachsene teilnahmslos dem Programm gefolgt sind.

Prügel und „mein Buch mit biblischen Geschichten"

Mit Prügel ist Michaels Vater nie zimperlich. Sie kann auch mal so heftig ausfallen, dass er Michael bis in die Bewusstlosigkeit prügeln muss. Denn es heißt immer wieder: „Wer seinen Sohn liebt, such ihn sicherlich heim mit Züchtigung." Das ist eine klare Anweisung für Heinrich auf dem Weg ins Paradies. Und sollten Schläge nicht reichen, werden Michael auch mal für zwei Tage die Nahrungsmittel entzogen. Dafür wird er in seinem Zimmer eingesperrt. Damit der Teppich nicht schmutzig wird, stellt ihm Ursula einen Eimer mit Wasser ins Zimmer, in den er die Notdurft verrichten kann.

Täglich wird Michael beigebracht, wie er Jehova gefallen kann. Dafür lesen seine Eltern ihm abends noch eine Geschichte aus seinem gelben Buch „Mein Buch mit biblischen Geschichten" vor. Das Buch beschreibt *extra kindgerecht*, in <u>Wort und Bild</u>, wie Gott Menschen ausrottet, die seinen Willen nicht befolgen.

> *„Wie schade, dass Adam und Eva nicht auf Jehova gehört haben! Sonst hätten sie und ihre Kinder ein schönes Leben gehabt. Sie hätten für immer glücklich auf der Erde gelebt. Niemand wäre alt und krank geworden und gestorben.*[46] *[...] Aber Gott möchte trotzdem, dass die ganze Erde einmal so schön wird wie der Garten Eden. Weiter hinten im Buch wird erklärt, wie du dabei mithelfen kannst."*[47] *[...] Die Menschen in Kanaan haben falsche Götter angebetet. Es wäre nicht gut gewesen, so jemanden als Ehemann oder Ehefrau oder als besten Freund zu haben [...] Als Dina einmal zu Besuch kam, hat Sichem sie gepackt und gezwungen, mit ihm zu schlafen. Das war verkehrt, denn nur Verheiratete dürfen miteinan-*

der schlafen. [...] Sie und ihre Brüder haben Sichem und alle ande-
ren Männer getötet. [...] Warum ist das alles überhaupt passiert?
Weil sich Dina Freunde gesucht hat, die nicht Gottes Gesetzen ge-
horchten. Solche Freunde wollen wir uns nicht suchen, stimmt's?[48]
[...] Durch die Reiter aus dem Himmel will uns die Bibel also zei-
gen, dass Gott gegen die Menschen Krieg führen wird. Weißt du, wie
dieser Krieg genannt wird? Krieg von Harmagedon. [...] Und das
Schwert bedeutet, dass er alle Feinde Gottes töten wird. Sollte uns
das überraschen, dass Gott alle bösen Menschen vernichtet?"[49]

Die folgenden Abschnitte berichten über Gottes Vernichtung von
Menschen in der Sintflut, in den Städten Sodom und Gomorra, der
Ägypter im Roten Meer und erinnern an die Vernichtung der Israeliten,
Gottes auserwähltem Volk. Immer wieder tauchen über alle Geschich-
ten hinweg Fragen auf wie „Was siehst du?" oder „Stell dir mal vor!"

Heinrich und Ursula befolgen gern die Empfehlungen ihrer „Brüder
und Schwestern" und warten Michaels Antworten geduldig ab. Kann er
sich nicht mehr an eine einzelne Geschichte erinnern, wird sie noch
einmal wiederholt und vorgelesen. Michael lernt schnell, dass er die Geschichten auswendig lernen und aufsagen muss, damit das Vorlesen
schneller beendet ist. Er hat keine andere Wahl als sie sich einzuprägen.
Michael hat weniger Angst vor seiner eigenen Vernichtung, wenn er die
einzelnen Geschichten mit seinen Worten aufsagt, als wenn sie noch
einmal vorgelesen werden und er sich die einzelnen Bilder dazu vorstellen muss. Und abends, vor dem Schlafengehen, empfindet er das laute
Schimpfen über sein Vergessen einzelner Begebenheiten dieser Geschichten als besonders schlimm. Kurz vor dem Schlafen hört er häufig
Worte wie

> *„Deswegen brauchen wir uns nicht zu wundern, dass Jehova seine*
> *himmlische Armee schicken wird, um alles Böse auf der Erde zu ver-*
> *nichten. Versuch dir mal vorzustellen, was das bedeutet."*[49]

Schwere und Dunkelheit im Leben Michaels

Nachts schläft Michael oft schlecht und hat viele Albträume. Eines Nachts wird er durch ein Geräusch in seinem Zimmer wach und hört eine dunkle, bedrohlich wirkende Männerstimme. Schnell verkriecht er sich unter seiner Decke und zittert leise vor sich hin. Die Männerstimme kam aus der Richtung der zweiten Türe seines Kinderzimmers, die in den kleinen Flur reicht. Von diesem Flur aus gelangt man in das Schlafzimmer seiner Eltern. Aus dieser Ecke, so empfindet es Michael, kommt häufig diese Schwere und bedrohlich wirkende Dunkelheit. Doch Weinen oder Rufen nach seiner Mama hat er sich schon lange abgewöhnt. Das Türenknallen, die stampfenden Schritte seines Vaters in Richtung Küche, das laute Aufziehen der Schublade und die darauffolgenden heftigen Einschläge des hölzernen Kochlöffels auf seinem nackten Popo möchte er sich ersparen. Das hat er mehrmals erlebt, sei es, weil er schlecht geträumt und geweint oder weil er einfach um etwas Wasser zum Trinken gebeten hatte.

Das letzte Kapitel des gelben Buches trägt die Überschrift: „Wie man ewiges Leben bekommt."

> *„Weißt du, was das kleine Mädchen und die anderen Kinder hier lesen? Sie lesen dasselbe Buch wie du: Mein Buch mit biblischen Geschichten. Und sie lesen auch dieselbe Geschichte wie du: ‚Wie man ewiges Leben bekommt'. [...] Daran [an Jesus] wollen wir uns ein Beispiel nehmen. Reden wir mit so vielen wie möglich über unseren lieben Gott Jehova und seinen Sohn Jesus Christus. Wenn wir das alles tun, können wir für immer in dem neuen Paradies leben, das Gott auf der Erde schaffen wird."*[50]

An diesem Abend weiß Michael noch nicht, dass seine Mama morgen Abend wieder am Anfang des Buchs beginnen wird. Jeden Abend eine Geschichte.

Im elften Lebensjahr wechselt Michael in die weiterführende Schule. Dort spricht er zum ersten Mal nicht mehr darüber, dass er bei Zeugen Jehovas aufwächst. Das ist ihm peinlich. Er hat eine zarte Körperstruktur, ist sehr klein und sehr dünn.

Verrat

Bis dahin war er ein fleißiger und eifriger kleiner Zeuge Jehovas, auch wenn er noch nicht getauft war. Wenn seine dreißig Mitschüler Weihnachtszeremonien oder Geburtstage gefeiert haben, hatte er die Stärke, den Versuchungen Satans zu widerstehen, und nach draußen vor die Tür zu treten. Michael hat sogar seinen Klassenkameraden Axel bei Heinrich verpetzt, weil er einfach einen Geburtstag in der Klasse mitgefeiert hatte und nicht mit ihm vor die Tür getreten war. Heinrich nahm nach einer Zusammenkunft Friedrich, den Vater Axels, zur Seite, und sprach lange mit ihm über das Fehlverhalten Axels. Michaels Eltern hatten allen Grund, stolz zu sein.

„Er verhielt sich vorbildlich und ist zudem öffentlich für seinen Glauben eingetreten." Sie erinnern sich an Jakobus 5: „Wer immer einen Sünder von seinem verkehrten Weg zurückführt, wird ihn vor dem Tod retten und eine Menge von Sünden zudecken." Und so wurde auch Axel durch ihren „vorbildlichen" Sohn Michael auf den rechten Weg zurückgeführt.

„Wenn dein bester Freund vom Weg abkommt, dann kannst du ihm nur helfen, indem du das Fehlverhalten den Ältesten deiner Versammlung benennst. Und das gilt auch, wenn er Zweifel im Glauben oder an der Lehre des ‚treuen und verständigen Sklaven' haben sollte!"[10] Michael hat viele Familien und Freundschaften zerbrechen sehen, wenn der „Ausschluss aus der Wahrheit" von einem Ältesten der Versammlung verkündet worden ist. Denn es ist ein Akt der Liebe, keinen Kontakt mehr zu diesem Ausgeschlossenen zu pflegen. Nur so bekommt der Angehörige die Liebe Jehovas zu spüren und wird in die Lage versetzt, auf den richtigen Weg um- und zurückzukehren. Heinz kam nach einigen Jahren zurück zu den Zeugen Jehovas. In den ersten Monaten durfte ihn niemand begrüßen,[11] erst als er offiziell von einem Ältesten wieder „in die Gemeinschaft aufgenommen wurde", haben sich alle gefreut, ihn umarmt und begrüßt.

Nie mehr wieder würde Michael dort jemanden verraten, das schwor er sich selbst. Denn nun, im Alter von zehn Jahren, schämt er sich für das „Verpetzen" seines Kameraden. Sein Schweigen wird so weit gehen, dass ihm erwachsene „Brüder und Schwestern" Dinge anvertrauen werden, für die sie sonst keinen anderen Gesprächspartner finden werden. Sie werden ihn wegen seiner Vertrauenswürdigkeit sehr schätzen. Er redet auch mit niemandem über sein Unbehagen und seine Angst, wenn er mit erwachsenen Brüdern und Schwestern oder seinen Eltern während des Predigtdienstes bei Schulkameraden oder Lehrern klingen muss. Hänseleien sind es nicht allein, die ist er gewohnt. Er möchte einfach nicht mit dieser Religion in Verbindung gebracht werden.

Michaels bewusste Lügen
Zudem möchte er einfach nicht mehr lügen. Er lügt bewusst, wenn er die auswendig einstudierten Antworten auf Fragen der Wohnungsinhaber wiedergibt.

„Und das machst du wirklich freiwillig?"
„Ja natürlich. Meine Eltern würden mir auch die Freiheit geben, mich anders zu entscheiden. Aber ich mache es gerne. Weil ich an Gott und die Bibel glaube."
„Und dir macht es nichts aus, an Weihnachten keine Geschenke zu bekommen, während alle anderen Kinder Weihnachten feiern?"
„Nein. Es ist eindeutig kein christliches, sondern ein heidnisches Fest. Jesus ist nicht an Weihnachten geboren. Jesus sagte zu seinen Jüngern, sie sollten das Abendmahl feiern. Das hat mit Weihnachten nichts zu tun. Außerdem bekomme ich das ganze Jahr über Ge-

schenke von meinen Eltern, da brauche ich doch an Weihnachten keine mehr."

Niemand bemerkte die innere Zerrissenheit des Jungen, wenn er diese einstudierten Antworten gab. Seine Eltern hatten wirklich allen Grund, stolz auf ihn zu sein. Er stand mit sieben Jahren bereits auf der Bühne und las aus der Bibel vor. Er war der beste Leser der Kinder dieser Altersklasse. Mit acht Jahren las er die Hiobsgeschichte von der Bühne herab so gekonnt vor, dass viele Anwesenden weinen mussten.

„Er ist ein Musterbeispiel eines wohlerzogenen Kindes von Zeugen Jehovas. Mit ihm kann man sich überall sehen lassen. Er ist ein Beispiel für so viele andere Familien und deren viel schlechter erzogenen Kindern."

Es ist kein Jahr her, da war er neun Jahre alt, als sein Vater ihn mal wieder heftig verprügelte. Weinend saß er auf dem orangefarbenen Teppich seines Zimmers und zählte die Jahre. *„Es sind nur noch neun Jahre. Die Hälfte habe ich geschafft. Dann werde ich mein eigenes Leben leben"*, sprach er zu sich selbst. Und nur zu sich selbst. In aller Stille. Es sollten noch viele Vorfälle dieser Art folgen.

„Brauchst du Hilfe?"

Mit dreizehn Jahren lernt Michael während eines Spanienurlaubs einen anderen Jungen, Sascha, kennen. Beide spielen gerne Fußball miteinander, schließlich ist Deutschland gerade dabei, Fußballweltmeister zu werden. Eines Abends laden Saschas Eltern Michael zum Abendessen ein. Sie befragen Michael, ob sein Vater Priester sei und stellen die ein oder andere Frage.

Bis Renate fragt: „Michael, wir haben dich beobachtet und glauben, dass du Hilfe brauchst! Wir sehen, wie es dir mit deinen Eltern geht! Können wir dir helfen?" Sehr besorgt schauen die beiden aus. Selbst Willi, der kräftige Mann mit den grauen Locken und dem sich kräuselnden Schnäuzer, der sonst kaum vom Fernseher wegzubekommen war, wenn Fußball lief, sitzt mit am Tisch. Doch was soll Michael auf diese Frage antworten? Er ist dreizehn, er kann nicht wissen, welche Optionen es gibt. In sämtlichen staatlichen Einrichtungen werden die Kinder misshandelt, so erzählen es ihm seine Eltern doch seit Kindestagen immer wieder. Seine sozialen Kontakte beschränken sich weitestgehend auf Zeugen Jehovas. Und was passierte, wenn er schlussendlich doch wieder bei seinen Eltern landete? Der tägliche Terror würde weiter intensiviert, er hat schlicht Angst um sein Leben. Deswegen beantwortet er die Frage mit: „Nein!" Ein Kind in dieser Lage braucht greifbare Optionen. Dennoch fühlt er sich gesehen und ist ihnen sehr dankbar.

Ein weiteres Jahr vergeht. Michael ist vierzehn. Häufig war Michael krank, und das nicht nur im letzten Jahr. Krankheiten gaben ihm die Freiheit des Rückzugs. Er war dann auch nicht in der Lage zu „studieren".

Wenige Wochen vorher ist Michaels Opa verstorben. Der Opa, der in Stalingrad gekämpft hatte. Niemals hatte er Michael gegenüber ein schlechtes Wort ausgesprochen. Wenn Michael alleine oder mit seiner Mutter zu Besuch kam, und sein Opa ihn sah, erstrahlte sein altes, verlebtes Gesicht und die Augen begannen zu leuchten. Michael kannte die Geschichten über ihn, und er hatte als kleines Kind ebenso miterlebt, wie Opa betrunken nachhause kam. Sicher, er hatte nicht mehr die Kraft wie in jungen Jahren. Michael nahm die Dunkelheit um seinen Opa herum sehr wohl wahr. Dennoch liebte er ihn. Verurteilte ihn nicht, auch nicht im Geheimen oder im Herzen.

Michaels Ausbruchsversuch

An einem Samstagabend, nachdem sie morgens im Predigtdienst waren, weigert sich Michael, am „Wachtturmstudium" teilzunehmen. Dies ist seit einigen Monaten Familientradition und dient als Vorbereitung auf die sonntägliche Zusammenkunft. Dabei liest ein Leser Texte aus dem Wachtturm abschnittsweise vor. Daraufhin stellt der „Wachtturmstudienleiter", ein Ältester, Fragen, die er ebenfalls dem Wachtturm entnimmt und die jeder mitlesen kann. Einzelne Anwesende melden sich daraufhin per Fingerzeig, der „Wachtturmstudienleiter" wählt jemanden aus, ruft diesen mit Namen auf, damit derjenige die Antworten, die im Text zu finden sind, mit eigenen Worten wiedergibt. Es ist ein stilles Gesetz, das sich alle Beteiligten zuhause auf dieses sonntägliche „Wachtturmstudium" vorzubereiten haben. Je farbiger der Wachtturm mit Kugelschreiber oder Textmarker markiert ist, desto besser lässt sich aus der Ferne erkennen, ob sich der einzelne Zeuge Jehovas „auf den Wachtturm vorbereitet" hat. Sollte der Text mehrfach erkennbar weiß geblieben sein, so wird man zum Gespräch mit den Ältesten gebeten. Seine Eltern zwingen Michael zur Teilnahme und wollen zugleich wissen, was mit ihm nicht stimmt. Er hat Angst, zittert aber nur innerlich, nimmt seinen ganzen Mut zusammen und bittet sie: „Könnt Ihr mich damit nicht in Ruhe lassen? Ich möchte nicht mehr in die Versammlungen, keinen Dienst mehr machen und nur noch Ruhe haben. Ich will das alles nicht mehr. Ich will kein Zeuge Jehovas sein!"

Heinrich sitzt Michael im Sessel gegenüber, Ursula seitlich von Michael auf dem kurzen Stück der Eckcouch des heimischen Wohnzimmers. Der Wohnzimmerschrank und das dunkle Regal beherbergen viele Bücher, Broschüren, Zeitschriften und Nachschlagewerke, die von der Wachtturmgesellschaft herausgegeben worden sind. Heinrich greift zu seiner Bibel.

„Kannst du nicht bitte einmal die Bibel weglassen und nur du mit mir reden?"
„Die Bibel ist mein Maßstab!"
„Okay. ‚Dabei wird jedermann erkennen, dass ihr meine Jünger seid, so ihr Liebe untereinander habt.' Das steht in Johannes 13:35. Ihr habt keine Liebe. Zeugen Jehovas haben keine Liebe unter sich. Wir können gerne nachlesen, wie Paulus Liebe im Hohenlied der Liebe definiert. Das haben Zeugen Jehovas nicht!"

„Zeugen Jehovas sind die einzige Religionsgemeinschaft der Welt, die systematisch jeglichen Kriegsdienst verweigert. Und da willst du behaupten, wir hätten keine Liebe unter uns?"

„Ja und? Heißt das, nur weil ich jemanden nicht umbringe, dass ich dann liebe? Und weshalb reden Zeugen Jehovas hinterrücks so schlecht über einzelne Personen, die ja Brüder und Schwestern genannt werden? Ist das Liebe? Willst du behaupten, dass in unserer ‚Versammlung' Liebe herrscht?"

Heinrich braucht etwas Zeit, um darauf antworten zu können. „Michael, wir sind alle nicht vollkommen."

„Das weiß ich. Es geht auch nicht um einzelne Fehler. Sondern um Liebe. Gibt es die in unserer Versammlung?"

Stille.

„Ich habe dort niemals Liebe empfunden. Natürlich, man lächelt mich an. Ich werde freundlich behandelt. Aber doch nur, weil ich das tue, was von mir erwartet wird. Es wird verlangt, dass Freunde sich gegenseitig anschwärzen müssen, wenn Zweifel an Eurer Lehre aufkommen. Es wird verlangt, dass der Kontakt abgebrochen wird. Das ist keine Liebe. Es soll schlicht erreicht werden, dass keine Diskussion über die einzelnen Lehren aufkommt."

„Michael, wer sich gegen die Lehren auflehnt...", Heinrich schlägt seine Bibel auf.

„Ist wie Korah, den Gott mit seinen Aufständischen getötet hat. Auch dieses Argument wird immer wieder gerne benutzt. Die Frage ist. Gibt es Liebe unter den Zeugen Jehovas? Habt Ihr beiden Liebe unter Euch? Ich sehe keine Liebe. Gehst du liebevoll mit mir um? Und wenn wir schon bei Gott sind. Woher soll ein einzelner Mensch im Laufe seines Lebens erfassen können, welche Religion die einzig richtige und wahre ist, um deren Regeln zu befolgen und Gott wohlgefällig zu sein? Es funktioniert einfach nicht."

„Nur Zeugen Jehovas predigen weltweit."

„Ach, andere predigen auch. Andere beten auch. Und überhaupt bin ich beim Thema Beten zu folgendem Schluss gekommen. Du berichtest von Wundern in deinem Leben, die nach intensiven Gebeten eingetreten sind. Mag sein, nehmen wir an, es war Gott, der deine Gebete erhört hat. Wieso gibt es dann aber so viele Erfahrungsberichte von Menschen anderer Religionen, die ebenso über die Wirksamkeit ihres Gebets berichten? Also bleiben nur zwei Schlüsse übrig. Entweder gibt es keinen Gott und die eingetretene Wirkung war Zufall oder der Einbildungskraft des Betenden geschuldet. Oder es gibt einen, und nur er allein entscheidet, welches Gebet er wann und zu welcher Zeit er erhören mag. Mehr Möglichkeiten gibt es einfach nicht."

Stille. Heinrich braucht einen Moment, um nachzudenken. „Michael, es gibt auch andere Wesen. Satan und seine Dämonen können auch Gebete erhören", wirft Ursula ein.

„Ach ja? Ist Gott nicht mächtiger als sie? Und du entscheidest, wer nun die Gebete erhört hat? Die Pharisäer haben Jesus auch vorgeworfen, er sei von Satan. Und überhaupt, er ist das beste Beispiel dafür, dass Gott erfahrbar sein muss. Und Ihr sagt, Gott ist nicht erfahrbar. Das kann nicht mein Glaube sein. Er sagte zu seinen Jüngern, dass sie Kranke heilen und Dämonen austreiben sollten. Ihr tut das nicht!"

„Diese Anweisung galt nur für seine Jünger!"

„Ach ja? Dann müssen wir auch nicht im Predigtdienst verkündigen! Denn das war auch eine Anweisung an seine Jünger."

Eine Stunde lang fühlt Michael Oberwasser. Sein Vater kann und darf ihm in dieser Situation nicht mit Terror antworten. Das hat sich schnell herauskristallisiert, als es um das Thema Liebe ging. Michael will mit den Worten schließen:

„Also, ich bin vierzehn und habe nun Religionsfreiheit. Selbst wenn Ihr die Wahrheit hättet, ich möchte einfach nicht ins Paradies. Mit keinem einzigen Zeugen Jehovas möchte ich ins Paradies. Könnt Ihr mich mit diesem Thema nicht einfach in Ruhe lassen?"

„Ja, aber dann kommst du ins Heim", ist die Antwort Heinrichs.

Heinrich wird Michael Jahre später noch erzählen, wie sehr es ihn geschockt habe, als seine Eltern ihn aus der elterlichen Wohnung schmeißen wollten, als er sich als Zeuge Jehovas taufen lassen wollte. Michael entscheidet sich an diesem Abend für das Studium des Wachtturms. Und als er später im Bett liegt, schmiedet er einen Plan. Er wird umkehren auf den „Weg der Wahrheit". Er wird sich als Zeuge Jehovas taufen lassen. Das wird ihm mehr Ruhe einbringen, als getaufter Zeuge Jehovas wird niemand mehr mit ihm „studieren", denn dafür wird er dann selbst verantwortlich sein. Vielleicht wird er eine nette Zeugin Jehovas finden und heiraten, vielleicht wird er sich mit dieser Religion arrangieren können, auch wenn er dies für unwahrscheinlich hält. Die Taufe hätte jedoch noch einen anderen Vorteil. Er könnte die Zeugen Jehovas offiziell und förmlich verlassen und sie dürften keinen Kontakt mehr zu ihm haben. Er könnte neu beginnen.

Mit sechzehn sollte es soweit sein. Zuvor kamen zwei weitere Älteste, Heinrich wurde zwischenzeitlich auch dazu ernannt, im Wohnzimmer der Familie zusammen. Offenbar hatte Heinrich ihnen gegenüber Zweifel geäußert, dass Michael noch nicht soweit sei. Wie auch konnte Michael zwei Jahre zuvor so fundamentale Kritik an den Zeugen Jehovas äußern und nun völlig anderer Meinung sein? Er spürte häufig den Widerwillen Michaels, zu den Versammlungen mitzukommen. Die zahlreichen Krankheiten Michaels sah er als Vorwand an, sich um die Pflichten eines Zeugen Jehovas zu drücken. Wie dem auch sei, Michael gelingt es an diesem Abend, die Ältesten von seiner bibel- und wahrheitsfesten Einstellung zu überzeugen. Schließlich hat er kurz zuvor sowohl auf einem Kreiskongress vor mehr als 1.000 und später auf einem Bezirkskongress vor mehr als 7.000 Zeugen Jehovas auf der Bühne gesprochen. Das war auch allen Beteiligten noch gut in Erinnerung. Niemand konnte mehr Gründe finden, die gegen die Taufe Michaels sprachen. Indizien sind schließlich noch lange keine Beweise. Zudem haben sie im Gebet um Jehovas Hilfe gebeten, und sollte das nicht reichen, so haben sie die Gewissheit, dass sie „der Heilige Geist zu Aufsehern ernannt hat".[12]

Ursula wird, entgegen aller Verbote, Michael heimlich in diesem Jahr noch zum Taekwondo anmelden, damit er sich gegen die ständigen Übergriffe seiner Schulkameraden behaupten kann. Ansonsten hat sie gegen die Übergriffe ihres Mannes Michael gegenüber nie etwas unternommen, da sie „ihrem Mann untertan zu sein hat".[13]

Der letzte Schlag Heinrichs

Ein Jahr wird später wird Heinrich das letzte Mal zum Schlag gegen Michael ausholen. Michael ist sicherer geworden, er ist lange nicht mehr der Kleinste, hat ein Jahr Taekwondo trainiert und er will in dieser Diskussion nicht nachgeben. Diese Zeiten sollen vorbei sein. Ein für allemal. Deshalb provoziert er seinen Vater, kennt er doch dessen wunde Punkte schon lange. Als Heinrich die Argumente ausgehen, stürmt er auf Michael zu, ballt die rechte Hand zur Faust und schlägt von oben in Richtung des Kopfes von Michael. Michael blockt den Schlag jedoch kräftig ab, packt die Hände seines Vaters und stößt laut und deutlich eine letzte Warnung an seinen Vater aus: „Du Arschloch, das ist das letzte Mal, dass du jemals deine Hand gegen mich erhoben hast. Ich schwöre dir, tust du das noch ein einziges Mal, töte ich dich! Ich schlage dich hinten in die Ecke des Wohnzimmers und höre erst wieder auf, wenn du nicht mehr zuckst. Ich schwöre dir das. Denn du hast es verdient. Mach das nie wieder!"

Nie wieder sollte es daraufhin zu körperlicher Gewalt kommen. Ein Jahr später tritt Michael aus. Weitere fünf Jahre später zieht er aus. Wenige Tage vorher haben Ärzte ihm ein Malignes Melanom der Haut entfernt, das sich in Höhe des Herzens befand. Sein Vater hatte ihn in den fünf Jahren weiter dort wohnen lassen. Michael konnte diese Zeit nutzen, um eine fundierte Aus- und Weiterbildung zu durchlaufen.

Vater und Sohn begegnen sich

Fünf Jahre später sitzen sie gemeinsam am kroatischen Meer, um sich von der untergehenden, orangefarbenen Sonne zu verabschieden. Michael ist seinen Eltern zusammen mit seiner Frau und seinem Stiefsohn für eine Woche in den Urlaub hinterhergefahren. Der Himmel spiegelt sich in der ruhigen, sanften See und die Segelboote sind bereits im Hafen festgemacht. Beide sind entspannt im Umgang miteinander geworden, haben sie ihre alten Konflikte doch, so weit als möglich, hinter sich gelassen. Michael konnte zwischenzeitlich viele Zusammenhänge erkennen und auch, welche Teile seine Mutter zu der prekären Situation beigetragen hatte. Wie sie unbewusst Vater und Sohn sehr früh auseinandertrieb, Heinrich dies allerdings nicht erkennen konnte. Wie viel Wut Heinrich auf dessen Mutter, auf dessen Vater und Wut auf Ursula an Michael abgeladen hatte. Heinrich ging nie eine „Entschuldigung" über die Lippen, an der Körpersprache Heinrichs konnte Michael allerdings sehr deutlich erkennen, wie sehr Heinrich manche Dinge leidtaten. Wie wichtig das für Michael war. Wie entsetzt Heinrich plötzlich den Kopf noch einen Tag vorher zu ihm drehte, als er mit seiner vierzehn Jahre alten Aussage „Na, dann kommst du eben ins Heim" konfrontiert wurde, und ihn einfach nur schweigend ansah. Wie er den Kopf zurückdrehte, auf das Meer blickte und leise fragte: „Und das habe ich wirklich gesagt?" Für diese Situationen wird Michael ihm Jahre später noch sehr dankbar sein. Welcher Mensch kann sich schon in aller Ehrlichkeit selbst anschauen und um Verzeihung bitten? Welche Stärke doch auch in seinem Vater steckt.

Beide telefonierten häufig über Stunden hinweg miteinander. Heinrich war „nie ein Teil der Welt" und ungeübt mit Herausforderungen, die ihm nun in Form von gesundheitlichen und arbeitsrechtlichen Fragen rund um eine mögliche Erwerbsminderungsrente begegneten. Es ging sogar so weit, dass Michael ihn auf Gespräche mit Mitarbeitern der Personalabteilung oder mit Vertrauensärzten vorbereitete. Sie gingen gemeinsam verschiedene Möglichkeiten durch, in welche Richtung sich die Gespräche entwickeln könnten und wie Heinrichs Reaktion darauf sein könnte. Michael kannte sich in rechtlichen Fragen ganz gut aus, so dass er Heinrich immer darin bestärkte, seinen eigenen Weg zu gehen. Sämtlichen Hindernissen konnte Heinrich auf seinem Weg später geschickt ausweichen und das erreichen, was er sich vorgenommen hatte.

Am letzten Abend des Urlaubs stellt Mareike, die Frau Michaels, seinen Eltern eine Frage. Sie kennt das Kontaktverbot, das Zeugen Jehovas zu „Ausgeschlossenen" auferlegt ist. „Wie würdet Ihr reagieren, wenn Ihr jetzt Zeugen Jehovas aus Eurer Versammlung hier begegnen würdet? Wenn sie sehen würden, dass Ihr Euch mit Michael trefft?"

„Wir haben Euch doch durch Zufall hier getroffen!", ist Ursulas spontane Antwort. Heinrich wirft ihr einen missbilligenden Blick zu.

Fünf Jahre später sitzen sich Vater und Sohn in einem Café gegenüber. Beide haben wenige Tage zuvor Egon, ihren Vater und Großvater, zu Grabe getragen. Wieder haben sie stundenlange Telefonate geführt, in denen beide die Familienmechanismen erörterten. Wie Heinrich sich in den letzten Tagen seines Vaters immer noch klein und ungesehen fühlte. Wie er es nicht schaffte, seinen Vater respektvoll zu konfrontieren. „Ich bin nicht wie du, Michael! Du hast Recht! Ich bin immer noch der kleine Junge! Ich kann ihnen nicht auf Augenhöhe gegenübertreten! Ja, sie behandeln dich anders als mich. Wie einen Erwachsenen. Du sprichst einfach das aus, was du denkst. Sie haben großen Respekt vor dir und können deinem Wissen nichts entgegensetzen. Mich behandeln sie anders."

Verschlossenes Herz

Michael weinte auf der Beerdigung. Er weinte jedoch scheinbar nicht nur seine Tränen. Die größte Trauer, die er hinausweinte, schien von seinem Vater zu kommen. Heinrich jedoch stand, scheinbar unbeteiligt, starr vor dem Grabe seines Vaters und verzog keine Miene. „Echt? Du hast gemerkt, wie sehr ich gelitten habe? Dabei wollte ich doch cool sein", wird er Michael erklären und von seinen schweren Herzrhythmusstörungen berichten, die er an jenem Abend bekommen habe.

Im Café möchte Michael Heinrich noch einmal konfrontieren. Noch einmal intensiv über Gott, Religion, den Begriff der Wahrheit diskutieren. Immer wieder weicht Heinrich einzelnen Argumenten aus. Michael muss sehr wachsam sein. Haben sich beide auf einen Nenner bezüglich eines Themas geeinigt, vergisst Heinrich diesen gemeinsamen Nenner sehr schnell wieder. Heinrich ist nicht ganz ohne Angst zu diesem Treffen gekommen. Sprach Michael doch in letzter Zeit immer wieder von seinen Erfahrungen, die er zwischen Himmel und Erde gemacht haben will. Diese Geschichten ähneln den Erfahrungen, die in den Evangelien über Jesus berichtet werden. Offenbar glaubt er, Gott müsse erfahrbar sein. *„Aber er hat doch gar keine Religion?"*, fragt er sich. Mehrfach hat er ihn schon gefragt, welcher Religionsgemeinschaft er nun angehören würde. „Keiner", lautete die Antwort. *„Selbst Paulus schrieb doch im Hohenlied der Liebe vom Ende der Prophetie und Wundertaten. Deshalb ist alleine das Interesse an der Erfahrbarkeit Gottes falsch und satanisch"*, ist Heinrich überzeugt.

Subliminals bei den Zeugen Jehovas

Michael legt Heinrich einige Bilder aus den Publikationen der Wachtturmgesellschaft vor und zeigt ihm eindeutig eingezeichnete Subliminals. „Subliminals in Grafiken sind unterschwellig eingezeichnete Fratzen, Dämonen oder andere Informationen, die du nicht bewusst sehen sollst. Dein Unterbewusstsein nimmt diese Informationen und Bilder jedoch ungefiltert auf. So wirst du ein Stück weit mehr in der Matrix der Zeugen Jehovas gefangen gehalten!"

Heinrich erschrickt und zuckt deutlich sichtbar zusammen, als Michael ihm die Grafiken zeigt. Diese Subliminals sieht er nun zum ersten Mal, obwohl er die Zeichnungen aus der Literatur sofort wiedererkennt. Es geht Michael auch nicht um das mögliche Erkennen von Gesichtern, die das Gehirn vorgibt zu sehen.

„Es geht um eine Kralle, die nach dem Zepter greift, das Jesus in der Hand hält. Oder dieselben Fratzen, die subliminal immer wieder eingezeichnet werden. Oder die Frage, weshalb Jesus so gerne auf einem Bein und einer Hufe dargestellt wird? Weshalb ist der Baphomet so oft und eindeutig subliminal, neben den sowieso so offensichtlich schrecklichen Bildern, dargestellt? Warum zeichnet Ihr das ein? Du bist Ältester und hast Verantwortung über andere Menschen. Ihr warnt doch immer vor spiritistischen Texten und Dämonen in Bildern von Rockbands etc. Was ist da bei Euch los?"

Neue Wahrheiten Heinrichs und Zurückfallen in die Programmierung

Nach drei Stunden intensiver Diskussion hört Michael Heinrich zum ersten Mal folgende Worte sprechen: „Michael, offenbar gibt es zwischen Himmel und Erde mehr als meine Wahrheit. Niemand kann die absolute Wahrheit kennen. Du hast Recht. Wir Menschen können sie womöglich gar nicht erfassen. Und offensichtlich gibt es bei deinen Erfahrungen auch sehr viel Licht. Und ja, wir Zeugen Jehovas haben unsere Fehler. Schwere Fehler. Und wir hatten nicht immer die absolute Wahrheit. Lehren sind, so wie du es sagst, öfter mal über Bord geworfen und völlig neue präsentiert worden. Auch stimme ich dir zu, dass nur Gott in die Herzen schauen kann!"

Ob Heinrich sich selbst jemals wieder so ehrlich gegenübertreten kann? Einen Tag später, ruft Michael seinen Vater an. Heinrich erinnert sich an keinen einzigen seiner geäußerten Sätze mehr. Er berichtet ihm nur, dass auch Ursula sich über die Subliminals sehr erschrocken habe. Nun aber seien sie zum Schluss gekommen, dass bei Michael einige Dämonen am Werk sein müssten, denn nur er sähe ja diese Fratzen.

Wollte Michael mit diesem Gespräch im Café nur erreichen, dass auch beim Thema Religion Frieden zwischen ihnen einkehren kann? Sie sich beide auf Augenhöhe begegnen, indem sie beide, auf ihren jeweils unterschiedlichen Wegen, anerkennen könnten, dass der alte Seelenfreund doch auch nur auf der Suche nach Gott ist?

Finale

Zwei Jahre später, Ende 2012, besuchen Ursula und Heinrich Michael in dessen neu angemieteter Wohnung. In seinem Leben ging es, in ihren Augen, viel zu turbulent zu. Dennoch wirkt er ruhig und ausgeglichen. Sie äußern ihre Abscheu vor einigen aufgehängten Bildern des Malers Leiendecker, der Jesus so wundervoll darstellen kann.

„Du sollst dir kein Bildnis machen", versuchen sie ihn an eines der Zehn Gebote zu erinnern. „Ja stimmt. Ich mache mir auch keins. Gott kann niemals vollständig von einem Menschenhirn erfasst werden."

„Und warum hängst du dann solche Bilder auf?"

„Siehst du dort Gott?"

„Nein, aber seinen Sohn."

„Ja, ich bin auch Gottes Sohn."

„Michael, bitte!"

„Wieso bitte? Soll ich es dir in deiner Bibel zeigen, wer in dieser Bibel als Kind Gottes benannt wird? Ich bete diese Bildnisse nicht an. Sondern sie erinnern mich an Begebenheiten aus seinem Leben, die für meinen Weg wichtig sein sollen. Der Name Jesus ist nicht so meins. Der hebräische Name war Yeshua. Dieser Name hat eine ganz andere Schwingung für mich. Und ich werde Euch gerne erzählen, welche seiner Worte und Taten mich besonders berühren. Die sind in Eurer Bibel genau so dargestellt."

Auf die folgenden Worte Michaels können sie sich einlassen, denn Jesu Wirken, der für sie der Sohn Jehovas ist, ist für sie von besonderer Bedeutung.

Gebt dem Cäsar was des Cäsars ist?
„Viele Anhänger christlicher Religionen behaupten unreflektiert, Yeshua sei gekommen, das Gesetz zu erfüllen und nicht, es aufzulösen. Er selbst habe es so gesagt. Dabei ist er es, der mehrfach den Sabbat bricht und sogar behauptet, der Menschensohn stünde über dem Sabbat.[14] Und weshalb glauben eigentlich alle Christen, man solle brav Steuern zahlen, weil er gesagt habe ‚Gebt dem Cäsar, was des Cäsars ist'? Doch in welcher Situation befand er sich? Es gab damals immer wieder politische Spannungen zwischen den Juden und den römischen Besatzern. Erst vier Jahrzehnte nach Yeshuas Tod kam es zum Jüdischen Krieg, der sein Ende in der Festung Masadas fand, bei dem die belagerten Juden schlussendlich fast alle den Freitod wählten. Noch heute könnt Ihr die Besatzungstürme der Römer als Abdrücke im Wüstensand sehen. Die Pharisäer wollten ihm eine Falle stellen, ihn ausliefern, wenn er sich gegen Cäsar positioniert hätte. Sollte er dieses Risiko eingehen, wenn seine Zeit doch noch nicht gekommen war? Oder sollte er sich energetisch auf die Seite des römischen Staatswesens stellen, indem er lapidar antwortete, dass Zahlen von Steuern sei vollkommen in Ordnung? Er, der kurz zuvor die Händler und Geldwechsler aus dem Tempel hinausgeworfen hatte? Deshalb ist seine Antwort so genial. Sie konnte gar nicht besser ausfallen: ‚So gebt dem Kaiser, was des Kaisers ist, und Gott, was Gottes ist!' Er spricht ständig über Gott und Gottes Reich, mit dieser Antwort ist doch vollkommen klar, welche Prioritäten die Menschen setzen sollten. Der Staat spielt eine völlig untergeordnete Rolle, sein Gewissen entstammt Neshama, seine Botschaft ist eine völ-

lig andere.[15] Stellt Euch seine Antwort in der heutigen Zeit vor, in der der Staat jeden Zweiten anstatt jedes Zehnten fordert.[16]

Moral ist immer einer Erziehungsfrage, ein Trainieren des Über-Ichs. Das Gewissen bildet sich aus der Erziehung und den Vorstellungen der Gruppe heraus, indem es die Vorstellungen der Gruppe übernimmt oder nuanciert anpasst. ‚Man hat seine Steuern zu zahlen‘, ist so ein Satz aus unserem antrainierten Über-Ich. Um es auf den Punkt zu bringen. ‚Wer ist schlimmer, der Räuber, der das Messer zückt, oder der Taschendieb, der dich bestiehlt, ohne dass du es auch nur mitbekommst? […] Und wie wäre deine „Bewertung der jeweiligen Handlungen, wenn eine oder beide legal wären‘?[51] Heutzutage entnimmt der Staat den meisten von uns mehr als die Hälfte des Einkommens, die Hälfte unserer Energie, und wir finden das normal, weil wir so erzogen worden sind und uns dies unser Gewissen so mitteilt. Doch wie würde Yeshuas Neshama diesen Sachverhalt einordnen? Und wie, wenn die Neshama eine Aufgabe zu erfüllen hätte und der Staat mit dessen Matrix ihr im Wege stünde?“

„So habe ich das noch nie gesehen“, antwortet Heinrich leise und erinnert sich an die Schlachten, die er führen musste, um das zu tun, was ihm wichtig war.

Urteilen vs. Verurteilen

„Übrigens sprechen ihn die Pharisäer hier direkt darauf an, dass er das Ansehen der Menschen nicht achte. Das Ansehen oder der Status von Menschen, die nächste Falle im Leben eines Menschen. Doch dazu komme ich später. ‚Richte nicht, auf dass du nicht gerichtet wirst.‘ Dieser Satz wird heutzutage verdreht. Es wird behauptet, man solle nicht mehr urteilen. So ein Blödsinn. Urteilen gehört zum Menschsein dazu. Unsere Abwehrzellen entscheiden jede Sekunde, ob sie aktiv werden oder nicht. Philosophisch formuliert könnte man sagen, sie urteilen. Der Rabe auf dem Strommast urteilt, ab welcher Entfernung du ihm zu nahekommst, um dann wegzufliegen. Du hast eine Lieblingsfarbe, andere magst du eben weniger. Ein Urteil ist eine sorgfältig abgewogene Meinung und stellt kein Problem dar. Das Verurteilen bzw. das Richten ist das Problem. Breche ich den Stab über einen anderen Menschen, zeige ich mit dem Finger anklagend auf ihn oder verdamme ihn gar, dann stelle ich mich über diesen Menschen. Dann glaube ich, ich dürfte mich auf eine höhere Position begeben und auf ihn herabsehen. Das ist die Ursache so vieler Probleme hier auf der Welt, zumindest meiner Meinung nach. Ist das nicht das Kernproblem einer jeglichen politischen Partei, jeglicher Ideologie oder der Religionen schlechthin? Und wo überhaupt steht geschrieben, dass Yeshua eine neue Religion gründen wollte?

Liebe

Liebe deinen Nächsten wie dich selbst. Wie wunderbar dieser Satz ist. Die alten Griechen unterschieden Liebe, wie Ihr ja wisst, zwischen eros, der geschlechtlichen, agape, der bedingungslosen oder Nächstenliebe, der Liebe Gottes etc. und der platonischen. Ich denke, es ist viel einfacher. Liebe kommt meiner Meinung nach aus dem Herzen und ist einfach eine Schwingung. Viele sind derart mediengesteuert, dass sie Liebe nur als Sexualbeziehung zu einem anderen Menschen verstehen. Sie sprechen sogar von Liebe machen! Wie weit sich die Menschen doch von ihrem Ursprung entfernt haben!

Liebe ist die Energie, die den Menschen so sehr fehlt. Vielleicht kommt sie nur aus dem Gehirn und einfühlsame oder hellfühlige Menschen können sie über ihre Herzen oder Hände wahrnehmen. Bei manchen Menschen scheint es mir allerdings, als würde diese Energie zusätzlich von oben in sie hineinströmen und über die Herzen weitergegeben. Sie muss nichts mit den Beziehungen zu Menschen zu tun haben. Wie die Beziehung zu Menschen gestaltet wird, ist über ein anderes Energiefeld des Menschen zu finden. Wie oft dieser Satz Yeshuas zerredet wird. Dabei ist es so einfach. Wir können andere Menschen

nur dann lieben, wenn wir uns selbst lieben. Und es ist seine Aufforderung an die Menschen: ‚Liebe dich selbst!' Und danach liebe die Anderen wie dich selbst. Die Herzen der meisten Menschen sind jedoch geschlossen. Weil diese Energieform der Liebe nicht von den Eltern an sie weitergegeben und geweckt wird. Sie tragen somit selbst keine Liebe in sich. Deshalb jagen so viele Menschen unwichtigen Dingen wie Macht, Status, Ruhm, Ehre oder materiellen Dingen hinterher. Sicher, sie behaupten häufig, sie liebten sich selbst, ihr Status würde es beweisen. In Wahrheit", manchmal nutzt Michael heute noch das Vokabular der Zeugen Jehovas, „ist gerade bei diesen Menschen das Energiefeld des Herzens entweder geschlossen oder tatsächlich sehr weit geöffnet. Viel zu weit geöffnete Herzen bedeuten Energieverlust und dahinter steckt meist der Wunsch, endlich gesehen und geliebt zu werden. Ein Energiefeld in der Nähe des Unterbauchs ist dann meist auch sehr weit geöffnet. Sie gieren besonders stark nach Anerkennung, die erste Form einer Sucht. Sie suchen Anerkennung. So können Süchte entstehen, weil die Anerkennung im Außen nicht gefunden werden kann und die Sucht diese fehlende Energieform der anderen Menschen substituiert.

Liebe deine Feinde
Liebe deine Feinde ist der nächste Satz, der…"

„Das können wir Menschen sowieso nicht erreichen", unterbricht Heinrich den Redefluss Michaels.

„Doch. Es geht. Hast du mal mit einem Feind gerungen? Und dir die Zeit genommen, tiefer zu fühlen? Seine Motive zu ergründen? Und nach einer geschlagenen Schlacht, bist du dann deinem Feind gegenübergetreten und hast aus deinem Herzen und in Liebe gesprochen? Hast du erlebt, wie sehr dich die Liebe dabei zerreißt? Wie sehr du mitfühlst, wenn du erspürst, was dein Gegner durchmachen musste? Welche Mechanismen ihn dazu bringen, mit dir zu ringen? Und hast du ge-

sehen, was das mit deinem Gegner macht? Denn die wenigsten Menschen sind von Grund auf böse. Wir haben alle zu lernen, sonst wären wir nicht hier. Sicher, es ist richtig schwer, deinen Feind zu lieben."
Heinrich weiß, welche Schlachten Michael hinauf bis zu höchsten Gerichten schlagen musste. So recht kann er Michael jedoch nicht verstehen. *„Er scheint ein bisschen verrückt zu sein."*

Sünde? Steh einfach auf und mach es besser!
„Seine Lehren und diese ganzen Erkenntnisse kommen für mich in der Begebenheit, als die Pharisäer ihm die Ehebrecherin bringen, zu einem kosmischen Finale."

„Ach, diese Stelle ist im Nachhinein eingefügt worden. Die ersten handschriftlichen Texte enthalten diese Geschichte ja gar nicht", unterbricht ihn Heinrich energisch.

„Ja, ich weiß. Darüber haben sich zahlreiche Schriftgelehrte den Kopf zerbrochen. Aber passte es nicht in die Politik der Jahrtausende, dass man Frauen bei einer so schweren Übertretung des Gesetzes Gottes lieber nicht ohne Todesstrafe davonkommen lassen wollte? Vielleicht fehlt der Text auch nur deswegen? Ich kann in dieser Begebenheit die Authentizität Yeshuas erkennen. Schließlich ist er es doch, der in Matthäus 21 den Hohepriestern und Ältesten, sozusagen den Institutionen seiner Zeit, sagt, dass Huren eher in das Reich Gottes eintreten würden als sie selbst.

Also, die Pharisäer kennen natürlich die alten Gesetze der Wüste und des Tanach, wonach Ehebrecher zu Tode gesteinigt werden sollten. Und wieder wollen sie ihn auf die Probe stellen. Er aber kennt die Natur des Menschen, ist voller Mitgefühl und wieder erwidert er mit einer göttlichen Antwort, auf die jeder Mensch verstummen muss. ‚Wer von Euch ohne Sünde ist, werfe den ersten Stein.' Genial! Er antwortet nicht so, wie es das alte mosaische Gesetz verlangt. Wieder scheint die

Antwort der Neshama zu entstammen. Daraufhin lassen sie ihn mit der Frau zurück und er fragt sie, ob sie niemand verdammt habe. ‚Niemand‘, ist ihre Antwort. Sie selbst verdammt sich also auch nicht. ‚Dann verdamme ich dich auch nicht‘ ist die Antwort, die im Kontext zu ‚Richte nicht, auf das du nicht gerichtet wirst‘ und ‚Liebe deinen Nächsten wie dich selbst‘ zu verstehen ist. ‚Gehe hin und sündige nicht mehr.‘ So einfach kann es sein. Er sagt nicht ‚Tue Buße oder zahl Ablassscheine!‘ Er fordert sie einfach auf, umzukehren. ‚Schub‘ ist das passende hebräische Wort dafür. Du selbst hast erkannt, dass du einen Fehler gemacht hast. Dann kehr um. Vielleicht wirst du den Fehler noch einmal machen, wie ein Kind, das immer und immer wieder hinfällt, wenn es Laufen lernt. Dann steh wieder auf und probiere es erneut. Du bist ein Mensch, du wirst Fehler machen und dennoch bist du dem Reiche Gottes so nah. Und selbst wenn du stirbst, so ist die Botschaft nicht das Kreuz, sondern das Leben danach. Könnte das nicht seine Botschaft gewesen sein?“

Michael steht inzwischen und er bemerkt jetzt erst, wie warm sein Gesicht ist. Er wird sich an diesem Abend noch bewusst darüber werden, dass er heute ein Prediger war. Wessen Zeuge war er heute? Wollten seine Eltern im Grunde nicht genau das? Er konnte nicht anders. Sein Herz war übervoll, da musste sein Mund einfach übersprudeln. Er wird noch lernen, dass Schweigen manchmal für alle Beteiligten wertvoller ist. Seine Eltern hatten sich mit den Worten Ursulas „Michael, du bist von Satan!“ verabschiedet.

Bis einschließlich 2013 sollte es zu Lehrverschärfungen bezüglich des Kontakts von Zeugen Jehovas kommen, die „ausgeschlossene“ oder „abtrünnige“ Verwandte haben.[17] Ausgeschlossene und Abtrünnige werden auf einem der folgenden Bezirkskongresse sogar als Satans Küchenhelfer[18] bezeichnet, weshalb es sich von selbst verstehen sollte, als Zeuge Jehovas keinen Umgang mehr mit diesen zu pflegen. 2012 sah Michael seine Eltern zum letzten Mal.

Lara und die Medienbranche

Lara ist 37 Jahre alt und lebt in einer norddeutschen Großstadt. Sie ist seit einigen Jahren mal als Garderobiere oder auch mal als Kostümbild-assistentin „beim Film" beschäftigt, so drückt man es in der Branche aus. „Beim Film" hangelt man sich von Projekt zu Projekt und ist immer wieder bei verschiedenen Firmen auf Projektbasis beschäftigt. Ist ein Projekt beendet, so ist sie selbst dafür verantwortlich, ein Folgeprojekt zu finden. Es ist normal, dass bereits zugesagte Projektstarts um einige Wochen verschoben werden können, was dazu führt, dass Lara das nächste Projekt, für das sie bereits eine Zusage eines anderen film-produzierenden Unternehmens in der Tasche hat, absagen muss. Sie lebt also mit einer ständigen Unsicherheit bezüglich ihrer finanziellen Situation, und sie muss sich mehrmals im Jahr arbeitslos melden, um die Zeit zwischen den Projekten überbrücken zu können. In diesen Zeiten beschäftigt sie sich mit den Angelegenheiten des Lebens, die sonst zu kurz kommen. Wann auch sonst könnte sie sich um Arzt- und Behördengänge und dergleichen kümmern, wenn sie nach einem zwölf-stündigen Arbeitstag in irgendeinem Teil der Republik in irgendein Hotelbett fällt? Zwölf Stunden sind keine Seltenheit, das ist tarifvertraglich abgesegnet. Natürlich gelten auch in dieser Branche ungeschriebene Gesetze. So z.B., dass man während eines Projekts nicht krank werden sollte. Der Dreh eines Fernsehfilms dauert ja nur einige, wenige Wochen – man muss doch nicht ausgerechnet in dieser kurzen Zeit ausfallen. Das gilt als unzuverlässig. Davor und danach ist doch genug Zeit. Und überhaupt: Solltest du einmal durch ein solches „Fehlverhalten", also durch Krankheit, auffallen, spricht sich so etwas schnell herum.

Für Beziehungen hat Lara keine Zeit. Die bisherigen waren nur von kurzer Dauer. Ob man das überhaupt „Beziehungen" hätte nennen können, weiß Lara auch nicht so recht.

Es ist ein Freitag im August. Die Dreharbeiten laufen seit einigen Tagen an verschiedenen Orten Süddeutschlands. Seit gestern ist sie mit ihrem Team in München untergebracht, um die nächsten Szenen zu drehen.

Die Diva Elvira Vanderheyden

Heute ist die dritte Anprobe mit einer der Hauptdarstellerinnen. Die zwei vorherigen Anproben waren der Kostümbildnerin, Heike, und ihr um die Ohren geflogen. Schon auf dem Casting-Foto meinte Lara Elvira „Elvi" Vanderheyden als „divenhaft" einschätzen zu können. Sie wurde nicht enttäuscht. Elvi ist Ende fünfzig. Beim vollen Namen will sie nicht genannt werden, gesiezt werden schon gar nicht: „Da fühle ich mich immer so alt, das passt nicht zu mir." Sie hat die Figur einer Zwölfjährigen und ist mächtig stolz auf sich und ihre Erscheinung.

Sie steht in einem engen, blauen Kleid vor dem Spiegel und zupft an diesem herum, so wie an den beinahe zahllosen Blusen, Röcken, Hosen und Jacken zuvor. Lara kniet neben Elvi auf dem Boden und schließt die Schnallen der zum Kleid passenden Riemchensandalen.

„Die Schuhe drücken etwas. Ist es wirklich eine 37,5? Also, ich könnte mich ja zu diesen Schuhen überreden lassen, wenn ich sie nicht ganz so oft tragen muss. Und natürlich muss am Set immer gemütliches Schuhwerk für mich bereitstehen." Elvi geht ein paar Schritte auf und ab und verzieht bei jedem Schritt ein wenig das Gesicht.

„Na, das kann ja wieder was werden", denkt Lara. Wie gerne würde sie Elvi reinen Wein über die wahre Schuhgröße einschenken. Doch sie kennt ja diesen Menschenschlag – und wenn diese Dame glaubt, sie hätte die Schuhgröße 37,5, dann hat sie die 37,5. Lara möchte Elvi am liebsten so schnell wie möglich loswerden, denn das Risiko schlechter Laune steigt gerade von Minute zu Minute. So also murmelt Lara die „38,5" nur leise vor sich hin.

„Dieses Kleid fühlt sich irgendwie gar nicht gut an auf meiner Haut. Das ist doch nicht etwa Polyester oder so ein Zeug? Und die Passform ist ja auch wieder nicht optimal. Wie letztes Mal schon gesagt: Meine Taille sitzt etwas tiefer als bei anderen Menschen, daher werden wir einiges ändern müssen. Vielleicht müsst Ihr sonst eben das ein oder andere Teil anfertigen lassen, wenn ihr nichts Passendes für mich findet."

Sie betont das ‚tiefer' extra und spricht es deutlich langsamer aus, als seien Lara und Heike schwer von Begriff. *Was denkt sie, wer sie ist? Alles sollen wir ihr passend auf einem Silbertablett servieren. Dabei war sie es doch, die sich strikt weigerte, mit uns einkaufen zu gehen. Schon klar. Anfertigen! Sehr witzig!"*

Lara steht auf, schaut zu Heike hinüber, und beide verdrehen synchron ihre Augen. Elvi stolziert wieder vor den Spiegel. Lara atmet tief durch, setzt ein entschuldigendes Lächeln auf, greift ein paar Stecknadeln, tritt an Elvi heran und steckt zwei Abnäher in der Taille am Rücken ab.

„So sollte es schon besser sein", sagt sie mit einem freundlichen Lächeln, das die Augen trotz aller Bemühungen nicht erreicht. Elvi ist in ihrer eigenen Welt und nimmt dies nicht zur Kenntnis. Sie ist weiterhin mit ihrem Spiegelbild, dem sie bewundernde Blicke zuwirft, beschäftigt. *„Wie kann ein Mensch nur so selbstbezogen und herablassend sein? Unfassbar."* Lara schüttelt kaum merklich den Kopf.

Wenn Ver-Kleidung wichtiger als Inhalt ist
„Also, ich weiß nicht. Woher ist denn das Kleid? Mach mir bitte den Reißverschluss auf, ich muss hier raus. Das ist so warm." Sie fächelt sich mit den Händen Luft zu, dreht Lara den Rücken zu und nimmt ihre rötlich-braunen Locken zur Seite, um den Reißverschluss frei zu legen. „Das Kleid ist von Dior. Lass uns bitte noch ein Foto machen, auch wenn es am Ende nicht ausgewählt werden sollte. Nur damit wir ein

bisschen was zur Auswahl haben, sollten Regie oder Redaktion später etwas ändern wollen", bittet Heike.

„Dior? Wirklich? Hm. Na ja, ein Foto kann ja nicht schaden. Aber es müsste auf jeden Fall geändert werden. Und die Länge ist auch nicht optimal. Ich würde es ja noch fünf Zentimeter kürzen. Aber das musst du natürlich wissen. Erlauben kann ich es mir mit meinen Beinen ja zum Glück." Mit diesen Worten stellt sie sich seitlich vor die Tür, legt die Hände in die Hüfte und setzt ein verführerisches Lächeln auf. Heike betätigt den Auslöser der Tablet-Kamera. Lara hat Mühe, ihr Grinsen zu unterdrücken. Einige der Kleidungsstücke, die sie für Elvi besorgt haben, wollte Heike **unbedingt** für den Film einsetzen. So musste Lara heute mal wieder etwas früher aufstehen, um die Etiketten der Kleider umzunähen. Die No-Name-Etiketten ersetzte sie durch Etiketten von „Dior", „Versace" oder „Gucci". Und wieder sollte Lara Recht behalten. Elvis Gesichtszüge entspannen sich sichtlich bei dem Wort „Dior" und sie schaut auch gleich etwas versöhnlicher drein. Lara kennt ihre Pappenheimer und ähnliche Reaktionen aus anderen Anproben. Jedes Mal wundert sie sich erneut darüber, dass es so leicht ist, jemand mit einem Stückchen Stoff, mit einem Etikett, zu beeindrucken. *„Absurd, dass das Etikett wertiger als der Inhalt ist."*

Wenn Masken aufeinandertreffen

Es klopft an der Tür und bevor Heike „Herein" rufen kann, öffnet Elvi auch schon die Tür. Wolfgang, einer der Redakteure, steht mit einem breiten Zahnpastalächeln in der Tür. Wie immer ist er in einem sportlichen Outfit unterwegs. Ganz in weiß, Poloshirt, Shorts und leichte Wildledersegelschuhe – schlicht und teuer. Seine weißen Haare liegen etwas durcheinander und lassen ihn natürlich und aktiv wirken.

„Hallo Mädels, ich will gar nicht lange stören, aber wir", sein Blick wandert zu Elvi, „haben uns noch gar nicht persönlich kennenlernen können. Ich dachte, ich nutze gerade mal die Gelegenheit, nach all den netten Telefonaten."

Theatralisch umarmt Elvi ihn, Küsschen rechts, Küsschen links. Sie lässt ihre Hand auf seinem Arm liegen, während sie mit ihm spricht und sich bedankt, bei einem so tollen Projekt dabei sein zu dürfen. „Natürlich sehr gerne", säuselt Wolfgang ihr gekonnt entgegen. Sie sei unabkömmlich und es sei der Produktion eine Ehre, sie dabei haben zu können. Und überhaupt, wie dankbar sie ihr seien, dass sie sich die Zeit hat freimachen können.

„Das Kleid steht dir auch ausgesprochen gut, das haben die Mädels ja sehr schön eingekauft", lobt Wolfgang und mustert Elvi von oben bis unten.

„Ja, nicht wahr?", pflichtet Elvi bei. Lara und Heike sehen sich unauffällig mit hochgezogenen Augenbrauen an. Elvi stolziert ein paar Schritte von Wolfgang weg und dreht sich um die eigene Achse, damit er sie besser begutachten kann.

„Mit deiner Figur kannst du ja sicherlich alles tragen. An dir kann es einfach nur edel aussehen."

„Na ja, ich tue, was ich kann. Natürlich hätte ich gerne das ein oder andere noch ein wenig optimaler, aber ich bin ja schließlich auch keine zwanzig mehr."

„Wirklich nicht? Du machst einen so fitten Eindruck, ich wette du kannst es mit jeder Zwanzigjährigen aufnehmen." Er zwinkert ihr zu und lächelt sie, gespielt ungläubig, an, während sie leicht errötet und verlegen mit schüchternem Augenaufschlag zu ihm hinaufblickt.

Die kleinen Stiche(leien) des Alltags
„Ich mache Yoga – das hat einen sehr reinigenden und verjüngenden Effekt auf Geist und Körper. Mindestens einmal im Jahr fahre ich in ein Retreat, am liebsten nach Bali. Damit die weibliche Kraft im Körper wieder frei fließen kann. Das ist in unserer Gesellschaft heutzutage ja

gar nicht mehr so leicht. Und ich gehe natürlich joggen. Letztes Jahr bin ich dann auch endlich den Berlin-Marathon mitgelaufen. Für einen guten Zweck, versteht sich. Das ist immer eine gute Gelegenheit, wenn Prominente, wie ich, dort mitlaufen und Aufmerksamkeit auf wichtige Themen lenken und sich für eine bessere Welt einsetzen. Früher hatte ich ja auch eher eine Figur wie sie", dabei zeigt sie auf Lara, „aber das hat sich mit dem Sport und der Erkenntnis, was wirklich wichtig im Leben ist, geändert. Es war eine harte Zeit, sich selbst und die Aufgaben zu erkennen, die das Leben einem stellt, aber mit dem geistigen Wandel hat sich auch der Körper geändert. Und seitdem hat er sich so gehalten. Und das mit 59. Ich habe mich noch nie so wohl gefühlt."

Hat nur Lara bemerkt, dass sie gerade herabgesetzt worden ist? Ist es den anderen Personen überhaupt aufgefallen, oder ist ein solch herabsetzender Umgangston heutzutage nicht schon Normalität? *„Wolfgang dürfte davon gar nichts bemerkt haben"*, denn er starrt wie verzaubert den kugelförmigen Kettenanhänger an, der sich bei jeder Bewegung zwischen Elvis kleinen Brüsten hin und herbewegt. *„Vielleicht hypnotisiert er sich damit selbst?"*

Am liebsten hätte sie ihr die Meinung gegeigt, ihr gesagt, dass man andere Menschen nicht so behandeln sollte. Aber das traut sie sich nicht. Es ist einfacher, die Bemerkung herunterzuschlucken, als den Rest des Drehs eine Schauspielerin in der Nähe ertragen zu müssen, die einem das Leben schwer macht. Lara fragt sich, wie viele dieser Stiche sie noch wird aushalten müssen. *„Wie häufig solche Sticheleien nachhaltig Schaden anrichten!"*

Lara notiert sich die Änderungen, die an dem Kleid durchzuführen sind und tut so, als sei sie sehr beschäftigt. Doch aus den Augenwinkeln heraus beobachtet sie, wie zwei Menschen sich, hinter ihren Masken aus Selbstverherrlichung und Gier nach Aufmerksamkeit versteckend, in den Himmel loben, ohne wirklich etwas zu sagen. Elvi blüht unter der

Aufmerksamkeit von Wolfgang förmlich auf, während er ihr gönnerhaft Lobeslieder auf ihr ausdruckstarkes Schauspiel vorsingt.

„Ob Wolfgang das Spiel unbewusst mitspielt oder bewusst steuert?" Elvi hingegen kennt die Spielregeln des Anbiederns und Gefallens sehr genau. Keine von Elvis Worten oder Gesten scheinen aus dem Herzen zu kommen. Sie wirken allesamt aufgesetzt und zweckbestimmt. *„Ein Leben allein hinter einer Maske!*[19] *Der Glanz der Bewunderung und das Licht der Aufmerksamkeit erreichen nur die Maske. Ich möchte nicht wissen, wie es wirklich in ihrem Inneren aussieht!"*

Moderne „Beziehungen"
Lara wird aus ihren Gedanken gerissen, als Wolfgang sich von ihnen verabschiedet. Elvi umarmt ihn einige Sekunden zu lang, findet Lara, doch Wolfgang scheint es nichts auszumachen. Elvi lacht glucksend, als er mit einem Handkuss und den Worten, er würde „die junge Dame einen der Abende gerne zum Essen ausführen", den Raum verlässt.

Sie hat das Gefühl, den Ausgang des Abends zu kennen, an dem die beiden wieder aufeinandertreffen würden. Ihre Gedanken bezüglich einer gemeinsamen Nacht der beiden mochten eine Unterstellung sein, doch die Branche besticht nicht durch Treue den Partnern und Familien gegenüber. Die Dreharbeiten werden meist schon früh von Spekulationen über Affären und One-Night-Stands begleitet.

Am Anfang ihrer Karriere verurteilte sie dieses Verhalten. Während ihres ersten Projekts regte sie sich noch fürchterlich darüber auf, dass eine ihrer Kolleginnen eine Affäre mit einem verheirateten Kameramann hatte. Lara lehnte diese Verhaltensweise ab und strafte den Kameramann mit Verachtung. Ihre Kollegin hätte sie ignoriert, wenn sie nicht mit ihr hätte arbeiten müssen. Lara schwor sich, so etwas nie zu tun und kein Teil der Zerstörung fremder Partnerschaften zu werden. Über die Jahre stellte sich jedoch heraus, dass es in fast allen Projekten zu irgendeinem Techtelmechtel zwischen einzelnen Teammitgliedern kam. Es ist fast normal geworden. Inzwischen ist auch sie selbst um die Erfahrung zweier Affären reicher. Noch immer fühlt sie eine leise Enttäuschung sich selbst und ihrem moralischen Versprechen gegenüber, doch das ändert im Nachhinein nichts. Einerseits ist sie vorsichtig geworden bei Verbindungen zu Teammitgliedern, da das Ende eines Projekts meist auch das Ende der Liebschaft ist. Sie hat diese kurzen und oberflächlichen Verbindungen so satt, die weder das wirkliche Kennenlernen des anderen mit all seinen Höhen und Tiefen zulässt, noch ihren Wunsch nach einer liebevollen und andauernden Partnerschaft erfüllen kann. Andererseits scheint genau dieses vorhersagbare Ende für viele der Grund zu sein, eine solche Liebschaft zu beginnen. Und sie kann die Gründe dafür nachvollziehen: Oft sind sie wochenlang nicht zu Hause, fühlen sich alleine, vor allem, wenn sonst ein Partner oder die Familie für sie da sind. Die langen und oft harten Tage zehren an jedem und schweißen gleichzeitig zusammen. Das Bedürfnis nach Geborgenheit wächst. Die branchenüblichen Scheuklappen decken zu, was sonst niemand wissen darf. Untereinander wird selten verurteilt. *„Wer unschuldig ist, werfe den ersten Stein."*

Kekse sind kein geeignetes Nahrungsmittel für die Dame von Welt
„Das Kleid hätte ich gerne in der Szene bei dem Abendessen an, wenn mein Mann mir seine Geliebte vorstellt. Was meinst du?" Es ist keine Frage an Heike, sondern eine Anweisung.

Lara hilft Elvi aus dem Kleid und hängt es auf die Stange zu den wenigen Kleidungsstücken, die Elvis Bewertung überstanden haben. Natürlich freut es Kostümbildner, wenn Schauspieler Anregungen, Ideen und Gedanken zu Kostümen mitbringen und sie gemeinsam mit ihnen ein rundes Kostümbild zusammenstellen. Doch heute kann Lara Heikes flachen Atem hören und die Anstrengung, die es sie kostet, ein nur fast lockeres „Natürlich, das ist eine gute Gelegenheit dafür" herauszubringen.

Der Rest der Anprobe verläuft ähnlich anstrengend. Am Ende haben sie, bis auf ein paar Kleinigkeiten, mit Mühe und Not alle Kostüme zusammengestellt. Auch private Kleidungsstücke von Elvi würden zum Einsatz kommen, die sie für den Dreh netterweise zur Verfügung stellt.

„Das ist ja schön, dass wir das noch geschafft haben. Daran hatte ich ja fast nicht mehr geglaubt", flötet Elvi hinter dem Paravent hervor, hinter dem sie wieder ihre privaten Sachen anzieht.

„Ich erlebe ja häufiger, dass die Anproben zu einer Herausforderung werden", teilt sie Heike und Lara mit, „meistens natürlich, wenn das Kostüm noch nicht so viel Erfahrung hat. Das ist bei dir natürlich nicht der Fall", wendet sie ein und meint damit Heike.

„Ich bin ja mit meiner schlanken Figur relativ leicht einzukleiden. Da ist nur auf die Taille zu achten. Ich habe schon so viele dicke Kolleginnen kennengelernt. Ich verstehe nicht, wie man sich so gehen lassen kann. Vor allem in meinem Beruf. Bei Größe 40 würde ich mich nicht einmal wagen, vor die Tür zu treten! Da habe ich wirklich Glück gehabt. Ich kann ja inzwischen essen, was ich möchte. Ich bleibe einfach so schlank. Das ist auch ein gutes Stichwort. Kann einer von euch vielleicht im Produktionsbüro fragen, ob mir jemand etwas zu Essen bringen könnte?", fragt sie, als hätte niemand etwas anderes zu tun, als ihr Essen zu besorgen.

„Ich kann gerne mal fragen, ob noch etwas da ist. Ich glaube, im Büro stehen noch ein paar Brötchen und etwas Kuchen", bietet Heike Elvi an, froh über die Aussicht, den Raum kurz verlassen zu können.

„Vielleicht wäre ein Salat möglich? Mit etwas Nüssen?"

„Das habe ich während der Zeit hier im Büro noch nicht gesehen, aber vielleicht kann etwas bestellt werden."

„Oh, wie schade. Kann man da sagen, wie lange das dauert? Ich würde gerne den Flieger um 15:47 Uhr bekommen, damit ich noch rechtzeitig zu einer Vernissage eines guten Freundes in Wien kann." Besorgt tritt sie, fertig umgezogen, hinter dem Paravent hervor. „Ach, vergessen wir das. Ich hole mir etwas am Flughafen. Ich habe heute noch nichts gegessen, aber bis dahin sollte es reichen."

Lara bietet ihr einen Teller mit Keksen an. Elvi hält in ihrer Bewegung inne und blickt verachtend auf den Teller. Sie sieht Lara mit einem vorwurfsvollen Blick an, als würde Lara sie vergiften wollen.

„Ich esse doch keinen Zucker. Das ist Gift für den Körper", erklärt sie in einem ebenso angegriffenen wie belehrenden Ton. Sie starrt noch einmal entrüstet die Kekse an, schnalzt abwertend mit der Zunge. Lara nickt einmal mit dem Kopf und stellt die Kekse wieder weg. *Natürlich, du kannst alles essen, was du willst. Schon klar!"*

„Ich bringe dich grad noch nach nebenan zur Produktionsassistentin, damit sie weiß, dass wir fertig sind und du einen Fahrer bekommst." Heike öffnet Elvi die Tür. Divenhaft trippelt diese auf ihren Pumps und mit ihrem knallroten Handgepäckkoffer zur Tür hinaus. Lara lässt sich auf ihren Stuhl fallen. *„Ich hab' ja schon einiges erlebt, aber das war jetzt die Krönung. Man, war das anstrengend"*, denkt Lara. Sie ist gespannt, wie Elvi sich wohl gegenüber ihren Schauspielkollegen und am Set verhalten wird.

Heike kommt zurück in ihr gemeinsames Büro. Auch sie lässt sich in ihren Stuhl am Schreibtisch fallen. „Was für eine bescheuerte Kuh", zischt sie. Zu laut kann sie nicht sprechen, da die Büros hellhörig sind und nebenan einer der Besprechungsräume liegt. Ihr Kopf ist rot angelaufen und sie kann gar nicht anders, als den vor ihr liegenden Hut mit voller Wucht in Richtung der Tür zu werfen. Einen Moment später öffnet sich die Tür und Robert, der Produzent, steckt den Kopf ins Büro.

„Ihr habt geklopft?", grinst er auf den Hut deutend, „wie war es denn?"

„Die Frau treibt mich in den Wahnsinn", presst Heike hervor und fährt sich mit den Händen über Gesicht und Haare, als wolle sie die Anprobe wegwischen.

„Ja, sie ist nicht ganz leicht", versucht Robert es diplomatisch auszudrücken und zieht die Schultern kaum merklich an. „Aber hast du die Castingvideos gesehen? Sie war großartig. Und sie ist auch sehr nett, das muss man sagen."

Robert ist neben Heike getreten und sie zeigt ihm die Fotos aus der Anprobe.

„Ja, das sieht doch gut aus. Schick sie doch gleich mal an die Redaktion und wir drücken die Daumen, dass alles durchgeht", nickt er zustimmend. „Die Brüste sind aber schon echt klein. Ich meine, also, man sieht ja, dass es eine Frau ist und in dem Alter sind sie ja auch nicht mehr so fest und so, aber könnt ihr da vielleicht was machen? Sie sieht von der Seite fast wie ein Brett aus. Da sieht man nix mehr." Lara notiert Push-Up, 75 A. Gel-Einlage? *Wieso sagt Robert das erst jetzt nach der dritten Anprobe? Das hätte ihm echt früher auffallen können!"*

„Heike, du machst das schon", winkt Robert ab. „Aber sonst ist es super! Darf ich mir ein Stück nehmen?" Grinsend nimmt er sich ein Stück Schokolade von Heikes Schreibtisch, bevor sie überhaupt antworten kann. Mit einem fröhlichen „Bis später", ist er zur Tür hinaus.

Laras Handy klingelt – es ist die Kollegin vom Drehort. „Das war Lina", berichtet Lara, während sie ihre Sachen zusammenpackt, „sie haben den Stunt vorverlegt, ich muss los!"

Laras Nachmittag

Lara kommt aufgrund eines Staus viel zu langsam voran, erreicht die Basis jedoch noch rechtzeitig vor dem Stunt. Auf einem abgesperrten Teil eines Parkplatzes sind die Fahrzeuge des Films in einem Rechteck aufgestellt und verkabelt. In der Mitte sind einige Bierzeltgarnituren aufgebaut, an denen ein paar Mitarbeiter und ein paar ihr unbekannte Personen sitzen. Sie kann direkt neben dem 3,5 Tonner parken, der sowohl mit eingebauten Stangen, Waschmaschine und Trockner als auch Regalen und Schreibtisch ausgestattet ist. Alle Kostüme und das benötigte Equipment der Kostümabteilung sind darin untergebracht.

„Lara, hi, lange nicht gesehen", hört sie eine männliche Stimme ihr zurufen, als sie mit dem Ausladen beginnt. Es ist Timo, der Stuntman. Beide kennen sich seit Laras erstem Job vor fünfzehn Jahren. Sie sehen sich nur bei gemeinsamen Projekten, und das ist sehr selten. Dennoch stehen sie regelmäßig per Messenger in Kontakt und tauschen sich über verschiedene gesellschaftliche Themen, die Arbeit und auch über ihr Privatleben aus.

„Hallo Timo", lacht sie, „schön, dich zu sehen. Ich wollte mich schon längst gemeldet haben, nach dem Euer Koordinator mir gesagt hat, dass du heute hier sein wirst, aber irgendwie bin ich die letzten Tage nicht dazu gekommen. Wie geht es dir? Was machen die Kids?" Sie stellt die Kiste mit Neoprenanzügen ab und sie umarmen sich.

„Mir geht's prima, danke", strahlt er, „und den Kids auch. Die Kleine fängt gerade an zu laufen und hält uns ganz schön auf Trab. Alles gut, wir wissen doch, wie chaotisch es während der Drehzeit ist und wie schwer es oft ist, sich mal eben zu melden. Ich hatte vorhin schon mal angerufen, wollte einfach nur hallo sagen, also nicht wundern, wenn mein Anruf auftaucht – hat sich erledigt", fügt er schnell hinzu, als er ihren leicht panischen Blick sieht.

„Puh, ich dachte schon, ihr hättet vielleicht noch etwas von uns gebraucht oder so – ins Büro komm ich jetzt nicht mehr rechtzeitig hin und zurück."

„Nee, alles gut", grinst er, „entspann dich. Stressig?", fragt er und nimmt sie, ohne eine Antwort abzuwarten, noch einmal kurz in den Arm. „Atme mal tief durch."

Sie ist dankbar für die kurze Unterbrechung ihrer Gedanken, die sich um ihre Aufgaben drehen und die Dinge, die sie noch erledigen muss. Durch das kurze Stillstehen wird ihr bewusst, wie erschöpft sie ist. Ihre Augen sind so schwer.

„Mittag", hört sie eine Stimme über den Platz rufen.

„So, auf geht's", sagt sie, „danke dir."

„Na klar", lächelt er, „ich hol grad meine Sachen."

Lara hat gerade alles aus dem Auto in den 3.5Tonner geräumt, als Timo mit einer großen Tasche zurückkommt. „Hast du Morgen Zeit und Lust auf einen Kaffee?", fragt Timo, während Lara ihm das Kostüm zeigt, „dann können wir uns mal wieder etwas länger unterhalten. Morgen Nachmittag?"

Lara sagt ihm zu. Sie freut sich darauf, Zeit mit ihm zu verbringen. Sie hilft ihm beim Umziehen für den Stunt. Er soll mit einem Auto auf eine Brücke fahren, auf der ihm ein Betrunkener, ebenfalls Stuntman, entgegenkommt. Bei dem gespielten Ausweichmanöver soll er ihn umfahren, von der Fahrbahn abkommen und von der Brücke herab in den Fluss stürzen. Das Metallgeländer ist an der Unfallstelle durch ein präpariertes Holzgeländer ersetzt worden. Anschließend soll er sich aus dem Auto befreien und in Fahrtrichtung ans Ufer schwimmen.

Der bereits an den Ärmeln und im Ausschnitt gekürzte Neoprenanzug passt perfekt und ist durch das darüber liegende Kostüm nicht zu sehen. Auftrieb und Kälteisolation sind gewährleistet. Die offene Jackentasche hat sie mit einem kleinen Klettverschluss versehen, damit das Klappmesser nicht herausfallen kann oder herausgespült wird. Timo würde es auch nur einsetzen müssen, wenn der Spezialanschnallgurt sich nicht lösen ließe. Protektoren werden nur an Knien und Schienbeinen benötigt und sind unter der Jeans des Kostüms kaum sichtbar. Lara packt noch Wechselkleidung, Bademantel, Handtücher, Schlappen und eine dicke Jacke in eine Tasche. Timo ist schon zu seinen Kollegen gegangen und spricht auch mit den inzwischen anwesenden Tauchern, die vor Ort sein werden, während Lara seinem Stuntkollegen Nils hilft, die Protektoren und das Kostüm für seine Rolle als ‚Betrunkener‘ anzulegen.

Zusammen mit ihrem Equipment und der gepackten Tasche wird Lara zu der alten Steinbrücke gefahren. Sie führt über einen ca. zehn Meter breiten Fluss mit Sandufern und darüber liegenden Wiesen, gefolgt von breiten Hecken aus Bäumen und Büschen. Da es noch ein wenig dauert, bis alle Teams einsatzbereit sind, nutzt Lara die Zeit, die Komparsen für Montag anzurufen und ihnen mitzuteilen, wie sie gekleidet sein sollen. Nach und nach trudeln die anderen Abteilungen ein und bauen ihre Technik und ihr Equipment, gut versteckt hinter der Hecke, auf. Lara versucht, sich in der Nähe von der Regie zu halten, um möglichst viele Informationen mitzubekommen. Es muss alles perfekt passen, da der Stunt nur einmal durchgeführt werden kann. Das ist riskant, doch aus Kostengründen war es nicht möglich, mehr als ein Auto zu präparieren. Ein Rettungswagen und Sanitäter stehen bereit, ebenso die zwei Fahrzeuge des THW samt Besatzung. Die Taucher gehen an beiden Seiten des Flusses ins Wasser. Die Kamerateams positionieren sich.

Lara überprüft ein letztes Mal das Kostüm von Timo, der bereits im Auto sitzt.

„Ah, bevor ich es vergesse", fällt ihm ein und er holt mit etwas Mühe seinen Ehering aus der Hosentasche, „ich wollte ihn eigentlich im Hotel lassen. Kannst du ihn bitte einstecken? Der ist sonst wahrscheinlich für immer im Fluss verloren."

„Na klar, erinnere mich daran, ihn dir zurückzugeben." Sie holt eine kleine Dose aus ihrer Settasche hervor, und lässt ihn leise klimpernd hineinfallen.

„Bis gleich. Ich sehe dich dann auf der anderen Seite. Pass auf dich auf", verabschiedet sie sich und steckt die Dose wieder in ihre Tasche.

„Was soll mir schon passieren?", grinst er, „ein kleiner Badeausflug bei dem Wetter ist genau das Richtige." Er zwinkert ihr zu und sie muss schmunzeln. Lara geht über die Brücke zu einem der Kamerateams, das sich hinter einem der vielen Sträucher versteckt, und stellt ihre Taschen ab. Die Kamera hat einen guten Blick auf die Brücke und ist zugleich getarnt durch die Schatten der umstehenden Bäume und durch die Äste der Sträucher. Sie legt Bademantel, Handtuch und Schlappen bereit. Die Sonne glitzert auf dem Wasser und ein warmer Wind geht durch die Bäume. Obwohl sie nur ein kurzes Kleid trägt, schwitzt sie etwas. Für einen Stunt mit Wasser ist es ein idealer Tag. Nach einer gefühlten Ewigkeit hört sie die Kommandos über Funk, dass es losgeht. Die Kamera wird eingeschaltet. Das Auto startet. Sie kann das Geschehen auf dem Monitor des Kameraassistenten verfolgen.

„Set." „Und bitte."

Sie hört, wie Timo das Fahrzeug hochbeschleunigt. Wenige Sekunden später sieht sie das Dach des Autos über das Brückengeländer hinweg, und wie das Fahrzeug auf die Mitte der Brücke zuschießt. Sie nimmt das Quietschen der Reifen wahr, als Timo wegen des „Betrunkenen" scharf bremsen muss. Nils wird, wie geplant, seitlich über die Motorhaube geschleudert. Lara kann seinen Schrei hören und hält den Atem an. Timo steuert das Auto stark nach links und in dem Moment, als Nils auf dem Boden aufkommt, durchbricht das Auto mit einem lauten Krachen an der vorgesehenen Stelle das Holzgeländer. Holzteile splittern ab und fliegen in alle Richtungen durch die Luft. Mit klopfendem Herzen beobachtet Lara durch die Zweige, wie das Auto mit der Schnauze voraus schräg nach unten fällt. Es rauscht in ihren Ohren. Alles scheint nun für sie wie in Zeitlupe zu verlaufen. So beobachtet sie, wie sich der Fallwinkel des Fahrzeugs verändert. Zuerst kippt es wie vorgesehen weiter nach vorne, bis es sich senkrecht dem Fluss nähert.

„Senkrecht darf es nicht fallen, das ist viel zu gefährlich! Der Winkel muss anders sein!", erschrickt Lara und schafft es gerade noch, diesen Gedanken nicht laut auszurufen. Kurz vor dem Aufprall kippt das Fahrzeug weiter und schlägt in einem Winkel von ca. 140 Grad auf das Wasser auf. Zwar schlägt es mit der Motorhaube zuerst auf, doch kippt es gleichzeitig über die Windschutzscheibe aufs Dach. *„So ist das sicher niemals geplant worden. So hätte das Fahrzeug niemals auf das Wasser aufschlagen dürfen"*, ist sie sich sicher. *„Das Fahrzeug ist viel zu weit vornübergekippt."*

Das Wasser spritzt hoch auf und Wellen rollen in Richtung der Ufer. Viele Wasserfontänen schießen in die Luft und schlagen mit lautem Getöse wieder auf der Wasseroberfläche ein. Lara hält sich mit stockendem Atem einige Momente die Hände vors Gesicht. Als sie wieder hinsieht, sind auf der Wasseroberfläche noch die letzten aufgewühlten Strömungen des untergegangenen Fahrzeugs zu erkennen. Die Komparsen machen ihre Sache gut und sind – wie abgesprochen – an das Geländer gelaufen und spielen entsetze Passanten. Lara nimmt das bereitgelegte Handtuch und den Bademantel auf.

Wo bleibt er denn? Auf dem Wasser ist nichts zu sehen. Sie sucht die andere Seite des Ufers ab, doch kann niemanden sehen. Sie erkennt einen der Taucher an einem der Brückenpfeiler, der sich noch vor den Kameras versteckt hält. Sie sieht, dass er mit dem zweiten Taucher per Handzeichen kommuniziert, doch der ist außerhalb ihrer Sichtweite. Lara spürt, wie sich die Atmosphäre um sie und die Kollegen herum ändert. Sie registriert, wie der Kameramann und sein Assistent sich entsetzt ansehen und dieser sein Gewicht kaum wahrnehmbar von einem auf das andere Bein hin und her verlagert. Der Kameramann schwenkt leicht über das Ufer, der Assistent passt die Schärfe immer wieder an. Sie vernimmt ein Knacken aus dem Funkgerät, das eine Durchsage ankündigt. Sie kann die flüsternde Stimme des Regieassistenten vernehmen: „Hat jemand Sichtkontakt?" Die Funke knackt noch mehrmals bei den mehrfachen „Nein" der Kollegen.

Lara kann die zunehmende Anspannung des Teams spüren. „Vielleicht hat er den angespitzten Hammer nicht sofort greifen können oder die Spare Air, die Luftkartusche, die für einige Atemzüge gedacht ist, ist eingeklemmt. Gleich wird er wahrscheinlich auftauchen. Ich kann ihn fast schon sehen. Alle werden erleichtert aufatmen und ihre Nerven durch ein Lachen beruhigen. Sie werden ihm applaudieren, tief durchatmen und erleichtert weiterarbeiten. Und noch Jahre später daran denken, wie sie fast Zeugen eines Unglücks geworden sind. Es war knapp, aber dennoch war alles gut gegangen. Wie soll es auch anders sein, sie drehen ja schließlich nur einen Film." Noch immer nichts. „Wie viel Zeit ist vergangen? Sind es nur Sekunden? Wie viele Minuten?"

„Checkt die andere Seite der Brücke, vielleicht ist er aus Versehen dort rausgekommen. Die Taucher sollen sofort zum Auto! Aktiviert die Sanitäter und das THW! Los, los, los!", hört sie die Stimme des Setaufnahmeleiters durch die Funke die Befehle an alle durchgeben. Lara registriert, dass er sich nicht mehr die Mühe macht zu flüstern, damit die Aufnahmen nicht gestört werden. Ihr Atem stockt. Sie sieht, wie der Setaufnahmeleiter über die Brücke läuft und seine Leute über Funk anweist, was zu tun ist. Die Komparsen werden zur Basis geschickt und der RTW taucht am Rand der Brücke auf.

„Kameras laufen weiter", funkt der Regieassistent. Lara ist plötzlich eiskalt und sie erschauert von Kopf bis Fuß. Wie in Trance kommt sie hinter dem Gebüsch hervor, tritt in die Sonne und geht Richtung Ufer. Sie weiß, dass die Anweisung nun nicht mehr der Filmaufnahme, sondern der Dokumentation der Geschehnisse gilt. Sie steht einen Meter vor dem dahinfließenden Wasser, versucht das Auto ausfindig zu machen, doch sie ist zu weit von der Eintauchstelle entfernt. Das Wasser ist dunkel und aufgewühlt. Rufe undefinierbarer Worte hallen über die Brücke und das Ufer füllt sich mit dem Team des THW. Auf der Brücke wird der Bergungs-LKW, der das Fahrzeug per Kran herausziehen soll, eingewiesen.

Die Geräusche werden dumpfer, während sie auf das Glitzern der Sonne im Wasser schaut. Sie kann ein Licht unter Wasser ausmachen, das zur Oberfläche aufsteigt. Jeden Moment werden die Taucher mit ihren Lampen auftauchen und Timo ans Ufer bringen. Sie muss sich nichts mehr vormachen, er wird ins Krankenhaus müssen, denn so lange kann kein Mensch die Luft anhalten. *„Er hat zwar zusätzlichen Sauerstoff im Auto, aber der ist auch nur für eine relativ kurze Zeit gedacht!"*

Plötzlich und mit einem Schlag wird Lara von Gefühlen tiefer Liebe, Frieden und großer Ruhe erfasst. Es ist, als würde sie in eine andere Form der Realität gedrückt. *„Es ist alles gut. Wo kommt nur dieser Frieden her?"*

Die Ruhe umhüllt sie und führt dazu, dass sie sich vollkommen sicher fühlt. Sie spürt, wie sie von innen heraus erwärmt wird. Lara fühlt sich „wie in Watte gepackt". Sie wird sich später nicht mehr daran erinnern können, wie lange sie von dem Chaos im Außen abgeschirmt war.

Schlagartig durchbricht das Licht die Wasseroberfläche und verschwindet mit einem Sonnenstrahl. Die von ihr dort vermuteten Taucher als Ursache des Lichts sind jedoch nicht zu sehen. Der Frieden in ihr wird jäh unterbrochen, als sie an der Schulter gefasst wird. Sie sieht abwesend hinunter auf das Handtuch und den Bademantel, die sie noch immer umklammert hält.

„Lara", es ist Tobias, einer der Setrunner, „ich soll dich holen. Sobald der nächste Fahrer da ist, sollst du zurück zur Basis. Wir unterbrechen den Dreh." Er steht neben ihr und sie kann spüren, wie er zittert. Seine Ungeduld wächst, als er merkt, dass sie nicht reagiert. Sie sieht sich um, doch alles ist verschwommen. Sie wischt sich mit einer Hand über die Augen und stellt fest, dass sie weint. Noch immer ist ein reges Treiben auf und im Wasser. Rufe, Anweisungen. Sie kann die Männer durch ihre Tränen nur als grobe Punkte ausmachen, doch sie nimmt wahr, dass sie noch suchen. Sie schließt die Augen und versucht dieses Gefühl von tiefem Frieden wiederzuerlangen, doch sie fühlt sich, als sei sie leer.

„Lara?", hört sie eine Stimme, wie durch einen Kokon aus Watte dumpf zu ihr durchdringen. Ja, doch... Sie will mit ihm mitgehen. *Er macht ja auch nur seinen Job und hat bestimmt auch noch anderes zu tun als auf mich zu warten.* Nichts bewegt sich. Sie fühlt immer noch diese dumpfe Leere. Einfach nichts. Sie ist einfach nur da. Und irgendwie auch nicht.

„Soll ich dir das abnehmen?", hört sie Tobias fragen und spürt ein Ziehen an dem Handtuch. Sofort schließt sie das Bündel noch fester in ihre Arme und hält es wie einen Schutzschild vor sich. Lara reagiert nicht.

„Lara, es... es tut mir leid. Ähm... Es ist jetzt fast eine halbe Stunde und..." Sie wendet sich ihm zu, kann jedoch nicht hören, was er sagt. Sie sieht ihn noch einige Sekunden an und nickt dann langsam. Ihre Tasche hat er über seine Schulter gehängt. Er macht ein paar Schritte von ihr weg, dreht sich um, um sicher zu gehen, dass sie ihm folgt. Verblüfft sieht sie zu, wie sich ihre neonfarbenen Turnschuhe Schritt für Schritt über den Sand bewegen und fragt sich, wie das möglich ist, ohne dass sie es fühlt. Ihre nackten Beine sind von Gänsehaut überzogen, doch sie spürt weder die innere Kälte, noch die Sonne auf ihrer Haut. Fast stolpert sie über die Dose, die aus der Tasche gefallen sein muss, die Tobias vor ihr herträgt. Sie nimmt wahr, dass sie stehenbleibt und beobachtet ihre Hand, die nach der Dose greift und sie aufhebt.

Das leise Klimpern in der Dose scheint wie ein Schlüssel zu der Tür im Inneren zu sein. Sie wünscht sich, die Tür wieder verschließen zu können, doch es ist zu spät. Sie wird überrannt. Sie will nur noch zurück, zurück zum Anfang, wo noch alles in Ordnung gewesen ist. Sie spürt nicht, dass ihre Beine nachgeben und sie hinfällt, doch plötzlich findet Lara sich auf dem Boden wieder. Sie rollt sich in Embryonalhaltung um das Bündel in ihrem Arm zusammen und schließt die Augen. Sie spürt, wie sie hochgezogen und auf dem Arm von jemandem getragen wird.

Einige Momente später öffnet Lara die Augen und sieht sich um. Sie liegt auf einer Liege und erkennt den Rettungswagen. Die Türen scheinen geöffnet zu sein, da die Stimmen klar und deutlich zu ihr vordringen. Sie ist in eine Decke eingewickelt, zittert jedoch immer noch. Sie versucht, sich langsam zu bewegen und spürt, wie sehr ihre Hand und ihr Arm schmerzen. Ihr fällt das Bündel ein! Und die Dose! Der Ring! Sie haben sie ihr weggenommen. Sie setzt sich auf, blickt hastig um sich und muss sich abstützen, da ihr schwindelig wird.

„Wo ist die Dose?", flüstert sie leise, doch niemand reagiert. Sie kann sehen, dass die Sanitäter andere des Teams versorgen und mit ihnen sprechen. Die erdrückende Atmosphäre hängt schwer über ihnen und lässt alles grau erscheinen.

„Wo ist die Dose?", fragt sie und versucht, die Decke herunterzu-nehmen. „WO IST DIE DOSE?", schreit sie nun verzweifelt und ver-sucht aufzustehen. Sofort ist ein Sanitäter bei ihr, beruhigt sie und deu-tet auf das am Boden liegende Bündel. Er greift hinein, holt die Dose heraus und übergibt sie ihr.

Rückzug/Schock

Seit drei Wochen befindet sich Lara wieder in ihrer Wohnung. Die Dreharbeiten wurden auf unbestimmte Zeit unterbrochen und das Team reiste wieder ab. Sie fühlte sich in dem unpersönlichen Umfeld des Hotels so alleine und wollte nur noch nachhause. Die Gespräche mit den Kollegen waren wenig tiefgehend. Inzwischen hatte sich he-rumgesprochen, dass Timo erst aus dem Auto geborgen werden konn-te, nachdem es aus dem Wasser gezogen worden war.[20] Dennoch sprach niemand über Gefühle wie Trauer oder Schmerz, sondern es wurde über das Vorgehen der Produktion und auch schon über neue Projekte spe-kuliert. Lara fühlte sich alleine, Verzweiflung und Trauer erdrücken sie seitdem immer mehr. Ihr Hausarzt, den sie schon seit Kindestagen kennt und für seine Weisheit, Ruhe und Umsicht schätzt, schrieb sie erst einmal für vier Wochen krank. Er telefonierte mit einer ‚Eva' und vereinbarte einen Termin für Lara. Wie alle Therapeuten hat wohl auch diese Eva einen vollen Terminkalender, doch für morgen Abend hat sie sich extra Zeit für Lara genommen. Ihr sonst so besonnener Arzt mach-te noch die Bemerkung, dass die „Branche Menschen systematisch ka-putt mache". So deutlich formulierte Aussagen kennt sie sonst gar nicht von ihm, doch durch einige seiner Patienten, die ebenfalls „beim Film" arbeiten, kennt er wohl die der Branche innewohnenden Mechanismen.

Innerhalb der ersten beiden Wochen ging Lara kaum aus dem Haus, schaute den Großteil der Tage aus dem Fenster, ohne wirklich etwas zu sehen. Immer wieder sieht Lara das Auto vor ihrem geistigen Auge ins Wasser fallen und untergehen. Sie versucht die Bilder des ins Wasser stürzenden Fahrzeugs zu verdrängen, doch je mehr Energie sie in das

Verdrängen steckt, desto mehr drängen sich diese Bilder auf. Sie malt sich aus, wie die unaufhaltsamen Wassermassen Timos Lungen füllten und ihm die Luft zum Atmen nahmen.

Sie erinnert sich, dass Timos Frau die Tür öffnete, nachdem Lara lange zögerte, die Klingel zu betätigen. Sie fühlte sich so hilflos gegenüber dem Schmerz, den seine Frau fühlen musste und den sie nicht würde lindern können. War es überhaupt richtig, ihr den Ring persönlich zu übergeben? Würde sie sich dadurch nicht nur aufdrängen? Könnte sie etwas falsch machen, etwas Falsches sagen? Sie erinnert sich, wie ihr Zeigefinger den Klingelknopf drückte.

Die rotgeweinten Augen seiner Frau sahen sie fragend an, als Lara ihr wortlos die kleine Dose reichte. Mit zitternden Händen nahm sie diese entgegen und öffnete sie. Einen langen Moment blickte die zierliche Frau auf den goldenen Ring. Mit einem tiefen Atemzug klappte sie die Dose zu und schloss ihre Hand um sie. Beide sahen sich einen Moment an, umarmten sich wortlos und spürten dabei das leichte Zittern, das beide erfasste. Timos Frau löste sich aus der Umarmung und für einige, wenige Sekunden sollten sich ihre Blicke treffen. Das war einer der Momente, den Lara nie vergessen wird. Es war, als würde die Zeit für einen Moment angehalten. Trauer, Wut, Leid, Verlustschmerz, aber auch Dankbarkeit, Achtung, Respekt und Liebe, ohne ein Wort zu sprechen. Wenn Menschen sich in der Tiefe begegnen, bedarf es oft keiner Worte.

„Danke", hörte Lara Timos Frau flüstern. Sie nickte kaum merklich, legte ihre Hand mit der kleinen Dose darin auf ihr Herz und ging wieder ins Haus. Es dauerte ein paar Sekunden, bis Lara realisierte, dass sich die Tür wieder geschlossen hatte. Sie saß noch eine ganze Weile im Auto und zitterte am ganzen Körper. Es war alles so sinnlos. Das Leben eines Menschen wurde geopfert, damit andere unterhalten werden. Die angestauten Tränen flossen unaufhörlich aus ihr heraus, bis sie kaum noch atmen konnte. Wie sie den Weg nachhause fand, weiß sie nicht mehr so genau.

In der letzten Woche sollten ihr die Worte ihres Arztes, dass „die Branche Menschen systematisch kaputt mache", nicht mehr aus dem Kopf gehen. Was meinte er damit? Was weiß er oder glaubt er zu wissen? *„Jetzt reicht es"*, dachte sich Lara. *„Welche Mechanismen wirken in der Branche, in der ich arbeite?"*

Eine Woche lange recherchierte sie im Internet, bestellte Bücher und schlief nur dann, wenn es gar nicht mehr anders ging. Oft schlief sie mit ihrem Laptop oder einem Buch auf dem Schoß ein. Die Bilder von Timos Untergang ließen sie zwar manches Mal erschreckt aufwachen, doch sie drängten sich nicht mehr auf, wenn sie so beschäftigt war. Es fühlte sich für sie so an, als hätte sie ein Stück Kontrolle über ihr Leben zurückerlangt. Und dennoch machte sich eine Leere in ihr breit. Eine Leere, die sich auf die Zukunft der Menschheit bezieht. *„Weil Menschen sich immer wieder spalten und verängstigen lassen, wird es immer wieder zu menschlichen Katastrophen kommen."* Neben die Leere gesellten sich noch Wut und Traurigkeit. Wut, dass Techniken der Manipulation bewusst eingesetzt werden und Traurigkeit darüber, dass diese Techniken im Großen und Ganzen bekannt sind, die breite Masse jedoch scheinbar kein Interesse an der Aufdeckung dieser Machenschaften hat. *„Im Gegenteil. Die Masse fällt ja geradezu bereitwillig darauf herein. Als würde sie Feindbilder brauchen."*

Bei Eva

Ihr erster Termin bei Eva nähert sich. Lara geht mit gemischten Gefühlen zu Eva. Psychotherapie – als sei sie verrückt. Sie hat doch nur diesen Unfall gesehen. Auf der anderen Seite hatte ihr Hausarzt sehr einfühlsam geschildert, weshalb er ihr eine Traumatherapie ans Herz legen würde. Und in höchsten Tönen von Eva gesprochen. Sie würde Eva mögen, war er sich ganz sicher. Dennoch ist Lara ängstlich. Sie kann die

Bilder einfach nicht mehr ertragen, sondern möchte sie nur noch loswerden. Die dabei entstehenden Emotionen machen ihr Angst. Und das alles könnte bei Eva hochkommen. Auf der anderen Seite freut sie sich auf das erste Gespräch, denn sie wünscht sich, dass sie endlich einmal mit einer außerhalb der Medien stehenden Person sprechen kann, die die dort innewohnenden Mechanismen neutral beurteilt und die wohl auch eine große Portion Kenntnisse haben dürfte, wie man das Verhalten von Menschen beeinflussen kann. *„Denn nicht umsonst ist Eva ja Psychotherapeutin!"*

Das erste Therapiegespräch

Eva ist Lara sofort sympathisch. Sie hatte sie sich ganz anders vorgestellt und freut sich nun, eine sportlich gekleidete, fröhliche und wohl auch sehr liebenswerte Frau kennenlernen zu dürfen. Eva begrüßt Lara mit einem Lächeln und den Worten: „Hallo Lara. Ich freue mich, dass Sie da sind." Diese Worte sind nicht einfach daher gesagt, das spürt Lara. Sie glaubt, dass Eva sehr authentisch ist. Eva muss sich natürlich, wie andere Therapeuten auch, erst einmal einen Überblick verschaffen und eine Anamnese erstellen. Doch Eva bemerkt schnell, wie unruhig Lara ist und spürt, dass etwas herausplatzen muss. „Lara, ich habe den Eindruck, als müsste etwas aus Ihnen heraus, weil Sie sich in Ihrem Stuhl hin- und herbewegen und immer wieder auf die Uhr schauen, als hätten Sie sehr wenig Zeit!"

„Ja, das stimmt. Ich brauche jemanden! Jemanden, mit dem ich reden kann! Sie wissen ja schon, dass ich einen Unfall mitansehen musste. Es wäre schön, wenn Sie mir helfen könnten, ihn zu verarbeiten. Ich habe mich in der letzten Woche hauptsächlich damit beschäftigt, meine Tätigkeit in der Medienbranche zu hinterfragen und möchte erst einmal über die Ergebnisse meiner Recherchen reden, wenn das okay ist!"

Eva legt ihren Anamnesebogen, der an einem Klemmbrett befestigt ist, auf die Seite. „Schießen Sie los!"

Framing als Waffe

Lara berichtet von einer Talkrunde, die vor einiger Zeit zu den Midterm-Wahlen in den USA ausgestrahlt worden ist.[21] Zu Gast war unter anderem die Sprach- und Kognitionswissenschaftlerin Eva Elisabeth Wehling.[52] Wehling machte darauf aufmerksam, wie wichtig der bewusste Einsatz von Wortwahl und Sprachstil sind, damit sie etwas bei den Zuhörern bewirken und wie sie dadurch in eine vorbestimmte Richtung gelenkt werden können.

„Framing ist die Verknüpfung von Fakten mit einer Bedeutung. Fakten ergeben für uns erst einen Sinn, wenn unser Gehirn den Wörtern bzw. Fakten eine Bedeutung zuordnen kann, also einen Deutungsrahmen oder Frame. Das ‚Framing‘ an sich ist also ein ganz normaler Vorgang und geschieht automatisch. Wir alle framen fast ununterbrochen, ‚bewusst oder unbewusst‘.[53] Das Gehirn nutzt dabei auch Frames in Form von

> ‚Simulieren von Gefühlen, Gerüchen, Geschmäckern, Bewegungen und Bildern.[22] [...] Ist der [...] Frame einmal aktiviert, so werden faktische Argumente innerhalb des Frames verarbeitet. Und Fakten, die nicht zu dem Frame passen, werden zunächst einmal vom Gehirn ignoriert. Ist ein [...] Frame einmal gesetzt, richten rein faktische [Gegen-]Argumente langfristig nicht mehr viel aus.‘[23]

Je öfter ein Frame ausgesprochen und damit gehört wird, umso stärker wird er im Gehirn verankert und es entsteht ‚eine Art Einschleifeffekt.‘[54] Das bedeutet, ‚je öfter man eine unwahre Aussage hört, desto mehr wird sie für das Gehirn zur Wahrheit!‘[54]

Es geht dabei also um die Wiederholungen – der Inhalt kann eine Lüge sein! Besteht der Inhalt aus einer oder mehreren Lügen, die mit positiven Frames verknüpft sind, werden die Lügen nicht so leicht als solche erkannt. Der Frame wird nicht nur von außen an mich herangetragen, sondern entsteht auch bei mir selbst. Somit werde ich auch unbewusst und unfreiwillig Lügen akzeptieren."

Lara berichtet Eva, dass sie bei ihrer Recherche auf das von Elisabeth Wehling verfasste Schriftstück „Framing Manual – Unser gemeinsamer, freier Rundfunk ARD", das die ARD in Auftrag gegeben hatte, um die „Kommunikation über uns selbst [den Sender zu] verbessern",[24] gestoßen ist. Sie fährt fort:

> *„Jedes Anliegen, für das sich die ARD stark macht, ist ein moralisch strittiges Anliegen. Der Grund, dass sich die ARD für das jeweilige Anliegen einsetzt, während ihre Gegner – ob etwa in Form politischer Kräfte oder Kommerzmedien – sich gegen das Anliegen stark machen, liegt darin, dass beide ‚Lager' ein und dieselbe Faktenlage unterschiedlich bewerten. Und zwar aufgrund unterschiedlicher – und oft gegensätzlicher – moralischer Präferenzen."[25]*

Durch das Wort ‚Gegner' wird von vornherein der Frame gesetzt, dass es etwas oder jemanden zu bekämpfen gibt. Mit diesem einen Wort wird zwischen dem Sender ARD und denen, die andere moralische Ansichten haben, gespalten. Da die eigenen Ansichten natürlich die richtigen sind, wird ein Feindbild geschaffen, welches sie mit ‚politische[n] Kräften oder Kommerzmedien' benennt.[26] Gleichzeitig wird die ARD in die Rolle des Angegriffenen, also in eine Opferrolle, geframt. Und Opfer werden gewöhnlich moralisch höher bewertet als Angreifer."

„Wie kommen Sie darauf, oder lassen Sie es mich anders ausdrücken: Wie entsteht der Frame bei Ihnen, wenn Sie sagen, dass die ARD von sich glaubt, dass sie die richtigen moralischen Ansichten verträte und sich im Kampf befände? Denn so eindeutig höre ich das erst einmal nicht heraus."

„Ganz einfach", antwortet Lara. „In demselben Kapitel nutzt sie das Wort Munition[27] und ruft damit die Assoziation von Waffen, gegebenenfalls von Verteidigen, Verletzen oder sogar Töten hervor."

„Ah, ich verstehe", antwortet Eva.

„Wehling macht auch deutlich:

,Moralisches Framing ist notwendig. [...] Es muss Aufmerksamkeit geschaffen werden und dies ist über moralische Anliegen und Debatten ideal [...] Nehmen Sie die Debatte über die ,Lügenpresse', die die AfD und andere erfolgreich angestoßen haben. Von Talkshows über Leitartikel bis hin zu Expertenvideos wurde eine Debatte über die ,Lügenpresse' geführt – und nicht über die ,Demokratiegefährder'.[28]

Sie beschreibt damit sehr gut und treffend, dass das Wort ,Lügenpresse' als starker Frame verwendet wird und abwertend gemeint ist. Das ist quasi ein Paradebeispiel für einen stark aufgeladenen Frame. Sie selbst spricht über die ,Lügenpresse' und die AfD, die die Debatte über die ,Lügenpresse' angestoßen habe. Der nächste Satz beschäftigt sich nebenbei mit einigen Talkshows über die ,Lügenpresse', die sich allerdings nicht um die ,Demokratiegefährder' gekümmert hätten. Das Gehirn erkennt den Kampf des ersten Satzes zwischen der AfD und der ,Lügenpresse'. Die ,Lügenpresse' steht also contra AfD. Im zweiten Satz bemerkt das Gehirn ,Lügenpresse' und sucht quasi noch den Gegner. Der Gegner dieses Satzes lautet jedoch ,Demokratiegefährder'. Damit ist der Frame AfD gleich ,Demokratiegefährder' gesetzt, ohne dass Wehling es selbst tatsächlich so ausgedrückt hätte. Denn rein faktisch ist dem Satz nicht zu entnehmen, dass die AfD demokratiegefährdend ist. Es ist nur der entstehende Frame, der die AfD in diesem Kontext demokratiegefährdend werden lässt. Darüber hinaus wird jeder, der das Wort ,Lügenpresse' verwendet, damit zukünftig als Demokratiefeind geframt.

Denn auch die ‚Anderen‘, die die Debatte ‚erfolgreich‘ über die ‚Lügenpresse‘ angestoßen haben, sind in einem Atemzug mit der AfD genannt worden. Damit wird jeder Kritiker geframt und die Kritik im Kern abgewürgt. Dabei ist doch das Abwürgen dieser Kritik zutiefst demokratiegefährdend, ich möchte sogar demokratieverachtend sagen. Das Wort ‚Demokratiegefährder‘ ist in meinen Augen ein moralisch nicht akzeptables Wort aus den Reihen eines Senders, der dazu verpflichtet ist, ‚wirtschaftlich und politisch unabhängig‘ zu berichten.[55] Durch den entstandenen Frame wird die ARD bzw. der Öffentliche-Rundfunk der AfD gegenüber als moralisch überlegen angesehen.

Weiter schreibt Wehling:

> ‚Wer die demokratisch kontrollierte Rundfunkinfrastruktur beschneiden oder abschmelzen will, gefährdet damit unmittelbar unsere demokratische Pluralität und Freiheit. Er [...] macht uns Bürger [...] verwundbarer durch ideologische Einseitigkeit und Verzerrung, durch Befangenheit und Unsachlichkeit in der Berichterstattung...‘[29]

Sie bemerkt anscheinend nicht, dass dies alles andere als demokratisch unabhängig ist. Der Frame, mit dem Gegner des Rundfunkbeitrags als Feinde der Demokratie bewertet worden sind, wird nun erweitert durch Ideologie, Einseitigkeit, Verzerrung und Unsachlichkeit. Sie schreibt das nicht eindeutig, das ist ja der Sinn der Technik, sondern liefert eine perfekte Vorlage, wie Framing gut, im Sinne der Methode, eingesetzt werden kann. Die Auswirkungen sind natürlich alles andere als gut. Denn dieses Framing spaltet, wertet ab und lässt die eigenen Fehler ausblenden. Das eigene Ideologisieren und Propagieren werden nicht mehr gesehen, sondern auf den Gegner projiziert. Denn ‚wir‘ befinden uns doch auf der ‚moralisch richtigen Seite‘. Deshalb dürfen ‚wir‘ das, was wir ‚anderen‘ untersagen möchten. Es scheint mir eine ideale Vorlage für völlige Selbstüberhöhung zu sein.

Der Sender ARD wird als sozialer Friedensstifter[30], als Sicherer der ‚sozialen, demokratischen und wirtschaftlichen Stabilität‘[31], als weltweites Role Model[32] dargestellt. Eva, ich verachte dieses Verhalten! Und ich habe für diese Branche gearbeitet, bin mitverantwortlich für das, was da passiert.“

Eva murmelt ein kurzes „Verstehe“, und überlässt das Reden wieder Lara. Sie weiß, dass die Beschäftigung mit dem Sinn ihres Lebens mit der Traumaverarbeitung zu tun hat. Sie schätzt dies als großen Schritt nach vorne ein, der Lara aus der Erstarrung bringt, und der ihr hilft, zu heilen. Sie weiß, dass sie heute noch nicht therapeutisch eingreifen, sondern Lara Raum geben sollte, ihre Gedanken zu äußern und zu ordnen.

„Als ich beim Film angefangen habe, wollte ich Menschen Welten eröffnen, die sie erfreuen, die sie inspirieren. Ich habe ‚Der Herr der Ringe‘ gesehen und werde nie den Satz der Elbenkönigin Galadriel vergessen: ‚Selbst der Kleinste vermag den Lauf des Schicksals zu verändern!‘[33] Das habe ich über die Jahre vergessen. Ich bin bei Krimi- und Krankenhausserien gelandet, bei Fernsehdramen und TV-Shows. Bei dem ganzen Schund, den wir über die Menschen ausgießen. Ich war nur damit beschäftigt, immer wieder ein neues Projekt zu bekommen und zu arbeiten bzw. Geld zu verdienen. Ich habe nicht so sehr darüber nachgedacht, was ich da tue und vor allem, was ich da erschaffe.“

„Sie sehen sich als Teil eines Systems, das etwas erschafft, das Sie Schund nennen!“

„Ja Eva, so ist es.

Durchschnittlicher Fernsehkonsum
2019 haben die Menschen ab einem Lebensalter von drei Jahren in Deutschland durchschnittlich täglich 211 Minuten ferngesehen“,[56] berichtet Lara. „In der Zeit könnte ich Freunde treffen, ein Fernstu-

dium absolvieren, eine Sprache lernen, reiten, lesen, schwimmen, was auch immer. Das Fernsehen verschwendet also Zeit, trennt uns von Freunden und Familie und lässt uns das Leben nicht selbst erleben. Während der Zeit des Fernsehens leben wir nicht! Oder nicht bewusst, darauf würde ich gerne noch ausführlicher eingehen."

„211 Minuten sind ja mehr als dreieinhalb Stunden", wirft Eva erstaunt ein. „Was bewegt Sie darüber hinaus?"

Aktives und passives Lernen

„Ich fange mal von vorne an. Erstmal habe ich versucht herauszufinden, wie wir Menschen lernen. Das kennen Sie sicherlich alles."

„Das mag sein, aber damit wir beide auf demselben Stand sind, erzählen Sie doch einfach mal", bittet Eva Lara.

„Okay. Wir nehmen über die Sinnesorgane Reize bzw. Informationen auf, verarbeiten diese im Gehirn und speichern sie ab", erklärt Lara. „Die Verarbeitung der Information erfolgt durch das physische Verknüpfen von Nervenzellen. Beim Lernen sind die vorderen Areale des Großhirns aktiv, die Frontal – oder Stirnlappen. Sie bestehen aus verschiedenen Bereichen, die sich untereinander austauschen und zuständig sind für:

- die Planung und die Durchführung von Bewegungen,
- die Steuerung der Emotionen und sozialen Verhaltensweisen (Persönlichkeit),
- die Produktion der Sprache und
- die Verarbeitung gerade erst erworbener Informationen (Arbeitsgedächtnis). [57] [58] [59] [60] [61]

Die Aktivität des Gehirns kann dabei über Elektroden am Kopf gemessen und mit Hilfe eines EEGs (Elektroenzephalogramm) wellenförmig dargestellt werden. Gemessen werden dabei die elektrochemischen Entladungen der Nervenzellen. Diese erzeugen ein elektromagnetisches Feld, eine Gehirnwelle oder Schwingung.[62] Die

Gesamtheit der Schwingungen pro Zeiteinheit wird als Frequenzen bezeichnet und in Hertz/Hz gemessen, also in Schwingungen oder Wellen pro Sekunde."[63]

„In dem Zusammenhang erinnere ich mich an ein Buch von einem Arzt und Psychotherapeuten aus Bulgarien, Georgi Lozanov, der sich in den 60er-Jahren mit Lernen beschäftigt hat. Wir lernen schneller, wenn wir körperlich und seelisch entspannt sind, eine passende Hintergrundmusik läuft, wir rhythmisch atmen. Das hat er mit dem EEG und Leistungsabfragen sichtbar machen können",[64] erinnert sich Eva.

„Ja, genau", pflichtet Lara bei, „ich bin bei dem Thema auf die Wissenschaftler Herbert E. Krugmann und Eugene L. Hartlery gestoßen. Sie haben schon 1970 in Erwägung gezogen, dass die Massenmedien spezielle Sendungen entwickeln können, die über das passive Lernen beim Fernsehen das Verhalten und die Einstellung von Menschen beeinflussen könnte.[65] Um den Zusammenhang zu Fernsehen herzustellen, erkläre ich erstmal die aktive Form. Beim aktiven Lernen haben wir die Motivation und das Ziel etwas zu lernen. Wir suchen und nehmen Informationen absichtlich im Außen auf. Dabei findet in unserem Körper ‚Aktivität' statt, z.B. Erregung der Pupille, des Herzschlags, der Haut, der Atmung, der Motorik, etc.[65] Diese Reize verarbeiten die Frontallappen mit einer Schwingung im Bereich der Betawellen, das heißt 14-30Hertz.[34] Es ist der Zustand unseres normalen Wachbewusstseins und dabei ist hauptsächlich die linke Gehirnhälfte aktiv.[66] Die linke Gehirnhälfte versucht, Dinge zu beweisen. Durch analytisches, logisches, aufmerksames und kritisches Denken erkennt sie Sinnzusammenhänge, die ihr als Beweis dienen."[67]

Eva lächelt und nickt zustimmend. Sie kennt den Großteil der Informationen, doch Lara ist in ein engagiertes Berichten übergegangen und sie lässt sie reden. „Beim passiven Lernen, zum Beispiel beim Fernsehen oder Tagträumen, werden die Aktivitäten im Körper bis auf ein Minimum heruntergefahren: Wir befinden uns in einer positiven Grundstimmung. Körper und Geist erscheinen uns vereint.[62] Die Programme Atmung, Herzschlag und Nervensystem laufen automatisiert ab.[67] Der Körper ist ruhig und das Gehirn entspannt, da es weniger Kapazität benötigt, um alle Informationen aufzunehmen und zu koordinieren.[68] In diesem tranceähnlichen Zustand ist unsere linke, analytische Gehirnhälfte viel weniger aktiv als im Betawellen-Modus. Dadurch werden Informationen bis zu einem gewissen, subjektiven Punkt nicht mehr hinterfragt.[69] [70] Das Ziel der rechten und nun hauptsächlich aktiven Gehirnhälfte ist das Vertrauen in ihre Eigenschaften der Intuition, Emotion, des kreativen Denkens. Sie verarbeitet Daten mit bis zu ‚11 Millionen Bits pro Sekunde‘[67] – das ist unvorstellbar! Gleichzeitig ist die Leistung des Gehirns auf ‚erhöhte Erinnerungs- und Lernfähigkeit priorisiert‘“,[71] erzählt Lara beeindruckt. „Die Schwingung der Gehirnwellen beträgt nur noch 8-13,9 Hertz. Diese Frequenzen werden als Alphawellen bezeichnet.“[66] Lara macht eine Pause und greift zu dem Wasserglas, das neben ihr auf dem kleinen Tisch steht.

„Durch die hohe Rechenleistung ist es unserer rechten Gehirnhälfte überhaupt erst möglich, komplexe Informationen kreativ zu verarbeiten. Auch unser sechster Sinn in Form von Intuition und emotionaler Intelligenz erklärt sich dadurch. Welche Verbindung erkennen Sie zum Fernsehen?“

Unbewusste hypnotische Zustände durchs Fernsehen

„Haben Sie gestern die Nachrichten gesehen?“, antwortet Lara mit einer Gegenfrage.
„Ja.“

„Welche Themen wurden angesprochen? Was wurde in den fünfzehn Minuten berichtet?"

Eva überlegt. „Es wurde etwas über die Grippewelle berichtet. Und
über den Parteitag der Grünen. Das Wetter", erinnert sie sich lachend, „hm, da war noch einiges mehr, aber ich erinnere mich nicht
daran."

„Das ist ganz normal", sagt Lara, „laut einer Untersuchung von 1973
für die National Association for Broadcasting (USA) hat Andrew
Stern herausgefunden, dass direkt am Ende der Nachrichtensendung
51% der Zuschauer sich an keine einzige Meldung mehr erinnern
können. Und nur 20% versteht den Inhalt."[72]

„Ja, ich habe schon oft bei mir selbst beobachtet, dass ich beim
Fernsehen auf einmal nicht mehr ganz da bin und in einen leicht
hypnotischen Zustand falle", berichtet Eva.

„An sich wäre das ja auch nicht so schlimm. Aber im Alphawellen-
Zustand besteht ein Zugang zum Unterbewusstsein. Wir realisieren
es nicht bewusst, nehmen die Informationen aber dennoch auf.
Gleichzeitig sind wir fünfundzwanzigmal offener für Suggestionen
als im Wachzustand."[73]

„Der Alpha-Zustand ist mir bekannt und ich nutze ihn bei therapeutischen Methoden wie Meditationen oder Hypnose. Informationen
aus dem Unterbewusstsein können hierbei ins Wachbewusstsein ge-
holt werden, die ausschlaggebend für die Aufarbeitung emotional
blockierender Situationen sind", berichtet Eva, „also, durchaus ein
hilfreicher und wünschenswerter Zustand, der sehr positive Auswirkungen auf Körper und Geist haben kann. Was genau hat das mit
den Nachrichten zu tun?"

„Wie eben angedeutet, fallen wir beim Fernsehen in den Alphawellen-Zustand, eine Art hypnotischer Trance. Wir denken nicht mehr
klar und bewusst, können nicht mehr kritisieren und sind nicht in
der Lage, die Meldungen aufmerksam zu verfolgen. Die gezeigten

Informationen werden vom Unterbewusstsein aufgenommen und gespeichert.[71] Wir können sie nicht logisch durchdenken und akzeptieren sie dennoch. Die hohe Suggestibilität in diesem Zustand unterstützt den Vorgang der unbewussten Informationsaufnahme noch stärker.[70] Und diese Informationen formen unsere Ansichten, ohne, dass wir es bewusst bemerken", berichtet Lara.

„Es muss doch aber möglich sein, bewusst fern zu sehen", überlegt Eva, „wir vergessen ja nicht alles komplett. Und wir schauen auch Dokumentationen oder Filme, die informativ sind und die wir bewusst auswählen und ansehen."

„Das ist richtig", meint Lara zustimmend, „das Problem ist, niemand schafft das, weil es nicht zu schaffen ist. Der Psychologe Thomas Mulholland vom Veterans Hospital Bedford in Massachusetts hat Kinder an ein EEG angeschlossen und sie fernsehen lassen. Das EEG war mit dem Fernseher verbunden und zeichnete die Gehirnaktivität der Kinder auf. Empfing das EEG hauptsächlich Alphawellen, wurde der Fernseher automatisch abgeschaltet. Das heißt, sobald die Konzentration der Kinder nachließ und das Gehirn in den hypnoseartigen Zustand wechselte, schaltete sich der Fernseher aus."[73]

„Oh, dann währte der Genuss des Fernsehens wohl nicht allzu lange. Haben sie fünf Minuten ununterbrochen fernsehen können?"

„Fünf Minuten wären viel", schmunzelt Lara. „Die Kinder wurden wiederholt angewiesen, sich zu konzentrieren, doch nur den allerwenigsten gelang es, mehr als 30 Sekunden am Stück zu schauen, bevor der Fernseher ausgeschaltet wurde.[73] Wir gleiten beim Fernsehen also immer wieder zwischen hypnotischem Zustand und Wachbewusstsein hin und her."[65]

„Ja, ich verstehe. Diese Zeitspanne dürfte bei Erwachsenen etwas höher liegen, aber insgesamt dürfte es unmöglich sein, auf Dauer aufmerksam zu bleiben."

„Dieses Experiment wurde, meines Wissens nach, nicht mit Erwachsenen durchgeführt. Ich habe gelesen, dass ‚bei deutschen Privatsendern [...] die durchschnittliche Länge einer Nachrichtenmeldung'[72] nicht über 45 Sekunden liegen soll. Offensichtlich können wir längere Meldungen nicht aufmerksam genug verfolgen."[72]

„Das wundert mich nicht", pflichtet Eva bei, „ich kann mir vorstellen, dass die Aufmerksamkeitsspanne insgesamt über die Jahre gesunken ist. Meine Großeltern hatten nur zwei Programme und haben nur wenig ferngesehen. Heute haben wir hunderte Programme und der Fernseher läuft mitunter stundenlang durch. Es wäre verwunderlich, wenn das keine Auswirkungen hätte."

„Ja, und nicht nur das. Nehmen wir als Beispiel einen Film aus den 50er-Jahren im Vergleich zu heute. Damals wurde eine einmütige Szene aus einer oder vielleicht zwei Kameraperspektiven gedreht, so dass wir mit nur sehr wenigen Schnitte pro Szene konfrontiert wurden. Heute wird eine Szene aus mehreren Perspektiven gedreht. Die Szene wird später aus mehreren Einstellungen zusammengeschnitten, die Anzahl der Schnitte wird somit deutlich erhöht. Wir Zuseher werden mit deutlich mehr Informationen konfrontiert als damals. Dadurch wirkt der Film schneller und hektischer. Wer kann heutzutage denn noch einen Film aus den 50er Jahren schauen, ohne ungeduldig zu werden?",[74] fragt Lara.

„Das Fernsehen verändert das Verhalten und die Erwartung von uns als Konsumenten", stimmt Eva zu.

„Sehr sogar. Als die Brüder Lumière 1896 zum ersten Mal öffentlich den Film ‚L'arrivé d'un train', einen in den Bahnhof einfahrenden Zug, zeigten, sprangen die Menschen vor Panik auf, da sie dachten, der Zug könne sie überfahren.[75] Inzwischen haben wir gelernt, fernzusehen. Zumindest glauben wir das.

Bewusst eingesetzte hypnotische Suggestionen durch Ton und Bild

Neben der Möglichkeit der Beeinflussung durch Hypnose können Informationen übermittelt werden, die für den Zuschauer nicht bewusst wahrnehmbar sind. Eine sehr einfache Methode ist das Einsetzen von leeren bzw. schwarzen Bildern. Jeder Film besteht aus aneinandergereihten Einzelbildern, die in einer Reihenfolge geschnitten und zusammengefügt werden. Werden in regelmäßigen Abständen schwarze Bilder hinzugefügt, entsteht beim Abspielen des Films ein pulsierender Takt, der nur von unserem Unterbewusstsein wahrgenommen wird und ideal zur Induzierung einer Trance genutzt werden kann.[76] Ebenso können Einzelbilder in einen Film eingefügt werden, die unterbewusst eine Botschaft vermitteln. Dies fällt unter die Kategorie ‚Subliminals'.

‚Am 13.Mai 1988 publizierte die Zeitung ‚Le Quotidien de Paris' einen Bericht des Medienspezialisten Jean Montaldo, der entdeckt hatte, dass dem französischen TV-Publikum während des Wahlkampfs um das Amt des Staatspräsidenten über Monate hinweg dreimal täglich vor den Nachrichten eine Sequenz von zehn Bildern des amtierenden Präsidenten Mitterrand präsentiert worden war, unwahrnehmbar eingeblendet in das Vorspann-Signet des staatlichen Senders ‚Antenne 2'. Der Nachweis gelang mit Hilfe eines Videorecorders, der die Einzelbilder auf Wunsch als Standbild zeigt. Insgesamt soll die Bildreihe 2.949mal gesendet worden sein. Der Produzent entschuldigte sich [...] der zuständige Redakteur erklärte alles zu einem ‚Scherz'. Die Wahl von Mitterrands wurde niemals angefochten.[72] ...] 1959 wies D. Byrne nach, dass durch die unterschwellige Darbietung des Wortes BEEF (Rindfleisch) als Einzelbild in einem Film der Hunger der Versuchsperson aktiviert wurde.[35]

Ebenso zu bildlichen ‚Subliminals' gehören Botschaften, die in Bilder eingefügt werden zum Beispiel durch Retuschieren oder Airbrushen. Noch einfacher ist das natürlich bei nicht bewegten Bildern.

Hypnose kann auch durch Musik induziert werden. Wird ein Takt mit einer bestimmten Anzahl von Schlägen in einem Musikstück eingesetzt, kann dieser, je nach Frequenz, unterschiedliche körperliche Reaktionen hervorrufen."

„Wie zum Beispiel das Trommeln, das Schamanen in Zeremonien und Ritualen verwenden", wirft Eva ein.

„So ähnlich. Wenn ein Rhythmus mit 45 bis 72 Schlägen pro Minute unserem Herzschlag ähnelt, entspannen wir und fallen in den Alpha-Zustand. Es gibt sogar Sprechtechniken, die diesen Rhythmus durch eine getaktete oder monotone Betonung hervorrufen und einen hypnotischen Effekt haben.[76]

Oft hat Kaufhausmusik einen Beat, der ebenfalls diese Frequenzen erzeugt, uns entspannt und zum Kaufen anregt. Noch viel eindrucksvoller sind versteckte Stimmen in der Musik. Die Stimmen werden modifiziert, bis sie in Klang und Frequenz mit der Musik übereinstimmen. Anders als die Einzelbilder im Fernsehen können diese Stimmen nicht entdeckt oder herausgehört werden.[76]

,Der amerikanische Forscher Hal C. Becker entwickelte als erster eine Apparatur, mittels welcher er kurze Sätze als Botschaften an das Unterbewusstsein einer hörbaren Musik so aufmodulieren konnte, dass sie das Ohr erreichten, vom Bewusstsein aber nicht herausgehört werden konnten. Ein Supermarkt in New Orleans machte daraufhin den Test. Die ständig laufende Hintergrundmusik war [...] mit den Sätzen ,Ich stehle nicht' (gemünzt auf Ladendiebe) und ,ich bin ehrlich' (Kassiererinnen) versehen. Das Band lief sechs Monate. Der Fehlbestand in den Kassen war in dieser Zeit von wöchentlich 125*

Dollar auf 10 Dollar gesunken, ging also um 92 Prozent zurück. Die Verluste durch Ladendiebstähle verringerten sich um 75 Prozent obwohl sich die (potentiellen) Ladendiebe viel kürzere Zeit dem Einfluss der subliminal messages' ausgesetzt hatten, als die ständig dort anwesenden Kassiererinnen.'[72]

All diese Techniken können eingesetzt werden, ohne dass wir uns dessen bewusst sind. Überdies kann Fernsehen süchtig machen."

Botenstoffe und Fernsehen als Sucht

„Welche suchtmachenden Aspekte erkennen Sie im Fernsehen?", fragt Eva.

„Wahrscheinlich kennen Sie das auch schon. Im Alpha-Zustand werden Enkelphaline und Endorphine freigesetzt."[73]

„Ja, die Erkenntnisse um die Enkelphaline sind noch relativ neu, Endorphine sind weitgehend bekannt. Beides sind körpereigene Opioide.[77] Enkelphalin ist ein Hormon, das die neuronale Aktivität in Bezug auf Schmerzübertragung hemmt und es hat die pharmazeutischen Eigenschaften von Morphium. Ebenso hat es eine beeinflussende Wirkung auf das zentrale Nervensystem und kann Euphorie auslösen."[78]

„Genau. Beim Fernsehen sind es β-Endorphine (Beta-Endorphine), die ausgeschüttet werden. Sie werden bei ,niederfrequenten, hochintensiven Reizen zwischen 2 und 8Hz' ausgeschüttet.[78] Auch β-Endorphine fördern ,Freude und das Empfinden von Glück durch positive Erlebnisse.' Sie sind ebenfalls ,ein vom Körper produziertes Schmerzmittel.'[79] 'Forschungen von Dr. Margaret Patterson und Dr. Ifor Capel am Marie Curie Cancer Memorial Foundation Research Department in Surrey, England, konnten zeigen, dass eine Frequenz von 10 Hz die Produktion von Serotonin anregt.'[80] Serotonin hat eine ausgleichende Wirkung und reduziert Stress, Angst und Aggressivität.“[79]

„Ja, das stimmt“, ergänzt Eva. „Man nimmt an, dass ein Serotoninmangel im synaptischen Spalt zu Depressionen führt. Deshalb verordnen wir depressiven Patienten Medikamente bzw. sogenannte Serotonin-Wiederaufnahmehemmer, damit der Serotoninspiegel im synaptischen Spalt erhöht wird.“

„Ja, das ist mir bekannt. Unser Organismus kann durch Serotonin stabilisiert und in Harmonie gebracht werden. Dies kann durch ‚elektrische, elektromagnetische oder Licht- und Klang-Impulse‘[80] herbeigeführt werden, also auch beim Fernsehen. Ein Mangel all dieser Botenstoffen führt dauerhaft zu ‚Müdigkeit, Antriebslosigkeit, Gereiztheit, Depression und Suchtverhalten.‘[79] Vielleicht versuchen wir nur, glücklich zu sein und werden deshalb süchtig nach Fernsehen.“

„Es gibt doch andere Wege, den Alpha-Zustand zu erreichen“, wendet Eva ein, „Meditation oder Aktivitäten, die mir Freude bereiten, sind sogar effizienter, um innere Harmonie herzustellen.“

„Das denke ich auch. Es ist allerdings einfacher für uns, wenn wir uns nur in unseren Sessel fallen lassen können, um uns passiv berieseln zu lassen, anstatt uns zu bemühen, Harmonie und Glück aktiv zu erreichen. Die Faulheit siegt“, erwidert Lara resigniert.

Eva ergänzt, „dass es im hohen Frequenzbereich der Betawellen vermehrt zur Ausschüttung von Stresshormonen kommt, häufig verbunden mit ‚Unruhezuständen, Sorgen und plötzlicher Furcht.‘[62] Nach einem harten Arbeitstag sind die Gehirne der meisten Menschen sicher häufiger in diesem Frequenzband unterwegs.“

„Weshalb sie den Fernseher einschalten, um davon wegzukommen“, ruft Lara aus.

Überlastung des Gehirns durch das Fernsehen

„Möglich! Um noch einmal auf den Wechsel zwischen Betawellen und Alphawellen zurückzukommen. Ich stelle mir die Frage, ob es wirklich nur an der nachlassenden Konzentration liegt, dass wir in den Alphawellen-Zustand fallen, oder ob es nicht schockierende Bilder sein könnten, vor denen wir uns schützen wollen", überlegt Eva.

„Wie meinen Sie das?", fragt Lara.

„Vielleicht wechselt das Gehirn aus Schutzgründen in den Alpha-Zustand, da es die Realität, also den Mord oder die schlechten Nachrichten, nicht logisch verarbeiten kann. Auch traumatische Ausnahmesituationen, wie Unfälle oder gewalttätige Übergriffe, erleben wir meist nicht bei vollem Bewusstsein. Man nimmt an, dass die Verbindung zwischen Reptilienhirn, dem Sitz der Emotionen, und dem Neocortex, der für das logische Denken zuständig ist, dabei gestört wird. Könnte das beim Fernsehen nicht ähnlich gelagert sein? Könnte sich das Hirn nicht einfach schützen wollen? Vielleicht sind wir viel empfindsamer, als uns wirklich bewusst ist!

AD(H)S durchs Fernsehen

Das wiederum könnte ein Ansatz sein, der das Entstehen von AD(H)S-Störungen erklärt. Am Children's Hospital and Regional Medical Center in Seattle haben Wissenschaftler 1.300 Kinder im Alter von sieben Jahren befragt. Zehn Prozent der Kinder hatten nach den Kriterien der Wissenschaftler Aufmerksamkeitsstörungen, wie Konzentrationsstörungen, waren impulsiv, leicht ablenkbar, ruhelos und hatten Probleme mit Obsessionen. Also u.a. auch das allgemein bekannte ADS bzw. ADHS.[36] Es wurden sehr viele Umstände berücksichtigt, von Familienkonstellationen und Eltern, bis hin zu deren Suchtmittelabhängigkeiten.

,*[Der]* ,*Hauptaugenmerk lag auf dem Zusammenhang der Zahl der durchschnittlich an Wochentagen und Wochenende vor dem Fernseher verbrachten Stunden (0-16 Stunden) im Alter zwischen ein und drei Jahren und dem Vorhandensein von Aufmerksamkeitsstörungen im Alter von sieben Jahren. Nach der Auswertung saßen die Kinder im Alter von einem Jahr durchschnittlich 2,2 Stunden am Tag vor dem Fernseher, im Alter von drei Jahren durchschnittlich 3,6 Stunden. Schaut ein Kind im Alter von einem Jahr eine Stunde länger Fernsehen, so nimmt auch die [...] Wahrscheinlichkeit um 28 Prozent zu, dass es mit sieben Jahren Aufmerksamkeitsstörungen aufweist.* '"[81]

„Danke Eva, dass Sie mir das berichten. Ich habe in der vergangenen Woche ein Interview mit dem ärztlichen Direktor der Psychiatrischen Universitätsklinik in Ulm, Manfred Spitzer, entdeckt. Er spricht sich stark gegen die frühe Exposition von Kindern bezüglich Bildschirmmedien wie Fernsehen oder Smartphone aus. Er sagt, dass die Entwicklung des Gehirns der fernsehenden Kinder geschädigt wird – entgegen aller Versprechen der Hersteller intelligenter Lernprogramme. Je mehr Sinne involviert sind, wenn Kinder Erfahrungen machen, umso mehr neuronale Verbindungen werden geknüpft. Beim Fernsehen fallen viele dieser Erfahrungen weg und das Gehirn entwickelt sich anders.

,*Bildschirme liefern dem Kind weniger Struktur als die wirkliche Realität. Ein hoher Konsum von Bildschirmmedien führt [...] zu einer unklaren Strukturierung des kindlichen Gehirns und damit wiederum der kindlichen Erfahrungswelt.*'[82]

Er sagt sogar ganz deutlich: ,Wer viel fernsieht, lernt schlechter lesen, ist weniger kreativ, nimmt Dinge eher oberflächlich auf und denkt weniger kritisch.'"[82]

„Das macht Sinn. Wenn Lesen und Spielen durch Fernsehen ersetzt wird, muss das zwangsweise eine Auswirkung haben. Dadurch wird die Entwicklung der Frontallappen dauerhaft gehemmt. Dies beeinflusst das Sozialverhalten, die Emotion, Sprache, Motorik und die Verarbeitung von Informationen. Auch die rechte Gehirnhälfte wird in ihrer Entwicklung gehemmt. Das zusammen erklärt die Symptome der Kinder und ihre Schwierigkeiten, alltägliche Probleme zu lösen.[69] Eine deutsche Studie hat die Herzfrequenz beim Fernsehen gemessen und festgestellt, dass Fernsehen eher stresst als entspannt.[82] Das ist auch ganz logisch! Die Energie, die abgebaut werden möchte, staut sich aufgrund des Bewegungsmangels auf. Das verstärkt Tendenzen zu Hyperaktivität[82] oder ADHS", folgert Eva.

Auswirkungen des Fernsehens auf Lernen und Sozialverhalten
„Ja, wenn ich nur oberflächlich Dinge aufnehmen kann, wenig kreativ und kritisch denke, werde ich es schwer haben, eigene Gedanken und Meinungen zu formulieren oder weiterzudenken. Das deckt sich genau mit einer Studie der University of Ontago in Neuseeland. Robert Hancox hat ab 1972 über 1.000 Kinder, zum Teil über Jahrzehnte hinweg bis zu ihrem 26. Lebensjahr, untersucht und befragt.[83] ,Der Bildungsgrad eines 26-jährigen wird in hohem Maß davon bestimmt, wieviel Zeit er im Alter zwischen fünf und fünfzehn Jahren vor dem Fernseher verbrachte.' Und dieses Ergebnis war unabhängig von sozialen oder familiären Kontakten oder der ,Intelligenzquotienten der Kinder.'[82] Umgekehrt erhöht ein geringer Fernsehkonsum im Kindesalter die Chancen, einen Universitätsabschluss zu erreichen.[82]

Dieses Ergebnis dürfte nur ein Teil der sozialen Auswirkung sein. Wer viel fernsieht, verbringt weniger Zeit mit Freunden und mehr Zeit alleine. Auch die Inhalte werden das ,Weltbild der Vielseher [...] erheblich [...] prägen. Und dieses Bild hat mit der Wirklichkeit wenig zu tun', sagt Manfred Spitzer.[82] Je nach Inhalt und Alter kann

Fernsehen Kinder natürlich auch ‚überfordern, ängstigen oder verstören'.[84]

Sehr traurig ist in dem Zusammenhang eine Befragung von 6-13-jährigen von 2018. Das Fernsehen wurde zur meistgewählten Freizeitaktivität gekürt.[37] Bei dem Trend der passiven Berieselung verdummt die Gesellschaft in akademischer, sozialer und emotionaler Hinsicht! Fernsehen ist ja quasi zu einem ‚Menschenrecht'[72] geworden und für den Großteil der Gesellschaft mindestens ein gut gepflegtes Hobby!"

Trance bei Babys
„Das ist ja spannend!", entgegnet Eva. „Ich habe mich einmal damit beschäftigt, wie Fernsehen auf Babys wirkt. Fakt ist, dass Babys sich hauptsächlich im Unterbewusstsein befinden.

> ‚Sie beurteilen und korrigieren die von der Außenwelt empfangenen Informationen kaum. In diesem Alter ist die Aktivität des ‚denkenden Gehirns', des Neokortex, sehr gering. Im Alter zwischen zwei und fünf Jahren [...] leben [Kinder] in einem tranceähnlichen Zustand und stehen vor allem mit ihrer inneren Welt in Kontakt. Sie leben in einer abstrakten Welt, in einer Fantasiewelt.'[85]

Das logische und vor allem kritische Denken ist kaum entwickelt und der Zugang zum Unterbewusstsein noch weit offen.[85]

> ‚Alles, was ein Kind sieht und hört, wird in Form von Überzeugungen abgespeichert, und diese Überzeugungen werden im Erwachsenenalter sein Verhalten und seine Art, die Realität zu interpretieren, bestimmen.'[85]

Das Kind befindet sich hauptsächlich in einem tranceähnlichen Zustand und wird nun mit den Eindrücken und Inhalten des Fernsehens konfrontiert. Es nimmt alle Inhalte als grundlegend richtig auf. Stellen Sie sich vor, die Eltern schauen jeden Tag Reality TV, eine

Krimiserie oder nur eine Soap. Das Kind wird alle Inhalte akzeptieren und daraus sein Weltbild formen. Die ganzen Konflikte und kaputten Beziehungen werden Normalität. Wie soll dieses Kind eine liebevolle Beziehung zu sich selbst und anderen Menschen aufbauen können?"

„Das sind auch für mich völlig neue Zusammenhänge", antwortet Lara. „Ich kann auch noch etwas zu der Funktion der Augen im Zusammenhang mit dem Fernsehen erzählen!"

Pervertierte Imaginationskraft (Augenfunktionen)
„Ich bin gespannt!"

„Die Bewegung der Augen hängt direkt mit dem Denken zusammen. Beim Fernsehen starrt der Zuschauer auf den Bildschirm. Ist jedoch keine Augenbewegung vorhanden, wird zwangsweise ‚die Nervenleitung zwischen den visuellen Bildern und dem autonomen Nervensystem' geschlossen, ‚die sonst Bewegung und Aufmerksamkeit stimulieren würden. […] Verständnis, Erkenntnis und analytisches Denken sind blockiert',[72] während die Trance und der effektive Lernprozess anhält. Die Augen werden nicht bewegt, sondern fixieren den monoton flackernden Bildschirm. Der Ziliarmuskel im Auge entspannt. Normalerweise kreuzen sich die Augachsen, doch das wird durch die Entspannung, also während des Alphawellen-Zustandes aufgehoben. Die Realität und in diesem Fall die des Fernsehens, findet nicht auf dem Bildschirm statt, sondern erst auf unserer Netzhaut im Auge. Auf dem Bildschirm leuchten eine halbe Million Bildpunkte mit einer Geschwindigkeit von 1/50 Sekunden auf, die erst beim Auftreffen auf unsere Netzhaut ein zusammenhängendes Bild ergeben. Rainer Patzlaff meint, dass ‚Fernsehen unsere Imaginationskraft pervertiert.'[72] Er erklärt:

,Wonach die Menschen sich im Tiefsten sehnen, und was sie eigentlich mit den Augen des Geistes in ihrer Seele erleben möchten, das schießt ihnen der Kathodenstrahl ins sinnliche Auge, und sie bemerken gar nicht, dass ihr berechtigtes, für die Weiterentwicklung der Kultur notwendiges Streben nach Wahrbildern auf raffinierte Weise getäuscht, ja pervertiert wird. Echte Imaginationen entstehen durch gesteigerte Aktivität eines sich selbst erziehenden Ich, Fernsehbilder empfängt man in totaler Passivität. Echte Imaginationen offenbaren höhere, übersinnliche Welten, Fernsehbilder ketten das Bewusstsein an die materielle Welt. Die Seele glaubt sich ernährt und wird mit einer Pseudonahrung betrogen.[72]

Und da sind wir wieder auch bei den Inhalten, die wir uns antun."

„Was tun wir uns noch beim Fernsehen an?", fragt Eva.

Gewalt
„Ein großes Thema ist Gewalt. Das mag jetzt übertrieben klingen, aber während meiner Arbeit ‚beim Film' habe ich mindestens schon fünfzehn Menschen als Leichen präpariert. Das heißt Kleidung mit Kunstblut versehen z.B. bei Einschusslöchern, Rissen und Schnitten. Ich weiß, dass das nicht echt ist. Ich sehe die Menschen ja lebend. Aber es macht sicherlich etwas mit dem Gehirn, diese Menschen tot aussehen zu lassen. Einerseits ist das Endergebnis schockierend, andererseits stumpft es durch die normale Einbindung in die Arbeit und die Gewohnheit ab. Ich habe Schauspieler schon in Erdlöcher, auf Eisenbahnschienen, in Bauschuttcontainer, auf Straßen, in Kneipen, in Schluchten und so weiter gelegt und beschmutzt, eingestaubt und mit Blut versehen. Die Zuschauer sehen den ganzen Vorgang nicht. Sie sehen einen Toten. Ich habe mal gelesen, dass ‚ein 18-jähriger [...] im Durchschnitt bereits 200.000 Gewaltakte im Fernsehen gesehen'[86] hat.

‚Der deutsche Medienforscher Jo Groebel zählte in einer TV-Woche 2.745 Gewaltszenen. Aneinandergereiht sind das 25 Stunden pure Gewalt. Ein amerikanischer Jugendlicher, so wurde ermittelt, hat mit 16 Jahren bereits 16.000 Morde intus.‘[72]

Das kann nicht gesund sein für unseren Geist und unsere Gedanken.

Und dennoch sind 84% der Eltern von Kindern zwischen 3-13 Jahren der Meinung, dass Fernsehen keine negative Auswirkung auf ihr Kind hat.[38] Ich denke, die Gefahr für das körperliche, geistige und seelische Wohl von Kindern und von uns selbst wird sehr stark unterschätzt."

„Das ist in der Tat bedenklich."

„Das hat Manfred Spitzer so dargestellt.

‚80% (Prozent) aller im deutschen Fernsehen gezeigten Programme enthalten Gewalt. Eine Studie zu 2500 TV-Gewaltakten hat gezeigt: In nur vier Prozent der Filme werden gewaltfreie Konfliktlösungsmodelle diskutiert, in 50% tut die Gewalt nicht weh, und in über 70% aller gezeigten Gewaltakte kommt der Täter ungestraft davon. ‚Wir zeigen den Kindern: Es gibt viel Gewalt, es gibt keine Alternative, sie tut nicht weh und der Täter kommt meistens davon – eine Bankrotterklärung unserer Erziehung‘"[86],

ergänzt Lara.

Gespielter Mord und seine Folgen

„Ich bin Teil einer Branche, deren Produkte eine Illusion sind. Ich ziehe Menschen an, die etwas vor einer Kamera vorspielen. Ich habe meinen Beruf *wegen eines Films gewählt*. Einmal habe ich an einem Film mitgewirkt, in dem ein Mann mit einer Schrotflinte erschossen wurde. Er hielt eine Rede vor einigen hundert Menschen, als plötzlich die Tür aufgetreten und er mit mehreren Schüssen in Brust und

Bauch erschossen wurde. Es sah unfassbar echt aus, wie das Blut aus den flachen, präparierten Kunstblutkonserven spritzte und der Schauspieler zu Boden ging. Ein Mädchen mit Down-Syndrom konnte nicht realisieren,[39] dass es sich um eine gespielte Szene handelte. Sie war ein großer Fan des Schauspielers, weinte und schrie, als sie mitansehen musste, wie ihr Lieblingsschauspieler erschossen wurde. Der Schauspieler nahm sich sofort die Zeit, in aller Ruhe auf sie einzugehen und ihr zu erklären, dass es nur ein Spiel war. Er nahm sie an die Hand, um ihr zu zeigen, dass er lebt. Sie war den Rest des Tages noch aufgewühlt. Es hat mich sehr mitgenommen, wie verzweifelt sie um Hilfe rief, weil jemand ihrem geliebten Schauspieler helfen sollte. Natürlich war das nur ein Einzelfall, dennoch bringt er mich dazu, darüber nachzudenken, ob wir, mit allen unseren Ebenen des bewussten und unbewussten Erlebens, nicht auch negativ beeinflusst werden, wenn wir uns dauerhaft mit Mord und Totschlag berieseln lassen. War die Reaktion des Mädchens nicht völlig normal auf einen Mord, würde er sich tatsächlich abspielen? Aber wer macht sich darüber schon Gedanken?"

„Du siehst also viel tiefere und womöglich schädliche Mechanismen, die andere Menschen nicht erkennen?"

„Ich kann mir nicht vorstellen, dass ich die einzige in meiner Branche bin, die sich Gedanken über den Sinn und den Einfluss der eigenen Arbeit und den Produkten macht. Ich habe jedoch noch niemanden darüber sprechen hören. Klar, wir sind alle nur ein kleines Rad in einem großen System. Doch auf die Menschen in meinem Umfeld und auf mein Leben habe ich einen Einfluss. Und durch das Fernsehen wird der Wirkungskreis größer.

Fernsehshows von Narzissten für Narzissten
Um Spannung zu erzeugen, werden Konflikte kreiert. Es geht nur noch darum besser, stärker, hübscher, dünner, reicher, hipper zu

sein. Alles ist ein Wettbewerb und auf materielle Werte ausgelegt. 2019 haben die Mädchen zwischen 6-13 Jahren bei ihren Lieblingsfiguren Barbie auf Platz zwei und Heidi Klum auf Platz vier gewählt.[40] In dem Alter bewundern sie also jemanden, der gut aussieht, andere im Fernsehen bewertet und extrem unter Druck setzt. Hauptsächlich wird das Äußere beurteilt. Und nicht nur das: Den Mädchen wird beigebracht, möglichst dünn und hübsch zu sein, zu gefallen und eine Bewertung von außen durch eine offenbar höher gestellte Jury zu akzeptieren. Konkurrenzdenken bis hin zu Feindschaften werden gefördert und als ‚normales' Leben dargestellt.

Desaströse Beziehungen als Normalzustand / pervertierte Vorstellungen von Liebe

Bei dem Großteil des gezeigten Fernsehangebots werden wir überhäuft mit Konflikten, also mit kaputten und desaströsen Beziehungen in allen möglichen Konstellationen. Ob es sich um Familie, Partnerschaften oder Freundschaften handelt, spielt keine Rolle. Desaströse Beziehungen werden auf dem Bildschirm vorgelebt und als normal dargestellt. Extrembeispiele sind Reality-TV-Serien: Jeder schläft mit jedem, Beziehungen halten nicht lange, es wird betrogen, gestritten, geschlagen, erpresst, laufend schreien sich die Protagonisten an. Das Wort Liebe wird zwar genutzt, doch die Bedeutung fälschlicherweise mit sexueller Anziehung oder oberflächlichen Aussagen verwechselt.

Ich glaube, die meisten Zuschauer sind sich nicht bewusst darüber, was wir ihnen zeigen. Über die Reality-TV-Serien hinaus werden auch in vielen Filmen Verhaltensweisen gezeigt, die als harmlos oder sogar wünschenswert geframt werden, die allerdings in der realen Welt als Straftaten gelten."

„Sie meinen, dass strafbares Verhalten als normal dargestellt wird?"

„Ja. Es werden uns über ‚Liebe‘ und ‚Beziehungen‘ sehr viele Verhaltensweisen präsentiert, die in der Realität schädlich für unsere Beziehungen sind. In unzähligen Filmen verfolgt der Held sein Ziel mit ‚Ausdauer und hartnäckiger Entschlossenheit‘[87] und nicht selten ist dieses Ziel eine Frau.

‚Heldenreiche Nice-Guy-Charaktere sind regelmäßig in verschiedene Formen von Zwang, Nötigung, Manipulation oder Stalking involviert. Anstatt dieses Verhalten als unheimlich zu framen, wird es in der überwiegenden Zahl der Filme als effektiver und romantischer Weg präsentiert, die Frau der Träume für sich zu gewinnen.‘[87]41

Oft werden ‚verbaler und non-verbaler Protest‘, Widerspruch oder Ablehnung des oder der Angebeteten übergangen. Dieses Verhalten wird sogar als bewundernswerter Wesenszug dargestellt.[87] Der ‚Verfolger‘ konnte gar nicht anders handeln, da er die verfolgte Person so sehr liebt.

Dabei hat niemand das Recht, die Grenzen eines anderen Menschen zu übertreten. Vor allem, wenn es um Liebe geht. Und was hat es mit ‚Liebe‘ zu tun, wenn jemand erst ausspioniert und überredet werden muss, mich zu mögen? Auch große Gesten und Szenen in der Öffentlichkeit werden gerne als romantisch dargestellt.42 Fällt die Reaktion des oder der Angebeteten nicht positiv aus, sehen die Zuschauer diese Reaktion als negativ oder falsch an! Tauriq Moosa43 ordnet es sogar unter Täter-Opfer-Umkehr ein, wobei die ablehnende Person, das Opfer, von der Öffentlichkeit zum Täter erklärt wird.[88] Und wir akzeptieren dies als Zuschauer und übertragen diese Denk- und Verhaltensweisen in unser Leben. Die Gender- und Sexualexpertin Julia Lippman von der University of Michigan hat in ihrem Bericht ‚I Did It Because I Never Stopped Loving You‘44 beschrieben, dass Filme einen sehr starken Einfluss auf unser Verständnis der im Film gezeigten Verhaltensweisen haben. Sie hat zwei Gruppen von Frauen unterschiedliche Filme mit Stalking-Verhalten gezeigt und danach einen Fragebogen zu aggressivem, romantischem Verhalten ausfüllen lassen. In den Filmen der einen Gruppe wurde Stalking-Verhalten als romantisch dargestellt[45] und aus den Fragebögen ging deutlich hervor, dass diese Frauen das Verhalten eher akzeptierten als die Frauen, in deren Filmen Stalking als beängstigendes und aggressives Verhalten geframt war.[89] Selbst vor Gericht wurde die Wirkung von positiv geframten Stalking-Verhalten auf Menschen anerkannt. 2015 wurde der 32- Jährige Inder Sandesh Baliga in Australien angeklagt, zwei Frauen in Tasmanien gestalkt zu haben. Er konnte dem Gericht glaubhaft darlegen, er sei durch Bollywood-Filme der Überzeugung gewesen, dass er die Frauen durch geduldige Verfolgung dazu bringen würde, ihn zu lieben. Er wurde nicht verurteilt. Er hatte die Frauen bis zu achtzehn Monate ungewollt angerufen, SMS geschrieben, ihnen aufgelauert und sich als deren Partner ausgegeben.[90] In welcher Welt leben wir da eigentlich? Im Grunde müsste ich fragen: Welche Welt haben wir uns da erschaffen?"

„Lara, ich danke Ihnen für diese ganzen Informationen. Ich finde diese Themen selbst hochspannend, ich würde nur gerne etwas durchatmen. Ich hole mir kurz einen Tee aus der Kanne, mögen Sie auch einen?"

Sobald beide eine Tasse heißen, dampfenden Tee neben sich stehen haben, berichtet Lara weiter:

Filmfiguren werden zu Freunden

„Ich habe mich mit den Charakteren beschäftigt und in welcher Form wir eine ‚Beziehung' zu ihnen eingehen. Uns ist nicht bewusst, wie weit wir nicht reale Figuren unser Denken und Handeln beeinflussen lassen. Identifiziere ich mich mit einer Figur, akzeptiere ich sie und fühle mich selbst auch akzeptiert.[91] Vielleicht bin ich Krankenschwester und schaue mir ‚Grey's Anatomy'[46] an. Ich sehe, dass die dargestellten Personen ähnliche Probleme haben wie ich und fühle mit ihnen. Es wird eine Beziehung zu der Figur aufgebaut.[92] Bestehen Parallelen zum eigenen Leben, findet eine Vermischung mit dem Leben der Figur statt. Es können auch Vorbildfunktionen durch die Figuren erfüllt werden. Ich bewundere sie und möchte so sein wie sie.[91] Die Figuren werden als vertraute Freunde und erweiterte Familie betrachtet und wir haben Anteil an deren Leben.[91] Die Figuren werden zu einem Teil des sozialen Umfelds. Sie nennen es in einer Studie ‚Identifikation mit Serienhelden.‘[92] In der Studie hieß es sogar, dass die ‚Serienhelden‘ einen Wohnortswechsel erleichtern, da das ‚soziale Umfeld‘, scheinbar durch die Serienhelden gegeben, bestehen bleibt![93] Beim Streamen einer Serie stehen diese ‚vertrauten‘ Personen zu jeder Tages- und Nachtzeit zur Verfügung. Das ist bei Familie und Freunden natürlich nicht so.[93]

Zuschauer suchen das ‚Grab‘ einer Filmfigur

Bei einer Serie, bei der ich vor ein paar Jahren mitgewirkt habe, ist im Laufe der Geschichte einer der Charaktere gestorben. Nachdem die Folge ausgestrahlt wurde, sind Fans vor Ort aufgetaucht und haben gefragt, wo das Grab des Charakters zu finden sei.“ Lara ist immer noch fassungslos, wenn sie daran denkt. „Die Menschen sehen mit den eigenen Augen, dass wir eine Serie drehen, die also nicht die Realität sein kann. Und im selben Augenblick ist es für sie so real, dass sie um eine Person trauern, die es nicht gibt. Das ist absolut unfassbar!

Ehemalige Mitarbeiter und der Öffentliche Rundfunk

Wir identifizieren uns auch mit den Menschen, die uns die Nachrichten vorlesen. Wenn wir bestimmte Sendungen mit z.B. immer denselben Moderatoren anschauen, gewöhnen wir uns an sie. Wir akzeptieren und vertrauen ihnen. Das ist auch genau der Grund, warum der Nachrichtensprecher ‚mich nicht anlügen kann.‘ Er ist doch mein Freund, der mir seit Jahren bei mir zu Hause die Nachrichten vorliest. Er würde mich nie anlügen. Sie wissen, was ich meine."

„Ja", bestätigt Eva, „es entsteht ein Vertrauensverhältnis, da ich die Person in mein Privatleben einlade. Auch die wiederholte Begegnung mit der Person führt dazu, dass wir ihr vertrauen."

„Und diese ‚Vertrauenspersonen' erklären uns die Welt", ergänzt Lara. „Haben sie erst einmal unser Vertrauen gewonnen, sind wir kaum noch in der Lage, Lügen oder Falsch-Informationen als solche zu erkennen."

„Du glaubst also, dass sie uns bewusst anlügen?"

„Na ja, ich habe mir mal einige Notizen dazu gemacht, was ehemalige Mitarbeiter des Öffentlichen-Rundfunks dazu von sich geben. Christoph Hörstel, ehemaliger ARD-Sonderkorrespondent und Nachrichtenmoderator beim MDR, äußert sich so:

‚Denn wenn man so viel Schaden anrichten muss, ich war ja leitend tätig und Programmgestalter, dann hat man auch die Pflicht zu gehen, weil man zu viel offensichtliche Lügerei mitorganisieren muss. Und da hatte ich den Eindruck, so was sollte man ohne mich machen.' [94]

In Bezug auf 9/11 und der Verbindung zum Irak äußerte er:

‚Der Bezug zum 11. September wurde durch __Suggestion__ hergestellt, in dem man ständig über Terror berichtete und gleich danach kam die Irakstory. Dadurch haben die Leute schließlich angenommen, Saddam Hussein hat etwas mit dem 11. September zu tun.' [94]

Eva Herman, ehemalige Tagesschausprecherin, spricht von einer ‚Gleichschaltung der Medien' und davon, dass ‚zwischen Wahrheit und Berichterstattung eine große Kluft herrscht.' [95]

Ken Jebsen, ehemaliger Rundfunkmoderator und Journalist bei der Deutschen Welle TV, RBB und ZDF, äußerte, dass Massenmedien nicht erfunden wurden, ‚um die Massen zu informieren; Massenmedien wurden installiert, um Massen zu kontrollieren.'[96]

Peter Scholl-Latour, Journalist und Kriegsberichterstatter, gehört zu einem Format von Journalisten, die es in den heutigen öffentlich-rechtlichen Medien wohl nicht mehr gibt. Er kannte den arabischen Raum sehr gut, war ein exzellenter Kenner der Geschichte der letzten Jahrhunderte, hatte mehrere akademische Grade und zögerte niemals, seine eigene Meinung wiederzugeben. Er war an den Fronten dieser Welt unterwegs und berichtete das, was er zu sehen bekam. Er behauptete: ‚Die deutsche Presse ist nicht frei',[97] und warf den deutschen Medien in punkto Ukrainekrise Desinformation vor:

> *‚Wenn Sie sich einmal anschauen, wie einseitig die hiesigen Medien, von TAZ bis Welt, über die Ereignisse in der Ukraine berichten, dann kann man wirklich von einer Desinformation im großen Stil berichten [...].'*[98]

Friedhelm Klinkhammer, 33 Jahre angestellt beim NDR und zeitweise Arbeitnehmervertreter im NDR-Rundfunk- und Verwaltungsrat, berichtet, dass bereits in den 90er-Jahren, während des Jugoslawienkriegs, Informationen sehr stark verändert und parteiisch dargestellt wurden.[99]

Volker Bräutigam war Nachrichtenredakteur der Tagesschau, langjähriger Personalrat und Redakteur des NDR und Gewerkschaftsfunktionär.[100] Er äußert: ‚Keiner wird bei uns Intendant, der den Parteien kritisch gegenübersteht!' Keiner könne Chefredakteur werden, wenn er nicht die richtigen Beziehungen oder das richtige Parteibuch habe.“[99]

„Oh, dann bin ich raus als mögliche Intendantin der öffentlich-rechtlichen Anstalten."

„Sie sagen es! Passt das Wort Anstalten nicht perfekt?"

Eva kann sich ein Schmunzeln nicht verkneifen.

„Es ist doch völlig klar, weshalb man solche ‚Aussteiger' nicht mehr in den Öffentlich-Rechtlichen zu Wort kommen lässt, oder?"

Eva lässt Lara Raum, ihre rhetorische Frage selbst zu beantworten.

„Mit Aussteigern spricht man nicht. Sie haben sich selbst disqualifiziert und das Nest beschmutzt. Sollten sie es wagen, das nicht einzusehen, dann laden wir sie in eine Talkshow ein und spielen ‚Alle gegen einen'. So zumindest war es bei Eva Herman, als sie bei Johannes B. Kerner zu Gast war. Sie hat man öffentlich fertiggemacht, weil sie Meinungen vertrat, die dem Mainstream nicht genehm schienen. Henryk M. Broder benannte dieses Spiel im Spiegel einen ‚programmierten Eklat'. Die Hemmschwelle sei seit 2007 bei deutschen Moderatoren gesunken.[101] Das ist über zehn Jahre her! Wenn sie dann auch noch Frames verwenden, die mit den Wörtern ‚Verschwörungstheoretiker', ‚Antisemit' oder ‚Nazi-Schlampe' verbunden werden, ist die Person vollends diskreditiert. Als Sahnehäubchen framen wir das Wort ‚Rundfunkbeitrag' mit ‚Demokratieabgabe'.[102] Damit ist jeder, der das System des Öffentlichen Rundfunks kritisiert, ein Feind der Demokratie. Selbst wenn es dem Kritiker um sachliche Kritik geht, werden viele Menschen, besonders die Massen, die ein System zur Durchsetzung rigider Ansichten benötigt, diesen Menschen in die Schublade ‚Feind der Demokratie' stecken. Dabei ist der Grundgedanke der Demokratie natürlich der Dissens, Konsens eher Kennzeichen einer Diktatur. Man streitet also in dieser deutschen Demokratie offenbar nicht mehr um die Positionen, sondern diffamiert andere Menschen, anstatt sich mit den Meinungen dahinter beschäftigen zu wollen. Die Gesellschaft schaut nicht nur dabei zu, sondern auch, wie die Personen weitestgehend aus dem öffentlichen Diskurs entfernt werden. Ich finde das absolut inakzeptabel, und es erinnert mich an Sekten und deren Strukturen, die Ehemalige ähnlich schaden. Was willst du machen?

‚In der gesamten Geschichte der Menschheit wurde niemand gehirngewaschen, der realisierte oder glaubte, dass er gehirngewaschen wurde.‘[73]

Shalom Aleichem

Die besten Sitzungen sind die, in der Klient und Therapeut gestärkt auseinander gehen können. Eva war in der Rolle der aktiven Zuhörerin, und ließ Lara alle Gefühle und Emotionen äußern, ohne sie zu bewerten. Sie weiß, dass Empathie die Fähigkeit ist, die Welt mit den Augen des anderen Menschen zu sehen.[47] Auch sie nimmt aus dem Gespräch sehr viel mit, wie anwendbares Wissen und dergleichen. Auch sie ist heute einem Menschen wirklich begegnet, und das schätzt sie an ihrem Beruf. Lara ist erleichtert von dannen gezogen. Befreit! „Es hat sich richtig gut angefühlt, alles rauszulassen, was damals in mir vorging", wird sie später einer Freundin berichten. Eva machte sie darauf aufmerksam, dass sie sich vorerst keinen Druck machen bräuchte. Sie würde mit Franz, dem Hausarzt, besprechen, dass sie weiter krankgeschrieben werden solle. Sie könne die Zeit nutzen, um zur Ruhe zu kommen. Es würde sich mit der Zeit ergeben, wie es mit dem Job Laras weitergehen würde. Sie vereinbarten weitere Sitzungen, in denen sie Brainspotting ausprobieren wollten.

Vier Jahre sind seitdem vergangen. Heute arbeitet sie als Reiseleiterin, um Menschen die Kulturen alter Zivilisationen und deren Weisheiten näherzubringen. Sie ist wieder einmal in Israel unterwegs. Sie ist mit ihrer Reisegruppe nicht zu der Anhöhe gefahren, von der man, vom Golan aus, bis weit nach Syrien hineinschauen kann. Menschen bekriegen sich wieder, in der letzten Nacht landeten einige Geschosse auf israelisch kontrolliertem Gebiet. Sie befinden sich auf einem Boot auf dem See Genezareth. Die Reisegruppe tanzt und singt zu dem Lied ‚Shalom Aleichem'. Sie kann Tiberias schon ganz gut erkennen. Sie liebt diesen See und dieses Land voller Gegensätze und Widersprüche. Und voller Weisheit! Hier auf dem See reflektiert sie gerne ihr Wirken, ihr Handeln mit den Reisegruppen und wohin sich das Leben wohl noch entwickeln wird. Hier fühlt sie häufig ihre große Liebe in sich, und zudem Ruhe und Frieden. Sie erinnert sie sich gerne an Timo, seine Frau, Franz und Eva zurück und an die Sitzungen mit ihr.

Während der zweiten Sitzung übte sie mit Eva einen sicheren Ort ein.[48] Das klappte ganz gut. Die beiden darauffolgenden Sitzungen waren schwieriger. Mit Brainspotting versuchten beide, das Unfallgeschehen aufzuarbeiten. Dennoch erstarrte Lara immer wieder. Eva brach daraufhin ab, und verwendete andere Techniken, an die sich Lara nicht mehr recht erinnern kann. Bei der fünften Sitzung gelang der Durchbruch. Lara schrie ihre ganze Wut auf die Welt, den Produktionsleiter und sich selbst hinaus. Sie weinte bittere Tränen. Wieder wurde sie an das Ufer des Flusses katapultiert, und sah die Dinge wieder exakt so, wie sie sie erlebt hatte. Sie hatte sogar das Gefühl, die gleichen Gerüche einzuatmen. Doch diesmal erstarrte sie nicht. Eva bat sie ruhig, einfach abzuwarten, was als Nächstes vor ihrem geistigen Auge auftauchen würde. Es tauchte wieder dieses Licht auf. Und wieder überfielen sie Ruhe, Liebe und dieses unglaublich intensive Gefühl des Friedens. Das Licht stieg aus dem Wasser und kam auf sie zu. Es überquerte den Fluss spielend leicht. Je näher es kam, desto mehr konnte sie die Umrisse eines Menschen erkennen. Als diese Menschengestalt nur noch wenige Meter von ihr entfernt war, erkannte sie das Gesicht Timos. Timo war vollkommen ruhig und strahlte, wie sie ihn nie zuvor hatte strahlen sehen. Sie tauschten kein Wort miteinander aus. Timo stand einfach nur da, ging auf sie zu, wischte ihr die Tränen von den Augen, trat zurück, legte beide Hände auf seine Brust und sein Herz, verneigte und bedankte sich im Geiste, und verschwand. Es hat einige Tage gebraucht, bis Lara dies alles für sich selbst einordnen konnte. Sie wird auch Evas Worte nicht vergessen, dass Trauer losgelöst von dem Trauma zu verstehen ist. „Trauer gehört dazu, und du darfst sie gerne annehmen, wenn sie sich wieder einmal bei dir zeigt", waren ihre Worte. Dennoch waren die belastenden Bilder und Emotionen seit dieser Sitzung wie weggeblasen, sie fühlte sich befreit. Genau hier auf diesem See erinnert sie sich immer wieder an Timo, wie er auf sie zukam, die Tränen abwischte und sich vor ihr verbeugte. Es ging ihm gut, auch das beruhigte sie.

„Ach ja meine Lieben, wir sind schon fast im Hafen von Tiberias. ‚Shalom Aleichem' ist übrigens eine besonders respektvolle Redewendung, die ‚Friede sei mit Euch' bedeutet. Aus religiöser Sicht soll damit Körper und Seele begrüßt werden."[103]

Jan, Mia und der Klimawandel

Mia ist fünfzehn Jahre alt und lebt mit ihrer Mutter, Julia, in einem kleinen Einfamilienhaus auf dem Land in Norddeutschland. Morgens wird sie regelmäßig vom Krähen des Hahns des benachbarten Bauernhofs geweckt. Bis zur nächsten größeren Stadt sind es zwanzig Kilometer. Dort geht sie auf ein Gymnasium, in das sie der stündlich pendelnde Linienbus bringt. Sie ist Schülerin der zehnten Klasse, da sie bereits im Alter von fünf eingeschult wurde. In der siebten Klasse hatte sie einen Durchhänger, da sackte der Notendurchschnitt des Halbjahreszeugnisses auf 3,6 ab. Sie erinnert sich noch sehr gut an diese Zeit. Ihr Vater, Jan, hatte damals mehrfach Streit mit ihrer Mutter und drängte sie dazu, regelmäßigen Nachhilfestunden für Mia zuzustimmen. Seitdem geht sie drei Mal in der Woche jeweils für zwei Stunden zu ihrer Nachhilfelehrerin. Zusätzlich hat ihr Vater sie noch zur Teilnahme an regelmäßigen Krav-Maga-Trainings verdonnert. *„Sie soll sich schließlich selbstverteidigen können"*, findet Jan. Daran nimmt sie jeden Freitag- und Sonntagabend teil. Er hat sich damals auf keinerlei Diskussionen eingelassen, ihrer Mutter sogar mit dem Gang zum Familiengericht gedroht, sollte sie die Zustimmung zu der Trainingsteilnahme verweigern. Julia und Jan haben sich vor vier Jahren scheiden lassen, nachdem er aus dem gemeinsamen Haus ausgezogen war. Bis vor wenigen Monaten wohnte er noch ein Dorf weiter in einer kleinen Wohnung, um *„den Kontakt zu Mia nicht zu verlieren."*

Seit Anfang des Jahres wohnt Jan jedoch ca. einhundertfünfzig Kilometer entfernt, in einem schönen Einfamilienhaus, das er sich mit seiner neuen Lebensgefährtin Eva ausgesucht hat. Sie ist ein Jahr jünger als er und sie lernten sich vor zwei Jahren auf einem Golfplatz kennen. Seine kleine hiesige Kanzlei, er ist seit vielen Jahren spezialisiert auf Wirtschaftsrecht, führt er jedoch immer noch. In der Nähe seines neuen Wohnorts engagiert er sich zusätzlich in einer Sozietät. Dort berät er

Unternehmen, die effizient Mitarbeiter kündigen wollen. Arbeitnehmer vertritt er eher in Ausnahmefällen, mit denen kann er nicht so viel verdienen.

Seit der Trennung haben Julia und Jan Mia sehr aktiv in die Umgangsregelung einbezogen. Sie waren beide der Meinung, dass Julia und Mia in dem elterlichen Haus wohnen bleiben sollten und Mia größtmögliche Freiheit bei der Wahl haben sollte, wann und an welchen Wochenenden sie ihren Vater besuchen wolle. Bisher verbrachte Mia die meisten Wochenenden bei ihrem Vater. Auch im neuen Haus von Eva und ihrem Vater fühlt sie sich wohl und sie freut es, dass die beiden ihr sogar ein eigenes Zimmer eingerichtet haben. Sie könne dort auch später wohnen, wenn sie studieren wolle, boten beide ihr an.

Heute ist wieder so ein Freitag, an dem Jan Mia abholen fährt. Vor vier geschlagenen Wochen hat er sie das letzte Mal gesehen. Mia war anderweitig beschäftigt, war per Telefon immer sehr kurz angebunden und wollte ihrem Vater einfach nicht mitteilen, wie sie ihre Wochenenden verbringen wollte. Auch Julia hielt sich sehr bedeckt und sprach nur etwas von gemeinsamen Projekten und Fortbildungskursen. Wenn Mia ihn auch heute nicht hätte sehen wollen, wäre er bei den beiden aufmarschiert und hätte sie zur Rede gestellt. Doch heute erschien auf seinem Smartphone nur ihre kurze Textnachricht: „Wann kommst du mich holen?"

Jan verlässt um 18 Uhr die Sozietät, um sich in seinen amerikanischen SUV mit Vollausstattung zu setzen. Sicher, er hat das Flaggschiff direkt von Anfang an mit einer direkteinspritzenden Flüssiggasanlage ausstatten lassen. Nicht aus Gründen des Umweltschutzes, sondern aus reinen Kostengründen. Er sieht es einfach nicht ein, dem Staat rund 88 Cent in den Rachen zu werfen, wenn er an seiner Tankstelle 1,42 Euro für den Liter Super berappen muss.[104] Jan steigt ein, nimmt auf dem Ledersessel Platz und startet den Motor. Wie sehr er das blubbernde, vertraute Geräusch des Achtzylinders mag. Doch während er den Startknopf für den Anlasser betätigt, fällt ihm auf, dass seine Motorhaube völlig zerkratzt ist. Erschrocken steigt Jan aus, um die Motorhaube zu begutachten.

„UMWELTSAU"

ist dort tief eingekratzt. *„Dieses Pack. Haben noch nie gearbeitet und meinen nun, andere Menschen erziehen zu müssen. Ahnungslos sind sie auch noch. Ich fahre mit Flüssiggas"*, denkt er sich. „So eine Scheiße", flucht er laut vor sich hin, steigt wütend wieder ein und braust in Richtung seiner Tochter. *„Diese neue moralinverseuchte deutsche Gesellschaft, wie sie mir auf den Sack geht. Wenn ich einen dieser Leute erwische."* Jan beschließt, am nächsten Montag einen Termin zur Lackierung der Motorhaube zu vereinbaren und dabei gleich das gesamte Fahrzeug mit Kameras versehen zu lassen. *„Die kriege ich beim nächsten Mal"*, schwört er sich. Auf der Autobahn macht er sich noch weitere Gedanken über die *„linksgrünversiffte Gesellschaft"*.

SUVs sind okay

„Diese ganze Diskussion um SUVs. Die meisten Menschen kaufen sich SUVs, weil sie darin rückenschonend sitzen können. Die Sitze der meisten Fahrzeuge sind für größere Menschen wie mich einfach zu klein. Selbst der grüne Ministerpräsident Baden Württembergs fühlt sich in seiner S-Klasse wie eine Sardine in der Büchse.[105] *Darüber sollten sich die Ökofaschisten mal Gedanken machen. Und überhaupt. Was wissen diese ahnungslosen Nichtskönner denn schon? Alleine die Stabilität bei einem Unfall spricht eindeutig für einen SUV."* Jan erinnert sich an das Gespräch eines Bekannten aus dem Golfclub, der Crashtests durchführt. Dabei hatte Jan gehört, dass nicht nur die Masse eines SUV von Vorteil sei. Auch die Geometrie der Längsträger, die bei jedem Fahrzeug die Crashenergie aufnehmen sollen, könne im Vergleich zu anderen Fahrzeugen besser und sicherer ausgelegt werden. „Wieder ein Grund mehr für meinen V8", antwortete Jan damals auf den kleinen Vortrag des Bekannten.

„Vielleicht kann ich mir den Anblick Julias heute ersparen, auf die Ökotante habe ich überhaupt keine Lust. Die hat noch nie etwas geleistet, lebt doch in diesem schönen Haus nur, weil ich es bezahle. Eigentlich müsste sie gar nicht in dem Ökoladen des benachbarten Bauern arbeiten. Sie hat doch genug. Aber das ist ja auch nur ein Teilzeitjob. Auch wieder eine Frau, die nur auf Kosten eines Mannes lebt. Zum Glück habe ich Eva gefunden. Die ist anders. Steht auf eigenen Beinen, ist bestens ausgebildet und hilft sogar anderen Menschen." Jan ist ein Vielfahrer, er kann auch bei hohen Geschwindigkeiten die Gedanken um Themen kreisen lassen, für die er sonst nicht so die Zeit findet. Fünf Minuten vor seiner Ankunft schickt er Mia eine Nachricht, dass sie sich bereitmachen könne. Ihm ist es völlig egal, ob das Bedienen eines mobilen Geräts während der Fahrt erlaubt ist oder nicht. Er hat keinerlei Punkte im Flensburger Verkehrszentralregister. Mobile Geschwindigkeitsmessanlagen erkennt er meist sehr früh, bremst dann massiv ab, um die vorgeschriebene Höchstgeschwindigkeit zu erreichen, und sobald er *„an den modernen Raubrittern"* vorbeigefahren ist, gibt er gleich wieder Gas. Vier Mal musste er sich inzwischen vor verschiedenen Amtsgerichten verantworten, weil er sein Mobiltelefon während der Fahrt nutzen *„musste"*. Die Verfahren wurden meist eingestellt, weil es für ihn nie ein Problem war, die Polizisten in Widersprüche zu verwickeln. *„Polizisten sind oft so verbissen und beharren dabei auf vermeintliches Recht, dass sie Fehler machen. Außerdem gehört dieser Menschenschlag eh nicht zu den Hellsten, oft sind sie machtversessen und obrigkeitshörig."* Doch bei der letzten Verhandlung konnte er die Richterin nicht so recht überzeugen, und auch die Polizistin, die als Zeugin aussagte, schien sehr gut vorbereitet zu sein. Da kam er um die Zahlung des Bußgelds nicht herum. Die Richterin warnte ihn sogar, dass sie ihn als persönlich Betroffenen nicht wiedersehen wolle. Auch wenn seine wohl durchdachten Aussagen objektiv keinen Anlass dazu boten, ihn verschärft zu sanktionieren, so vermutete sie hinter seinem Gebaren eine sehr fragwürdige Einstellung zu den Regeln der Straßenverkehrsordnung und zur gegenseitigen Rücksicht-

nahme im Straßenverkehr. Auch das Wort „Medizinisch-Psychiatrische-Untersuchung" fiel. Da dieser Vorfall jedoch drei Jahre zurückliegt, sind seine Punkte des Flensburger Verkehrszentralregisters wieder gelöscht. Deshalb gilt für ihn: *„Freie Fahrt für freie Bürger!"*

Jan gegen Tochter Mia und fridays for future

„Oh super, da steht Mia ja schon", denkt Jan sich, als er in die Straße einbiegt. Es ist noch hell und angenehm warm und Mia wartet mit ihrer gepackten Reisetasche auf dem Gehweg vor dem elterlichen Haus. Jan bremst dynamisch ab. Mia öffnet die hintere rechte Fahrzeugtür und wirft ihre Tasche auf die Ledersitzbank. „Was ist mit deiner Haube passiert?"

„Ach, irgendein Arsch…"

Mia kann die weiteren Worte nicht mehr verstehen, weil sie die Tür wieder zugeworfen hat und nach vorne geht. Sie will sich die Motorhaube ansehen. Als die das eingekratzte Wort erkennen kann, erhellen sich ihre Gesichtszüge, die Augen blitzen auf und sie muss einfach anfangen, lauthals zu lachen. Jan bleibt völlig fassungslos im Auto sitzen. Mia begibt sich zur Beifahrertür und steigt ein.

„Was ist denn mit dir los? Freust du dich etwa über den Schaden, der dort entstanden ist, und den ich bezahlen muss?", raunzt er Mia an. Erst jetzt erkennt Jan das dunkelblaue T-Shirt Mias, auf dem oben ein grünes Fahrrad mit dem Kürzel „OK" aufgedruckt ist und darunter ein auf den Kopf gestelltes Auto mit „NOT OK".
„Hm, so ganz falsch ist das ja nicht, was auf deiner Haube zu lesen ist."
„Sag mal, was ist denn in den vier Wochen mit dir passiert? Bist du jetzt völlig durchgeknallt?"
„Wieso bin ICH durchgeknallt? Du fährst eine CO_2-Dreckschleuder, nicht ich."

„Wie redest du eigentlich mit deinem Vater? Und was für ein T-Shirt trägst du da? Merkst du gerade selbst, dass du nicht mit deinem Fahrrad fährst? Von wem hast du das?"

Jan wendet in drei Zügen und braust in Richtung Autobahn.

„Von einer Freundin!"

„Was für eine Freundin?"

„Von Luisa?!"

„Wer ist Luisa?"

„Eine neue Freundin, die ich freitags auf einer Demo kennengelernt habe."

Jan erkennt eine Bushaltestelle, bremst ab und bringt den schweren SUV in der Haltebucht abrupt zum Stehen.

„Sag nicht, dass du neuerdings an diesen wahnwitzigen Demos für das Klima teilnimmst?"

„Doch! Natürlich nehme ich an den Demonstrationen teil! Und ich habe es satt, dass Erwachsene und reife Menschen nicht sehen wollen, wie sehr sie den Planeten zerstören."

Jan kocht innerlich und würde seine Tochter am liebsten aus dem Auto werfen. *„Soll sie doch mit ihrem Fahrrad oder dem Zug zu mir kommen"*, denkt er sich, realisiert allerdings sehr schnell, dass dieser Gedankengang nicht zum Ziel führt. *„Niemals wird sie sich heute noch in den Zug setzen oder 150km mit dem Fahrrad zu ihm und Eva fahren! Unsinn. Deshalb verbietet sich auch jede weitere Frage, weshalb sie in diesem Fahrzeug Platz genommen habe."*

Jan spürt, dass da sehr viel im Argen liegt und er sich zurücknehmen sollte, denn er möchte den Kontakt zu seiner Tochter auf keinen Fall riskieren. Und genau dieses Klima-Thema birgt für ihn enorm viel Konfliktpotential. Deshalb beschleunigt er wieder und biegt auf die Autobahnzufahrt ein. Als er auf dem Beschleunigungsstreifen Gas geben will, ruckelt der Wagen und verliert Leistung. *„Ach, ich habe vergessen,*

Gas nachzutanken. Na dann fahren wir die Strecke eben auf Benzin. Mir egal."

Durch das kurzzeitig entstandene Beschleunigungsloch konnte der vorbeifahrende LKW Jan und Mia noch überholen. Nun, da wieder die gesamte Leistung zur Verfügung steht, gibt Jan auf dem Beschleunigungsstreifen Vollgas, fährt mit hoher Geschwindigkeit rechts an dem LKW vorbei und zieht über den Standstreifen sofort auf die linke Spur. Mia krallt sich am Sitz fest, sie konnte hohe Geschwindigkeiten noch nie vertragen, und ihr Vater weiß das. Er ist jedoch wütend und drückt diese Wut über die Geschwindigkeit aus. Die 130km bis zur Ausfahrt schaffen sie in 38 Minuten, die Autobahn war relativ frei. Nur ein Kleinwagen kam ihnen in den Weg. Bei einer Geschwindigkeit von 260km/h zog diese kleine, gelbe Kiste von der rechten Spur auf die linke, um einen LKW zu überholen. Der Geschwindigkeitsunterschied war viel zu groß, Jan hätte den SUV nicht mehr rechtzeitig abbremsen können. Als Vielfahrer kennt er ähnliche Situationen, und so hatte er keine Mühe, auf den Standstreifen zu wechseln und *„die lahme Karre"* und den LKW rechts zu überholen. Sicher, kein Richter der Welt hätte ihm einen Vorwurf machen können. *„Das Manöver war vollkommen legitim, ich habe einen Unfall vermieden."* Als Jan den Verzögerungsstreifen erreicht, ist Mia wie erstarrt und zittert in ihrem Sitz. Sie hatte die Augen fast die ganze Zeit geschlossen. Sie vertraut ihrem Vater, keine Frage, und sie weiß, dass er seine Fahrzeuge grundsätzlich beherrscht. Aber heute ist irgendetwas anders.

„Hast du die gelbe Karre eben gesehen? Da saß bestimmt auch so eine fridays-for-future-Jüngerin drin. Ich habe sie so gefressen. Sie können nichts, wissen alles, begehen schwere Fehler, aber immer sind die Anderen Schuld. Wie deine Mutter!"
Mia fröstelt, so kalt ist ihr. Jan hat einen roten Kopf, rote Flecken bilden sich am Hals und er schwitzt. „Es sind alte, weiße Männer wie du, die die Erde zerstören", zischt es aus Mia heraus.

„Ach ja? Wir alten, weißen Männer? Merkst du nicht, dass das schon rassistisch ist? Aber das ist ja okay bei deinen neuen Freunden. Weil das politisch korrekt und gewollt ist. Ohne uns alten Männer und ohne deine Großeltern und unsere Ahnen würdest du noch in Höhlen hausen. Aber Heizung, Smartphone, E-Bike, Warmwasser nutzt Ihr alle gerne, und kutschieren lasst Ihr Euch auch. Das funktioniert alles. Euch kann man doch nicht ernst nehmen."

„Bald hausen wir nirgendwo mehr. Dann habt Ihr Mutter Erde zerstört."

„Ach Mia, glaub doch nicht jeden Mist, den man dir erzählt!"

„Ja, ich habe mir gedacht, dass du auch so ein Klimaleugner bist."

„Mia, der Begriff ‚Klimaleugner' ist Schwachsinn. Er kann nur einem dummen Hirn entspringen. Denn kein vernünftiger Mensch bezweifelt den Wandel des Klimas, den es doch schon immer gab. Oder der Begriff entspringt einem sehr intelligenten Hirn, dessen Besitzer Menschen spalten will. ‚Klimaleugner' lehnt sich an den Begriff des Holocaustleugners an. Den Holocaust zu leugnen, ist eine schwere Straftat, Mia. Deswegen kannst du für mehrere Jahre hinter schwedischen Gardinen einsitzen. Dieser Begriff denunziert, wertet ab und grenzt aus."

„Papa, wir haben nur noch zehn Jahre[106] und du tust nichts. Nein, du beteiligst dich noch an der Zerstörung unserer Lebensgrundlage. Du zerstörst unseren Planeten", schreit Mia ihren Vater an und ihre Augen füllen sich dabei mit Tränen.

Jan erkennt die Angst seiner Tochter und auch, dass diese Angst nicht gespielt ist. Er wird ruhiger:

Es war einmal zwei Grad wärmer

„Mia, es gibt einen Wandel des Klimas, das ist doch unbestritten. Aus welchem Grund nennt man Grönland im Deutschen Grünland? Weil es dort früher grün war."

„Ach Papa, das ist Propaganda. Grönland liegt seit mehr als 400.000 Jahren unter Eis."

„Ja, das stimmt. Aber es gab Zeiten, da wurde bis in den Norden Norwegens Korn angebaut und der Süden Grönlands durch Wikinger besiedelt und auch dort Ackerbau betrieben. Selbst im Süden Schottlands wuchs Wein. Das ist nicht einmal 1.000 Jahre her. Damals soll es eine Durchschnittstemperatur gegeben haben, die über zwei Grad über der heutigen lag."[107]

Jan redet weiter auf Mia ein, doch sie kann den Argumenten ihres Vaters nicht weiter folgen. Sie ist einfach nur traurig und wie gelähmt. „1540 war es so heiß, dass es über weite Strecken nicht geregnet hat und die Menschen zu Fuß durch den Rhein konnten. Elf Monate lang fiel kaum Niederschlag, Menschen starben an Seuchen und Durst. In Italien war es im Winter so warm wie normalerweise im Juli.[108] Haben dir das deine neuen Freunde auch erzählt?"

Jan wartet erst gar nicht auf eine Antwort Mias.

„Ihr redet doch davon, dass die globale Temperatur abgesenkt werden müsse, weil sie seit dem Beginn der Industrialisierung gestiegen sei, oder? Wie stark ist sie denn gestiegen?" Auch darauf hat Mia keine Antwort.

Es gibt keine Erhöhung der mittleren Temperatur

„Ich will es dir sagen. Professor Levermann, Klimaalarmist, äußerte sich in einem Ausschuss des Bundestags in einer Diskussion mit Professor Shaviv, Skeptiker, folgendermaßen: ‚Die angefragte Temperatur ist die mittlere Temperatur um 1850, die wissen wir relativ genau. Sie ist im Bereich von 15 Grad.' Darauf fragt Herr Hilse bei ihm nach: ‚Nun erinnere ich daran, dass 2016 die WMO (Weltorganisation für Meteorologie), die NASA (National Aeronautics and Space Administration) und die NOAA (National Oceanic Atmospheric Administration) angegeben haben, dass 14,8 Grad die mittlere Temperatur war im Jahre 2016 und beschrieben als höchste jemals gemessene Temperatur. Und wenn das so wäre und sie Recht hätten, Herr Levermann, dann wäre die Temperatur um 0,2 Grad gefallen.'[109]

Ist sie nun gestiegen oder gefallen, Mia? Du siehst, es gibt eigentlich gar kein Problem. Uns haben sie damals, 1987, erzählt, dass Köln in wenigen Jahren vollständig untergegangen sein würde. Wir mussten, in der fünften Klasse des Gymnasiums, bei einem Lehrer, der von den Ländern bzw. Menschen des Ostblocks spaltend als „das Böse" sprach, auf Transparentpapier Europa nach- und überdies einzeichnen, wie weit das Wasser der Nordsee bis kurz nach dem Jahr 2000 in Deutschland eingedrungen sein würde. Die Beneluxstaaten hätte es, nach diesen Prognosen, nicht mehr gegeben. Dabei lagen die Niederlande damals schon unter dem Meeresspiegel. Selbst der Spiegel brachte 1986 ein Titelbild mit einem unter Wasser stehenden Kölner Dom, bei dem du nur noch die Spitzen erkennen konntest. Die Schlagzeile war, na wie war sie wohl?" Jan wartet nicht auf eine Reaktion Mias und redet immer weiter. *„Schließlich kann sie jetzt nicht weglaufen."* Die letzten 20km, die sie über das Land fahren, nutzt er weiter für seinen Monolog. „'Die Klima-Katastrophe' war die große Schlagzeile.[110] Damals machte man in der Schule das FCKW dafür verantwortlich, der Spiegel argumentierte allerdings auch schon in Richtung CO_2. Ich weiß es noch genau. Die Bundesrepublik lag sowieso unter einer Angstglocke. Der Absturz des Space-Shuttles Challenger, die Tschernobyl-Katastrophe, der Kalte Krieg!

Jans weiterer Monolog

Übrigens würde heute das Ruhrgebiet zu einem Fünftel unter Wasser liegen, weil es durch den Bergbau teilweise unter dem Grundwasserspiegel liegt. Und dennoch funktioniert es. Weil mit moderner Technik und Pumpen das Wasser weggepumpt wird.[111] Pumpen, die alte, weiße Männer entwickelt haben! Mia, sie spalten auch heute noch munter weiter. Ein Titelblatt des Spiegels zeigte 1981 rauchende Schlote mit einem Wald davor. Die Überschrift lautete: ‚Saurer Regen über Deutschland – der Wald stirbt‘.[112] Damals hatte die gesamte Bevölkerung große Angst um unseren Wald. Und heute? Er ist im allerbesten Zustand. Weil die alten weißen Männer ihr Wissen und ihre Technik genutzt haben.[113] Natürlich hatten wir einen krassen Sommer, dem viele Bäume zum Opfer gefallen sind, aber auch das werden wir schaffen."

Jan spricht immer noch, als er das Auto in der Garage parkt. Nur Eva bemerkt die Tränen Mias und sieht sie nur noch die Treppe ins Obergeschoss in Richtung ihres Zimmers hinaufeilen. „Möchtest du Eva nicht einen guten Tag wünschen?", ruft Jan ihr laut hinterher und schickt sich an, ihr hinterherzugehen.

Eva trifft auf Mias Angst

Doch Eva stellt sich ihm in den Weg, berührt ihn sanft mit ihrer rechten Hand in Höhe des Herzens, lächelt ihn an und fragt: „Na, möchtest du mir nicht auch erst einmal Hallo sagen?"

„Sorry Eva, hallo", huscht es Jan über die Lippen, die er zu einem Kussmund formt. Beide küssen sich auf die Lippen, aber da Eva Jans Drang spürt, Mia hinterherzugehen, fragt sie ihn, ob er ihr nicht zuerst erzählen wolle, was denn vorgefallen sei.

„Ich begrüße Mia später noch, vielleicht lassen wir sie erst einmal in ihrem Zimmer."

Jan berichtet Eva von den Ereignissen des Tages, bis zu dem Zeitpunkt, als er Mias T-Shirt erkennen konnte. Eva kann nicht anders, als laut zu lachen.

„Was ist daran lustig?", fragt Jan Eva ruhig. Er weiß, dass Eva ihm gegenüber nie zynisch oder bewusst verletzend ist, deshalb stellt er diese Frage, ohne dass sie eine weitere Bedeutung hat.

„Jan, was ist denn das für eine Situationskomik? Sicher, es ist völlig inakzeptabel, dass dein Auto beschädigt worden ist. Die ganze Fahrt über regst du dich darüber auf und dann das? Welche seltsamen Zufälle das Leben doch manchmal für uns bereithält!" Eva lächelt Jan an. Jan entspannt sich etwas.

„Vermutlich war sie jetzt auch noch bei fridays-for-future!"

„Ja, das war sie tatsächlich. Ist das nicht vollkommen verrückt?"
Eva reißt ihre Augen auf und kann gar nicht anders, als einfach wieder zu lachen. Das wirkt so ansteckend, dass Jan nun ebenfalls mitlachen muss. „Ich besorge dir einen Aufkleber ‚Tempo 90 sind genug'", prustet Eva heraus.

„Ja! Pro Rad", lacht Jan.

Jan berichtet, wie der weitere Verlauf der Heimfahrt war. „Irgendwie fühlt es sich so an, als sei ein Teil einer Last von mir abgefallen. Ich kann tiefer ein- und ausatmen!"

„Na klar, weil aufgestaute und verpanzerte Emotionen uns einengen. Halten wir einen Teil unserer Emotionen zurück, blockiert die Atmung, oft verspannen Schulter und Nacken sowie das Zwerchfell.[114] Langfristig kann sich dadurch sogar der Körper verformen. Lachen befreit unser Zwerchfell. Es hat im Grunde die gleiche bioenergetische Funktion wie Weinen. Danach fühlen wir uns freier",[115] teilt Eva Jan mit.

„Ja, seit du in meinem Leben bist, lache ich viel mehr. Ich habe sonst nicht so viel gelacht."

„Jan, was hältst du davon, einfach joggen zu gehen oder eine Runde Fahrrad an der Elbe zu fahren. Du hast so viel angestaute Energie in dir. Der chinesische Mediziner würde sagen, dass du derzeit zu viel Yang in dir hast, also pulsierende männliche Energie, die abgebaut werden darf, damit neues Yin entstehen kann. Leere, Aufnahmebereitschaft und Ruhe. Bewegung könnte dir helfen. Und ich schaue derweil, ob ich herausfinden kann, wie es Mia geht."

Eine halbe Stunde später sitzen Eva und Mia gemeinsam in Mias Zimmer. Mia hat sich über Evas Klopfen an der Tür gefreut, auch wenn sie es nicht zeigen konnte. Sie schätzt Eva als vertrauenswürdig ein. Schließlich ist sie Psychotherapeutin. Mia berichtet ihr von Luisa, der Freundin, mit der sie sich bei fridays-for-future engagiert. Zwischenzeitlich habe sie an drei Demonstrationen teilgenommen sowie an Seminaren, wie man mit Klimaleugnern umzugehen habe.

„Wie fühlst du dich, wenn du mit Luisa und den anderen Klimaaktivisten gemeinsam für Eure Sache einstehst?"
„Gut."
„Okay, was heißt denn gut?"
„Stimmt, ich spreche mit Eva. Eva gibt sich niemals mit Antworten zufrieden, die sie selbst nicht interpretieren kann. Denn ‚gut' ist sehr subjektiv, sie möchte offenbar wissen, welche Gefühle bei mir entstehen", weiß Mia aus den bisherigen Unterhaltungen mit Eva. Gespräche mit Eva sind anders als mit anderen Menschen. Oft anstrengender, aber dafür tiefer. *„Irgendwie so ehrlich. Sie gibt mir das Gefühl, dass ich mich zeigen darf."*

Eva äußert generell ihre Meinung, allerdings erst, wenn sie sich sehr sicher ist, was tatsächlich in der Tiefe des anderen Menschen vor sich geht. Hat Eva noch nicht genug Informationen, um die Lage einschätzen zu können, fragt sie eben weiter nach. Das ist Evas Wesenszug, und sie selbst sagt, dass sie, seit sie denken kann, viel mehr gefragt habe als andere Menschen. Sie akzeptiert allerdings auch, wenn jemand nicht tiefer in Themen einsteigen und antworten möchte.

„Mia?"
„Lass mich mal kurz reinfühlen", antwortet Mia.
Mia schließt ihre Augen und spricht währenddessen von „einer Gemeinschaft, die sich akzeptiert, von einem Zusammengehörigkeitsgefühl und von einem gemeinsamen Ziel. Wir wollen die Zukunft gestalten. Wir wollen, dass uns unsere Mutter Erde erhalten bleibt und die Zerstörung dieser beenden. Dafür stehen wir gemeinsam ein."

„Verstehe. Wie bist du denn dazu gekommen? Gab es einen besonderen Anlass?"

Mia sinkt etwas in ihren Stuhl zurück. Evas geschultem Auge entgeht nicht, wie Mia die Zähne zusammenpresst, die Augen etwas weiter öffnet und sich das Gesicht verkrampft. Mia berichtet Eva von Al Gores Film „Die unbequeme Wahrheit", den sie gemeinsam mit ihrer Schulklasse gesehen hat. „In diesem Film wurde gezeigt, welche Auswirkungen der Klimawandel auf uns Menschen haben wird."

„Und was hat das mit dir gemacht?"

„Eva, ich habe Angst bekommen. Niemand hat gesehen, wie sehr ich gezittert habe und ich konnte meine Tränen gerade so zurückhalten. Ich war froh, dass das Klassenzimmer abgedunkelt war. Eva, ich habe so eine Angst um uns Menschen und diese wunderschöne Erde. Sie darf nicht weiter zerstört werden und wir dürfen sie nicht weiter zerstören."

Eva sieht eine Träne der Verzweiflung die Wange Mias herunterrollen. „Ja, es ist schade, dass wir Menschen uns so oft gegenseitig nicht gestatten, unsere Gefühle und Emotionen zu zeigen. In dem Fall war es aber wohl besser, denn wahrscheinlich hätten deine Mitschüler damit nicht umgehen können."

Mia nickt.

„Mia, Tränen gehören zu unserem Leben. Sie gehören zum Menschsein dazu. Danke, dass du mich an deinen Tränen und deinen Gefühlen teilhaben lässt."

Mia schluchzt laut auf, die Tränen laufen über ihre Wangen. Solche Worte hat sie zuvor noch nie gehört. Manchmal engagiert sie sich als Babysitterin bei einer Nachbarsfamilie und passt dort auf die kleine, vierjährige Enya auf. Vor kurzem hatte sie sich noch gewundert, als sie Enyas Vater sagen hörte: „Enya, hör doch auf zu weinen!" Seine Worte hatten einen fürsorglichen Unterton, dennoch hatten sie eine andere

Wirkung. Wie sehr sich Enyas Gesicht nach dieser dahingesagten Phrase verfinsterte, sie noch lauter schrie und der Kopf hochrot vor Wut anlief! *„Wer ist da eigentlich wessen Lehrer, der Vater Enyas oder ist Enya ihres Vaters Lehrer?"*, hatte Mia sich am selben Abend noch gefragt.

„Ja, ich erinnere mich daran, dass du mal gesagt hast, dass es nicht gut ist, wenn Emotionen oder Gefühle feststecken, und dazu gehören wohl auch Tränen."
„Mia, ich glaube gleich mehrere Zusammenhänge erkennen zu können. Zum einen sehe ich dich und du zeigst dich mir in deinem ganzen Strahlen. Ich fühle das Pulsieren deines Herzens. Das ist Liebe. Liebe zu den Menschen und zu unserer schönen Erde."

Auch Eva ist tief berührt und lächelt Mia an. Sie vermeidet bewusst jede Berührung Mias, denn sie weiß um die Bedeutung sogenannter negativer Anker, die sie aus ihrer NLP[49]-Ausbildung kennt. Eva kennt die Theorien, dass man Menschen nicht berühren sollte, wenn sie in einer emotionalen Ausnahmesituation sind. Dieser Anker der Berührung könnte dazu führen, dass Mia bei einer zukünftig ähnlich ausgeführten Berührung an ihre emotionale Situation erinnert und sich plötzlich unwohl fühlen würde. *„Die im Zentralnervensystem hinterlassene Spur eines Reiz- oder Erlebniseindrucks nennt man auch Engramme"*,[116] weiß Eva. Da sie unbewusst ablaufen und oft auch unbewusst gesetzt werden, ist hierbei besonders viel Feingefühl gefragt. Hat Eva jedoch trotz dieses Wissens den Eindruck, dass jemandem eine Berührung weiterhelfen würde, verlässt sie sich auf ihre Empathie.

„Mia, ich habe mich mit dem Klimawandel nur sehr oberflächlich beschäftigt. Davon weiß ich zu wenig, um mitreden zu können. Ich werde mir den Trailer heute Abend einmal ansehen oder vielleicht auch den ganzen Film, mal sehen. Dennoch sehe ich deine Angst, über die du auch gesprochen hast." Eva erwähnt, wie sehr sich Mias Körperhaltung veränderte, als sie von dem Film berichtete.

„Angst ist ein sehr wichtiger Begleiter unseres menschlichen Seins. Wenn unsere Antennen scharf sind und wir einer gefährlichen Situation ausgesetzt sind, werden so viele Hormone ausgeschüttet, dass wir weglaufen oder kämpfen können. Danach baut sich die Angst ab. Die Angst war hilfreich, sie hat unser Überleben gesichert. Zudem gibt es weniger hilfreiche Ängste, die wir in der Psychiatrie auch als Angststörungen oder Phobien einordnen. Sie haben mit der realen Situation wenig zu tun und beruhen oft auf falschen Vorstellungen. Menschen mit einem Waschzwang etwa waschen sich auch ohne weiteres über einhundert Mal am Tag die Hände oder desinfizieren sie, weil sie Angst vor Bakterien haben. Sicher, Bakterien sind eine reale Bedrohung für unser Sein, diese übermäßige Angst jedoch lähmt das gesamte Leben der Menschen, sie werden krank. Ihr gesamtes Leben dreht sich nur noch um den Zwang oder um die dahinterliegende Angst. Manchen kann geholfen werden, manchen nicht. Rein objektiv ist die Angst vollkommen irrational. Nicht nur die Hände sind durch das ständige Waschen verletzt und aufgerissen, auch die Seele ist verletzt. Was für ein Leben ist das noch? Und dann gibt es Ängste, die werden von bestimmten, oft herrschenden, Gruppen ganz bewusst hervorgerufen, damit die Menschen ihr Verhalten in eine gewünschte Richtung hin verändern. Mia, seit vier Wochen schreibe ich ein Buch darüber und es würde den Rahmen sprengen, dir jetzt sämtliche Mechanismen zu erläutern. Ich kann dir eins anbieten. Wir beide machen eine gemeinsame Übung und schauen uns deine Angst genauer an. Denn ich glaube, dass die Angst dich gefangen hält. Selbstverständlich darfst du dich in deinem Leben entscheiden, wie du es für richtig hältst. Und wenn du meinst, dein Weg geht bei fridays-for-future weiter, dann ist das deine Entscheidung. Sie ist vollkommen in Ordnung. Wenn du dich für Mutter Erde einsetzen möchtest, dann tu es. Meiner Meinung nach sollte es jedoch deine _freie_ Entscheidung sein. Und ich glaube, dass du dich freier für deine Wege des Lebens entscheiden kannst, wenn sie frei von Angst sind. Denn jetzt im Augenblick droht uns kein Wirbelsturm, keine Panzer stehen vor unserem Ortseingang und wir sind hier absolut sicher. Magst du dich darauf einlassen?"

„Ja, wieso nicht?"

„Wichtig ist, dass nichts gegen deinen Willen passiert. Du wirst alles um dich herum mitbekommen, aber dein Fokus wird auf dein Inneres und dein Gefühlsleben gerichtet sein. Sollte sich irgendetwas nicht gut anfühlen, sagst du es bitte einfach, okay?"

„Ja klar!"

„Okay, dann lass uns in mein Zimmer gehen, da habe ich bequeme Sessel stehen, da sitzen wir besser!"

Einige Minuten später befinden sich beide in Evas Zimmer. Eva bittet Mia, erst einmal völlig ruhig auf einen blauen Kreis an ihrer Wand zu schauen und diesen zu fixieren. Dabei spricht sie in ruhiger, sanfter Stimme und davon, dass Mia heute eine Reise zu sich selbst machen dürfe. Sie dürfe immer mehr entspannen und alles Belastende loslassen. Als Eva bemerkt, dass Mias Augen etwas anfangen zu blinzeln, gibt sie ihr den Hinweis, dass sie die Augen ruhig schließen dürfe, wenn sie sich irgendwann zu schwer anfühlten. Eva spricht ruhig weiter und bittet Mia nach einiger Zeit, die Augen wieder zu öffnen und auf den Kreis zu sehen. Nachdem Mias Augen wieder schwerer werden, schließt sie sie wieder. Eva begleitet diese Szene mit den Worten: „Und jedes Schließen der Augen führt dazu, dass du noch tiefer in dir selbst ankommen darfst." Als Mias geschlossene Augen anfangen zu zucken und sich unter den geschlossenen Lidern hin- und herbewegen, weiß Eva, dass es nun so weit ist.

„Und nun darfst du dir einen ganz sicheren Ort bauen, einen Ort, an den du jederzeit zurückkehren kannst und an dem du wohlbehütet, sicher, frei und geschützt bist. Von diesem Ort aus kannst du überall hinreisen und dir andere Themen ansehen, wenn du jedoch hierhin zurückkommst, bist du wieder ganz sicher und kannst vollkommen entspannen."

Eva bemerkt, dass Jan die Haustür aufschließt. „Und jedes im Außen entstehende Geräusch nutzt du einfach, um noch viel tiefer bei dir anzukommen!" Jan bemerkt, dass beide in Evas Zimmer sind und beschließt, das Abendbrot vorzubereiten. Er schließt die Küchentür von innen, um sie nicht zu stören. Mia gestaltet sich ihren sicheren Ort. Er befindet sich auf einer Wiese in den Bergen, noch bevor die Baumgrenze erreicht ist. Von hier aus kann sie die Umgebung genau beobachten. Sie gestaltet sich den Ort mit hohen Hecken und einem Zelt als ihrem sicheren Zufluchtsort. Vor das Zelt platziert sie ihren bewaffneten Krav-Maga-Trainer, der sie in ihrem Zelt beschützt. Sie berichtet Eva, welche Blumen sich dort befinden und welche Tiere sie in der Nähe entdeckt. Eva fragt immer mal nach, wie hoch das Angstlevel auf einer Skala von eins bis zehn ist und als Mia „null" antwortet, ist der sichere Ort gestaltet. Mia fühlt sich frei von Angst und ist vollkommen entspannt. Der Skalenwert der Entspannung erreicht die „zehn" für volle Entspannung.

„Mia, magst du mal von dem Ort wegreisen zu deiner Angst hin und dir vorstellen, wie sie aussieht? Du kannst sie aber auch mit einem Fernglas von deinem Zelt aus beobachten – wie du magst![50] Oder magst du es für heute dabei belassen?"

„Nein, ich will sie sehen. Aber ich schaue erstmal von hier oben. Ich nehme das Fernglas, begebe mich in die Hecke und schaue den Berg runter. Ich kann sie erkennen. Sie sieht aus wie ein kleiner Drache, der Feuer spuckt. Lustig!"[51]

„Mia, der Drache gehört zu dir. Er hat auch positive Seiten, weil er dich schützen will. Magst du mal zu ihm reisen, denn du kannst ja jederzeit wieder an deinen sicheren Ort. Bist du dir auch ganz sicher, dass du den Ort so sicher gestaltet hast, dass der Drache draußen bleiben muss?"

„Ich stehe schon vor ihm! Der kommt in meinen sicheren Ort sowieso nicht rein, dort wartet mein Trainer. Er schaut mich mit seinen roten Augen an. Es sind aber liebevolle Augen. Er ist da, um
mich zu beschützen. Wie wunderbar er ist. Er ist gelb, mit roten
Streifen und Punkten."
„Frag ihn doch mal, wie seine Reaktion auf den Film über den Klimawandel ist."
„Uff, jetzt wird er riesig groß. Ich bekomme viel schlechter Luft und
mein Kopf ist wie vernebelt." Mias Augen bleiben geschlossen, doch
sie presst wieder die Zähne zusammen und wird kurzatmiger.
„Mia, du kannst jederzeit an deinen sicheren Ort zurückkehren, es
ist allerdings dein Drache und du kannst auch mit ihm verhandeln.
Du kannst ihn fragen, ob er dich wirklich lähmen möchte."
„Oh, jetzt ist er ganz erschrocken. Das wollte er gar nicht. Jetzt wird
er ganz klein."
„Siehst du, jetzt will er dich wieder schützen. Doch wenn er viel zu
klein ist, wie soll er dich dann vor Gefahren warnen? Frag ihn doch
einmal, wie Ihr gemeinsam in Zukunft mit dem Thema Klimawandel
umgehen wollt. Wie er dein zuverlässiger Freund bleiben und dich
vor Gefahren warnen kann, dich dabei aber nicht mehr erstarren
lässt."
„Warte mal, ich muss nun ernsthaft mit ihm verhandeln."
Eva wartet eine ganze Weile in der Stille. Aus der Küche vernimmt
sie ein leises Klirren eines Tellers.
„So, jetzt bin ich fertig mit dem Drachen. Er hat mir seinen Namen
verraten, den soll ich aber für mich behalten. Er hat eine normale
Größe und wir sind in Frieden auseinander gegangen. Jetzt bin ich
wieder in meinem Zelt. Ich habe keine Angst."

Es gibt auch Klienten, die etwas mehr Führung von Eva benötigen.
In anderen Fällen klären sie die Dinge schnell für sich selbst und lassen
Eva wenig daran teilhaben. Mia gehört zu denen, die offenbar sehr gut

visualisieren und sich gut mit sich selbst auseinandersetzen können. Eva ist wenige Sekunden vorher aufgefallen, wie sich Mias Gesichtszüge deutlich entspannten.

„Möchtest du noch etwas an deinem Ort verweilen?"
„Einen kurzen Moment noch, ja? Es ist so schön hier. Ich stehe nun vor dem Zelt, schaue nochmal in den Himmel."

Wenige Momente später fließen Tränen aus den Augen Mias. Sie fasst sich mit der linken Hand an beide geschlossenen Augen und wischt sie weg. Sie atmet tief durch und fängt dann doch an, zu weinen.

„Mia, was ist aufgetreten? Kann ich dir helfen?"
Mia streckt Eva ihre linke Hand als Stoppsignal entgegen und antwortet: „Alles gut, lass mir einen Moment."
Eva bittet Mia, Bescheid zu sagen, wenn sie fertig ist.
Nach einer kurzen Weile ist Mia soweit. „Ich bin fertig, alles gut."
Sie lächelt, die Augen immer noch geschlossen haltend.
„Oh, einen Moment noch. Auf einmal bin ich an einem anderen Ort, auf einer Wiese, um mich herum sehe ich Bäume. Es ist so friedlich hier. Vor mir kniet eine Frau. Sie ist schon etwas älter, so um die sechzig herum und trägt ein dunkelblaues Kleid und ein hellgrünes Kopftuch. Ich stehe hinter ihr. Sie dreht ihren Kopf zurück in meine Richtung, kann mich aber nicht sehen. Von ihr geht so viel Liebe aus und sie macht einen sehr glücklichen und zufriedenen Eindruck. Sie lächelt und dreht sich wieder zurück nach vorne. Ich kann nicht genau erkennen, was sie dort tut. Vielleicht kümmert sie sich um ihre Blumen, denn neben ihr befindet sich eine grüne Gießkanne. Und jetzt liege ich wieder in meinem Zelt. Was war das denn?"
Eva lässt Mia noch eine Weile an ihrem sicheren Ort verweilen.
„Jetzt bin ich fertig."

Mia möchte den sicheren Ort noch verankern, indem sie mit dem rechten Zeigefinger in die linke Ellenbogenbeuge tippt. Das war ihre

Lösung, weiteren Vorschlägen anderer Verankerungstechniken wollte sie nicht mehr folgen. Sie weiß nun, dass sie diese Technik jederzeit wieder anwenden und dabei der gesetzte Anker helfen kann, schneller zu entspannen. Eva bittet Mia, sich von dem Ort zu verabschieden, bittet Mias Körper darum, normale Wachwerte einzustellen, zählt immer lauter von fünf auf null und klatscht bei null laut in die Hände und spricht sehr laut die Worte aus: „Und jetzt bist du mit deinem ganzen Sein wieder im Hier und Jetzt und kannst die Augen öffnen."

Mia öffnet ihre Augen. Sie wirkt strahlender auf Eva. Ihr Lächeln, indem so viel Dankbarkeit mitschwingt, lässt auch Eva strahlen und lächeln. „Danke Eva!" Beide stehen auf und umarmen sich. „Danke dir, Mia!"

„Eva, es war so schön. Vielen, vielen Dank."

„Gern geschehen!"

„Jetzt habe ich so einen Hunger", sagen beide fast gleichzeitig und begeben sich lachend in Richtung Küche.

Dort setzen sie sich an den großen Echtholztisch, den Jan bereits gedeckt hat. Er sitzt seitlich an einem ungedeckten Platz vor seinem geöffneten Notebook. „Oh, hallo Ihr zwei. Seid Ihr fertig? Wollen wir was essen?"

„Sehr, sehr gerne", antwortet Eva lachend.

„Ich habe mich zwischenzeitlich mit fridays-for-future und wissenschaftlichen Berichten über den Klimawandel auseinandergesetzt."

„Papa, können wir das jetzt bitte lassen und einfach nur essen?"

„Ja, sicher." Jan bringt sein Notebook weg und setzt sich wieder hin.

Jan und Eva beginnen, ihre Brote zu belegen und zu essen.

Was bewegt Mia in der Tiefe?

„Hast du keinen Hunger, Mia?", fragt Jan in Richtung seiner Tochter.

Mia schüttelt stumm den Kopf. Eva hält sich zurück, weil sie spürt, dass etwas in der Luft liegt, dass das Verhältnis von Mia und Jan betrifft und sie dabei im Moment nichts tun kann.

„Papa, liebst du mich eigentlich?"
„Warum stellst du mir diese Frage?"
„Beantworte sie doch einfach!"
„Das ist doch vollkommen klar, da muss ich nichts beantworten!"
„Gar nichts ist klar. Kannst du nicht einfach sagen, ob du mich liebst oder nicht?"
„Mia, du lebst kostenfrei in meiner Hütte, deine Mutter erhält viel mehr Geld von mir als ihr rechtlich zusteht und ich übernehme deine Nachhilfe und dein Krav-Maga!"
„Ja, zu dem du mich gezwungen hast!"
„Natürlich, deine Mutter wäre von selbst nie auf diese Idee gekommen. Konntest du letztens auf deinem Nachhauseweg nicht noch einen Angreifer in die Flucht schlagen, nachdem er dich belästigt hatte? Wo hattest du diese Kenntnisse her?"
„Papa, ist es so schwer, mir diese Frage zu beantworten?"
„Warum sollte ich dir eine völlig dumme Frage beantworten?"
Mia springt entsetzt von ihrem Platz auf, stürmt in Richtung der Küchentür, dreht sich um und spricht leise:
„Weißt du Papa, ich habe eben mit Eva eine kleine Reise zu meinem sicheren Ort gemacht. Ganz zum Schluss tauchte auf einmal ein Mann auf. In einem weißen Gewand. Er war einfach da und näherte sich mir. Er hatte einen Bart, schaute mir mit seinen braunen Augen lange in meine, und es war, als würde ich ihn schon immer kennen. Er teilte mir mit, dass ich mir nicht vorstellen und nicht ermessen könne, wie sehr mein Vater mich liebte. Was war das? Wieso kann

mir das mein Vater nicht selbst mitteilen? Warum fühle ich diese Liebe nicht? Oder war das alles nur Einbildung?"

Mia dreht sich um und begibt sich traurig in ihr Zimmer. In der Küche herrscht betretenes Schweigen. Eva atmet tief durch, denn nun kennt auch sie die gesamte Bedeutung ihrer gemeinsamen Reise zum sicheren Ort Mias. Sie kennt solche Begebenheiten aus Erfahrungen mit Patienten. *„So etwas kann vorkommen. Wichtig ist, an diesen Begebenheiten nicht festhalten zu wollen, sondern einfach weiterzuleben. Hier auf der Erde, in dieser Ebene der Realität. Dennoch können solche Erfahrungen sehr aufrüttelnd sein"*, weiß Eva. Gerade als sie Jan fragen möchte, was nun ihn ihm vorgeht, spricht er von selbst, dabei in die Leere starrend.

„Eva, wie kann ich nur so dumm sein?"
„Jan, du bist nicht dumm."
„Doch, ich selbst schaffe es nicht, ihr diese Worte zu sagen. Viel schlimmer ist, dass sie offenbar daran zweifelt, denn sonst hätte sie nicht gefragt. Und dieser Typ mit Zottelbart muss ihr sagen, dass ich sie liebe. Er macht etwas, zu dem ich nicht in der Lage bin."

Jan und Evas Welle der liebenden Kommunikation

Weit über eine Stunde sprechen Eva und Jan intensiv miteinander. Folgende Worte Evas, neben den Worten, mit denen sie ihre Liebe zu ihm ausdrückte, wird er jedoch nie vergessen:

„Jan, du bist sehr erfolgreich in deinem Beruf. Dafür benötigst du die Art der Kommunikation, die du dir angewöhnt hast. Du musst in den Gerichtssälen Menschen in die Rechtfertigung bringen, sie austricksen, eine Seite vertreten und damit auch einseitig argumentieren. Das ist dein Beruf, und auch wenn von Rechtsanwälten gefordert wird, abzuwägen, ist es dennoch deine Aufgabe, deine Mandantschaft, die verteidigt werden möchte oder die eine andere Seite anklagt, ordentlich zu vertreten. Je stärker die Argumente deiner Seite und schwächer die Argumente der Gegenseite, desto schwerer wird es für den Richter abzuwägen, der ja die Aufgabe hat, Gerechtigkeit und Rechtsfrieden herzustellen. Deine Gewinnchancen steigen, je besser du überzeugen und manipulieren kannst. So ist die Art deiner Kommunikation ein Garant für deinen Erfolg in deinem Beruf. Wir haben uns schon oft über das Thema Berufsmatrix unterhalten. Manche Menschen gehen in dieser Berufsmatrix unter und entwickeln kaum ein eigenes Selbstkonzept. Das ist bei dir differenziert. Wenn du mit mir wie mit deinen Gegnern in den Gerichtssälen umgehen würdest, dann hätten wir heftige Konflikte", lacht Eva Jan an.

„Ich kenne jedoch deine weiche, innere und strahlende Seite, die andere Menschen an dir nicht wahrnehmen können. Das liegt daran, dass du sie nicht zeigst, aber eben auch an ihrer Oberflächlichkeit. Die Frage ist ja nun: Was ist bei deiner und Mias Kommunikation schiefgelaufen? Magst du dazu meine Meinung hören?"

„Ja klar", Jan nickt.

„Okay. Es beginnt im Grunde mit einem Lachen Mias. Von ihrer Seite aus. Was sie mit dem Lachen verbindet, welche Grundüberzeugungen und Gefühle sie dazu bewegen, weißt du noch nicht. Doch wie hast du es verstanden?"

Jan grübelt kurz: „Stimmt. Ich habe es als Angriff auf mich gesehen, denn ich bezahle sehr viel für sie, hole sie ab und sie lacht darüber, dass mir ein Schaden entstanden ist. Du hast auch gelacht. Da habe ich es anders eingeordnet."

„Richtig. Und ihre wahre Intention kennst du…"

„…nicht, du hast vollkommen Recht."

Frieden in der Kommunikation durch das Vier-Seiten-Modell

„Jan, du kennst das Vier-Seiten-Modell der Kommunikation von Friedemann Schulz von Thun aus deinen Wochenendfortbildungen. Spannend finde ich in diesem Zusammenhang die Bedeutung des Namens Friedemann, denn er bedeutet ‚der Friedliche' oder ‚der Be-

schützende'. Ob seine Eltern bei der Namensgebung eine gewisse Vorahnung hatten? Denn dieses Modell bietet den Menschen wirklich die Möglichkeit, Frieden in ihre Kommunikation zu bringen. Du weißt ja, dass jede Nachricht des Senders aus vier Seiten bestehen kann. Es wird so oft das Beispiel des Ehemanns gebracht, wie er, nach einem harten Arbeitstag, die Kühlschranktür öffnet, um sich eine Flasche Bier zu gönnen. ,Oh, es ist ja gar kein Bier mehr da.'"
„Und seine Frau wird aus dem Wohnzimmer rufen, dass er doch sein Bier zukünftig gefälligst selbst einkaufen solle", schmunzelt Jan.
„Richtig, damit erklären sie das Modell so gerne. Uns ist klar, was passiert ist. Die vier Seiten könnte man so entschlüsseln: Die Ich-Botschaft lautet schlicht ,Ich habe Durst' oder ,Ich möchte ein Bier', die Du-Botschaft könnte lauten ,Du bist zuständig für das Einkaufen des Biers' oder ,Du achtest nicht auf meine Bedürfnisse', die Appell-Ebene ,Geh mir Bier holen' und die Sach-Botschaft schlicht und einfach ,Es ist kein Bier mehr da'. Es gibt zwei Punkte, die entscheidend sind. Erstens der Konjunktiv *könnte*. Denn es könnte so, es könnte auch ganz anders sein. Nicht jede Nachricht muss, so verwende ich es in meiner Praxis, vier Botschaften enthalten. Es kann sein, dass er an seine Frau appellieren möchte. Es kann aber auch sein, dass er nur seine Enttäuschung ausdrücken wollte und damit weder Appell noch Vorwurf ihr gegenüber verbunden waren. Sicher, dagegen wird immer wieder argumentiert, dass *natürlich* die Appellebene gemeint sein müsste, denn ansonsten hätte er den Ausspruch niemals getätigt. Und wie oft habe ich den gleichen Satz nur für mich selbst gedacht, wenn ich als Single damals meine Kühlschranktür geöffnet habe und mein Lieblingsjoghurt ausgegangen war? Ohne dass ich mir selbst jemals einen Vorwurf gemacht hätte! Als ob unser Protagonist nicht erwachsen wäre und sich selbst schnell noch ein Bier besorgen könnte, wenn er es denn unbedingt trinken möchte. Wir dürfen also niemals ausschließen, dass es nur eine Sachbotschaft war."

„Seine Frau aber nur den Appell hört", antwortet Jan. „Das macht Sinn. Dennoch ist jetzt Krieg im Haus."

„Richtig. Zumindest fast", Eva lächelt. „Und wie kann wieder Frieden einkehren?"

Bevor Eva weiterreden kann, antwortet Jan: „Ganz klar: ‚Hey, was hast du denn jetzt verstanden? Ich rede nur über das Bier, nicht über dich, es war kein Appell oder keine Enttäuschung über dich, die ich ausgedrückt habe. Ich hätte das Bier doch auch selbst mitbringen können!'"

„Genau das ist es. Jetzt kommt es auf das Verhältnis der beiden an. Denn diese Art der Missverständnisse wird es zwischen Menschen immer geben, solange sie sich der Sprache bedienen. Wenn beide sich gut aufeinander einschwingen können und sie sich als Partner begreifen, ist das Thema mit der Antwort des Mannes erledigt. Könnte die Frau seine Antwort nun nicht akzeptieren, läge das entweder an seiner sonstigen Einstellung oder an den Erfahrungen, die sie mit ihm gemacht hat, oder an ihrer Persönlichkeitsstruktur, die sich aus ihren bisherigen Erfahrungen wie der Kindheit oder anderen Partnerschaften gebildet hat, die sie aufarbeiten sollte. Denn eine mögliche Antwort von ihr wie z.B. ‚Das glaubst du doch wohl selbst nicht', würde sehr viel Tiefgehenderes darüber mitteilen, wie sie die Beziehung wirklich sieht."

„Unglaublich spannend, was man aus diesem Modell entwickeln kann. Wie simpel es ist, und wie wenig Menschen sich den Mechanismen der Kommunikation bewusst sind", findet Jan.

Frieden in der Kommunikation durch die Transaktionsanalyse

„Es gibt noch ein zusätzliches Modell, das die Kommunikation zwischen dir und Mia erklären könnte. Und das ist die Transaktionsanalyse."

„Eva, ich bin so müde. Aber ich würde das gerne noch hören, bevor wir ins Bett gehen. Es ist wirklich spannend!"

Eva reißt einen Zettel des Notizblocks ab, der sich auf dem noch gedeckten Tisch befindet, knüllt ihn zusammen und wirft ihn an Jans Stirn. Er prallt ab und landet auf dem Tisch. Jan nimmt ihn auf und wirft ihn zurück in Richtung Eva. Eva fängt ihn jedoch, beide lachen. „Siehst du, das könnte das freie Kind-Ich sein", schmunzelt Eva.

„Die Idee der Transaktionsanalyse stammt von einem Psychiater, Erice Berne, und ist schon knapp einhundert Jahre alt. Sie begründet sich auf den Lehren Siegmund Freuds. Das ‚Über-Ich', das ‚Ich' und das ‚Es' haben die meisten Menschen irgendwann einmal gehört. Laut Berne existieren drei Zustände im Menschen, das Eltern-, das Erwachsenen- und das Kind-Ich. Das Kind-Ich unterteilt sich in das freie, das angepasste und das rebellische Kind-Ich. Das Eltern-Ich unterteilt sich in das fürsorgliche und das kritische Eltern-Ich. Während einer Kommunikation können durchaus alle Zustände aktiviert werden, d.h. während du jetzt noch im Erwachsenen-Ich kommunizierst, kann es ein Satz später schon das Kind-Ich sein, oder es zeigt sich nur ein und bei deinem Gegenüber der komplementäre Zustand. Sprichst du mit jemandem aus deinem Eltern-Ich, wird er aus dem Kind-Ich heraus antworten, außer er ist kommunikativ geschult oder kennt die Transaktionsanalyse. Wenn Mia nun formulieren würde, dass sie Hunger habe, wie würdest du antworten?"

„Nun, es hinge von der Situation und ihres Ausdrucks ab. Wahrscheinlich würde ich ihr etwas zu essen anbieten. Das wäre vermutlich das stützende Eltern-Ich. Sagte ich ihr jedoch, sie wüsste doch, wo der Kühlschrank ist, wäre das wohl das kritische Eltern-Ich."

„Genau, wie würde sie darauf reagieren?"

„Jetzt verstehe ich, was du meinst. Sie ist mir kommunikativ unterlegen, sie sieht mich sowieso als ihren Vater, älter, weiser und erfahrener, sie würde mit hoher Wahrscheinlichkeit in ihr rebellisches Kind-Ich fallen und mir Kontra geben. Vielleicht würde sie den Kühlschrank öffnen, sich etwas zu essen nehmen und wäre somit im Zustand des angepassten Kind-Ichs. Sie wird sich mit Sicherheit nicht wohlfühlen. Und ich bin die Ursache. Ich bringe sie dahin, immer wieder ins Kind-Ich zu fallen", formuliert Jan leise.

„Ja! Ich würde es nicht als Fallen bezeichnen, es ist einfach ein Zustand. Möchtest du mit ihr auf Augenhöhe reden, brauchst du das Erwachsenen-Ich. Menschen akzeptieren auch durchaus ein kritisches Eltern-Ich, wenn es aus Fürsorge und Liebe heraus geschieht, die Kommunikation nicht übergriffig ist und es bestenfalls mit dem stützenden Eltern-Ich verbunden wird. Dafür bedarf es allerdings einer guten Beziehung und eines tiefen Vertrauens."

„Möchtest du sagen, sie vertraut mir nicht?"

„Nein!"

Jan grinst Eva an. Sie lächelt zurück, denn ihr ist der dahinterstehende kleine Klamauk bewusst. Beide können sich sehr schnell aufeinander einschwingen. Wie in jeder Beziehung hat das anfangs etwas gedauert.

Warum-Fragen bedeuten Krieg

„Warte mal Jan. Zum Schluss hole ich noch zwei Bücher aus meinem Büro. Mir fällt etwas zu den sogenannten Warum-Fragen ein, dass möchte ich dir gerne zeigen."

Wenige Momente später sitzen beide nebeneinander und blättern im Buch „Der große Zauberlehrling" von Alexa Mohl. „Schau mal hier, ich habe mir die Seite extra markiert."

Sie lesen gemeinsam etwas davon, dass die „Warum-Frage nicht zu den NLP-Techniken gehört".

„Auf Warum-Fragen werden Menschen veranlasst, Begründungen für ihr Problem zu nennen",[117] liest Eva vor.

„Dabei haben sich Erwachsene doch in aller Regel selbst schon ausführlich Gedanken zu ihrem Thema gemacht. Die Warum-Frage wird sie automatisch…"

„…ins Kind-Ich manövrieren", ruft Jan laut aus.

„Genau das ist es. Es ist so einfach. Sie werden sich rechtfertigen müssen, außer sie unterbinden die Warum-Frage", erläutert Eva weiter.

„Und eine Rechtfertigung ist der Zustand des Kind-Ichs", ergänzt Jan.

„Richtig. Auch Alexa Mohl schreibt über die Rechtfertigung und zitiert Chong/Smith-Chong, die ausschließlich Antworten auf Warum-Fragen aus dem trotzigen bzw. rebellischen Kind-Ich formulieren. Die beiden gehen sogar so weit, dass Warum-Fragen keinen Platz mehr in unserer Wirklichkeit haben sollten. Ursache und Wirkung seien der Kern des Denkens der westlichen Welt. Und die Menschen des Westens suchten für alle Erscheinungen zwanghaft nach einer Ursache und einem Verursacher.[117] Die letzten Worte der Seite würde ich dir gerne vorlesen!"

„Schieß los!"

> *„Es ist naheliegend, wohin das führt, wenn es sich bei den Erscheinungen um negativ bewertete handelt. Der Verursacher bekommt die Schuld und muss bestraft werden. Das ultimative Verhalten kausalen Abbildens ist Krieg."*[117]

Jan atmet tief ein und aus: „Meine Gerichtsprozesse fühlen sich für mich oft wie kleine Kriegsschauplätze an!"

„Ja! Deshalb soll der Richterspruch, neben Gerechtigkeit, auch Rechtsfrieden herstellen. Damit nach dem Krieg wieder Frieden einkehren kann. Noch eins, Jan. Heute Abend hat sich gezeigt, dass es offenbar einen tiefergehenden Konflikt zwischen dir und Mia gibt. Und schau mal, wie wenig wir tatsächlich über den Klimawandel gesprochen haben.

Gruppendruck bei Normopathie

Lass mich nur noch kurz Professor Dr. Maaz, den ehemaligen Chefarzt der Klinik für Psychotherapie und Psychosomatik im Diakoniewerk Halle, zitieren, der übrigens der Meinung ist, dass wir heute in einer narzisstischen Gesellschaft leben, genannt Normopathie!" „Wenn die Krankheit zur Normalität geworden ist", Jan erkennt die Bedeutung sofort. „Genau. Er behauptet, dass Gruppenzwang und das damit verbundene Eingliedern in eine Gruppe zu

> ‚besonders viel Anpassung und ein besonders folgsames Verhalten zu besonders viel Lob, Belohnung und persönlichem Glück führen könnte. Diese Rechnung geht aber nicht auf [...]. Im Gegenteil, wer nach diesen Prinzipien lebe, sich übermäßig anpasse und überkonform verhalte, lebe ein falsches Leben und ist ein Normopath. Schuld daran ist aber nicht nur der derart narzisstisch veranlagte Einzelne, sondern die Gesellschaft insgesamt, die einen hohen Anpassungsdruck auf ihre Mitglieder ausübe.‘[118]

Er sagt übrigens auch, dass deutsche Spitzenpolitiker psychisch gestört[119] und wir Deutschen Größenwahnsinnige seien!"[120] „Naja, schau dir mal die Mechanismen innerhalb einer politischen Partei an. Du kannst dort nur nach oben kommen, indem du dich so anpasst, wie du es gerade benannt hast, und zudem die Mechanismen der Macht sehr gut kennst und sie für dich ausnutzt! Ein weiteres Problem von Gruppen sind ihre Grundüberzeugungen. Diese Grundüberzeugungen sorgen dafür, dass die Gruppe und der Einzelne Sinn im Leben erhalten. Sinn im Leben bedeutet Sicherheit. Kommst du nun als Außenstehende und kritisierst mit völlig korrekten Argumenten einige Grundüberzeugungen der Gruppe, greifst du den Sinn des Lebens und damit die Sicherheit der Menschen an. Du bringst sie in Verwirrung. Verwirrung ist nicht komfortabel, also müssen sie dich und deine Argumente abwehren, um wieder Sicherheit und Struktur zu erhalten", bringt Jan seine Überlegungen ein. „Deine Überlegungen sind mir völlig neu. Sie machen aber Sinn, weil du etwas Ähnliches bei Traumapatienten beobachten kannst. In meiner Praxis erlebe ich sehr häufig, dass die Betroffenen wesentlich mehr über die Reaktion von Bekannten, Angehörigen oder der Polizei geschockt sind, als über die eigentliche Tat. Suizidgedanken entwickeln sie häufig erst wegen dieser Reaktionen. Es sind dann Sprüche wie ‚Na, stell dich mal nicht so an’, ‚Und das ist wirklich so passiert?’ oder ‚Die Tat ist doch schon sechs Wochen her, da geht es dir bestimmt schon besser’, die wenig hilfreich sind. Doch was geht in diesen Menschen vor sich? Sie sind nicht bösartig, sondern schlicht nicht bewusst handelnd und wenig empathisch, weil sie sich selbst in ihrem Selbstkonzept beeinträchtigt sehen. Habe ich es als Angehöriger mit einem nahen stehenden Opfer eines Verbrechens zu tun, wird mir schlagartig bewusst, dass es auch mir passieren könnte, weil es plötzlich so nahe ist. Dabei kommen Gefühle wie Ohnmacht, Angst und Wut in mir auf, die ich wieder loswerden möchte. Ich möchte so schnell wie möglich wieder mein Sicherheitsempfinden zurück und möchte glauben, dass mir so etwas nie passieren könnte. Deshalb wehre ich diese Eindrücke mit Sprüchen und Worten ab, die den Traumatisierten noch mehr verletzen. Er wird dadurch noch mehr in die Einsamkeit gedrückt – und Alleinsein verstärkt die Symptome einer Posttraumatischen Belastungsstörung noch mehr.“

„Selbstkonzept und Identifikation sind die Ursachen. Die Menschen sollten sich mal wirklich in der Tiefe mit sich selbst beschäftigen. Aber wem sage ich das? Ich muss bei mir selbst anfangen, wir sind mitten im Thema!

Wusstest du, dass Margaret Thatcher vor der Wiedervereinigung, im März 1990, mehrere Deutschlandkenner einlud, um zu erörtern, ob von einem wiedervereinigten Deutschland eine Gefahr für Europa ausginge? Es wurde debattiert, weshalb ‚eine kulturelle und kultivierte Nation sich zu einer Gehirnwäsche bis hin zur Barbarei hinreißen lassen konnte.‘ Damit war die Zeit des Nationalsozialismus gemeint. Thatcher war überzeugt, von Deutschland nichts Gutes erwarten zu können. Die typischen deutschen Eigenschaften seien ‚Aggression, übersteigertes Selbstbewusstsein, Minderwertigkeitskomplexe, fehlende Empathie und die Fähigkeit zum Exzess.‘[52]

Stimmt das nicht in bedrückender Weise mit der Sichtweise des Psychiaters überein?"

„Es ist tatsächlich sehr bedrückend. Allerdings sehe ich Minderwertigkeitskomplexe, fehlende Empathie und die Fähigkeit zum Exzess als generelles Problem der Menschen an. Tendenzen zum Größenwahn nehme ich auch wahr. Ich denke auch, dass der Nationalsozialismus kein Betriebsunfall war.[121] Und damit meine ich die Neigung zu Wahn und überwertigen Ideen, ohne dabei zu berücksichtigen, dass der Kriegsausbruch auch von anderer Seite aus forciert worden ist. Heute retten wir Deutschen die Welt auch wieder an allen Ecken und merken dabei gar nicht, dass die Kugel rund ist und keine Ecken hat." Eva gähnt.

„Daher ist es besonders wichtig, dass die wirtschaftlich starken Länder wie Deutschland eine Vorbild-Funktion einnehmen.'[122] Diesen Satz las ich zuletzt auf einer Seite, die der Westdeutsche Rundfunk betreibt und auf der es um die Eindämmung des CO_2-Ausstoßes geht. Am deutschen Wesen soll wieder einmal die Welt genesen. Denn wir sind das große Vorbild! An einem Vorbild nimmt man sich ein Beispiel. Wenn wir allerdings Vorbild sind, müssen dann die ‚anderen Länder' nicht zu uns hinaufsehen? Ist das nicht schon narzisstisch?"

„Der Narzissmus ist ja gerade durch mangelnde Krankheitseinsicht geprägt", scherzt Eva. „Ich weiß, Eva. Ist das noch seriöser, nicht wertender Journalismus? Und dabei haben wir nur einen Anteil von 3,1% des weltweit ausgestoßenen CO_2. Das wiederum hat einen Anteil von 0,038% an unserer Luft. Und wegen des Anteils von 3,1% von 0,038 Prozent, ich musste mir die Anzahl der Nullen einprägen, es sind vier nach dem Komma, kommen wir auf 0,00004712 Prozent."

„Jan, wenn wir das Thema auch noch ausdiskutieren, dann kommen wir nicht mehr ins Bett. Ich meine, gelesen zu haben, Deutschland habe einen noch geringeren Anteil am Ausstoß von CO_2.[123] Dennoch könnte auch der geringe Anteil einen Einfluss haben, gesetzt den Fall, der Treibhauseffekt ist geschriebenes Gesetz. Wir sollten uns allerdings die Frage nach der Sinnhaftigkeit stellen, wenn weltweit der Bau von 1.400 Kohlekraftwerken geplant wird.

Das Klima ist nicht mein Thema. Ich beschäftige mich mehr mit Menschen und auch mit den Mechanismen, die Brainwashing so erfolgreich machen und weshalb Menschen sich darauf einlassen. Das Klimathema kannst du ja mit Mia ausdiskutieren. Zurück zu Maaz. Er hat beschrieben, weshalb Menschen so anfällig sind für Störungen des psychiatrischen Themenkomplexes oder für die sogenannte Normopathie. Und wie andere Forscher sieht er die Kindheit als Ursache für viele dieser Probleme. Gesunde Mutter-Kind-Beziehungen unterteilt er in Mutterbestätigung, aus der Urvertrauen entsteht, in Mutterliebe, die zu gesundem Selbstvertrauen führt und in die individuelle Mutterbestätigung, die zu einem guten Grad der Autonomie führt. Gesunde Vater-Kind-Beziehungen unterteilt er in Vaterliebe, die zu Kreativität und gesunder Expansivität führt und in Vaterförderung und Vaterakzeptanz. Wir finden immer wieder Akzeptanz und Liebe. Nur was sollen Eltern den Kindern schon beibringen, wenn sie sich selbst nicht lieben können? Denn auch bei Maaz geht es um die Entwicklung der Beziehung zu sich selbst, um die Liebe zu sich selbst und um das Wahrnehmen eigener Bedürfnisse etc. Diese gesunden Eltern-Kind-Verbindungen sind immens wichtig für die gesunde Entwicklung eines Menschen. Sie sind meines Erachtens die Grundsäulen dafür, dass Menschen nicht auf Ideologien hereinfallen und zu ferngesteuerten Robotern werden. Maaz nennt auch negative Eltern-Kind-Beziehungen. Die sog. Mutterbedrohung führt zu Urmisstrauen und Gefühlen existentieller Bedrohung, der Muttermangel zu narzisstischen Selbstwert-Störungen, die Muttervergiftung zu Abhängigkeiten, Vaterterror zu einem gehemmten, Vaterflucht zu einem bequemen, faulen, passiven und der Vatermissbrauch zu einem gestressten Menschen bzw. Leistungsmenschen."[124]

„Macht Sinn! Was ist unter Muttervergiftung zu verstehen?"

„Eine Patientin von mir war stolz, dass ihr erwachsener Sohn keine eigenen Entscheidungen träfe, sondern grundsätzlich sie um Rat bitten würde. Auch Beziehungen zu Frauen seien nicht langanhaltend, die einzige, wirkliche Beziehung hätte er zu ihr. Muttermangel und Muttervergiftung gehen oft gemeinsam einher, das können wir jetzt aber nicht mehr weiter ausführen. Wobei wir allerdings einen Bogen spannen können von den Ausführungen von Herrn Maaz hin zu Greta Thunberg, der Prophetin der Klimabewegung.

Im März 2019 verglich die Bundestagsfraktionsvorsitzende der Grünen, Göring-Eckardt, Greta mit dem Propheten Amos des Alten Testaments. Dafür wiederum bestieg sie die Kanzel der Salvatorkirche in Duisburg. Auch Jeremia erwähnte sie in ihrer Rede:

,Sie verabscheuen den, der die Wahrheit sagt. [...] Vielleicht hören heute bestimmte Menschen lieber auf Amos aus der Bibel, als auf moderne Prophetinnen. Lassen Sie uns genauer hinschauen, was er sagt: ,Weil ihr die Armen unterdrückt und von ihnen hohe Abgaben nehmt, so sollt ihr in den Häusern nicht wohnen, die ihr so prächtig gebaut habt.'"[125]

Hier haben wir übrigens wieder den Begriff der Wahrheit!

Den Bezug auf die Armen der Welt stellte sie her, um später dafür einzutreten, dass Deutschland sogenannte Klimaflüchtlinge aufnehmen solle. Viele Jahre vorher nannte sie die Sanktionsmöglichkeit der Jobcenter, die Hartz-IV-Empfängern Leistungskürzungen androhen konnten, ein ,Bewegungsangebot'.[126]

Welcher Nimbus da um die junge Greta aufgebaut wird! Darüber hinaus darf sie sogar den Papst zu einem persönlichen Gespräch treffen![127] Nochmal, ich bewerte hier noch nicht, welchen Anteil wir Menschen am Klimawandel haben. Was mich bewegt, sind die Mechanismen, die wirken, um sie blind irgendeiner Sache hinterherlaufen zu lassen. Welche Mechanismen lassen es zu, dass Brainwashing so nachhaltig funktioniert? Ich glaube, einige erkannt zu haben. Doch bevor ich sie dir nenne, müssen wir einen kleinen Umweg über die Biographie Gretas machen und vielleicht gibt es da auch Parallelen zu Mia."

„Eva, ich bin zwar erschöpft, aber wahrscheinlich kann ich sowieso nicht schlafen. Was kannst du berichten?"

Greta Thunbergs Autismus im Kontext zur Klimabewegung

„Ihre Mutter, Malena Erman, beschreibt in ihrem Buch[53], dass ihr Mann Svante bei den Kindern geblieben sei, nachdem sie Greta 2003 und Beata 2005 geboren habe. Sie habe sich weiter um ihre Gesangskarriere gekümmert.[128] Erst ab dem zwölften Lebensjahr fällt den Eltern auf, ‚dass irgendetwas nicht stimmt'. Greta soll es plötzlich schlechter gegangen sein. Sie habe den ganzen Tag geweint, sich geweigert zu essen und sei depressiv gewesen. ‚Unsere Tochter verschwindet in eine Art Dunkelheit…'[129] Dass dieser kurze Abschnitt nicht den gesamten Krankheitsverlauf beschreiben kann, darf durchaus vermutet werden. Der darauffolgende Abschied Malenas als Opernsängerin wird auf fünf Seiten detailreich beschrieben. Gretas Nahrungsverweigerung wird lebensbedrohlich. Für den Verzehr eines Drittels einer Banane benötigt sie 53 Minuten, für fünf Gnocchi 2 Stunden und 10 Minuten.[130] Greta ist nach einem Krisen-Gespräch in einer Klinik, in dem auch die Möglichkeit einer Zwangsernährung erörtert wurde, bereit, wieder zu essen. Nachdem sie zehn Kilo verloren hatte, dreht sie sich im Treppenhaus des Krankenhauses plötzlich um, und sagt: ‚Ich will wieder anfangen zu essen!' Zugleich werden das Asperger-Syndrom, hochfunktionaler Autismus und Zwangsstörungen diagnostiziert. Natürlich kann ich den Fall Gretas aus der Ferne nicht wirklich beurteilen, allerdings kann ich sehr wohl etwas zu den Symptomen dieser Krankheit als auch aus meinen Erfahrungen aus meiner Praxis berichten. Das Asperger-Syndrom, und auch der Autismus, gehören zu der Gruppe der tiefgreifenden Entwicklungsstörungen. Dabei kommt es zu Beeinträchtigungen in den wechselseitigen sozialen Interaktionen und zu eingeschränktem Interesse. Beim Asperger-Syndrom können auch Spezialinteressen vorkommen, die sich auf bestimmte Gebiete beschränken. Der frühkindliche Autismus ist überdies gekennzeichnet durch die Unfähigkeit, Blickkontakt, Mimik, Körperhaltung und Gestik zur sozialen Interaktion zu verwenden, Beziehungen zu Gleichaltrigen aufzubauen und durch den Mangel spontan Freude, Interessen und Tätigkeiten mit anderen zu teilen, die auch für die Betroffenen relevant wären. Es gibt nicht den einen Autismus, das Spektrum ist riesig und du kannst den einen Patienten nicht mit dem anderen vergleichen. Die Wissenschaft diskutiert verschiedene Ursachen der Erkrankung, u.a. auch genetische.

Für mich als Therapeutin ist es natürlich schwierig, auch mal auf Umstände hinzuweisen, die in der Familie oder im Sozialverhalten begründet liegen können. Denn eins ist vollkommen klar. Eine Autismuserkrankung ist eine große Belastung für alle Beteiligten. Da machen Vorwürfe, egal ob von außen kommend oder Selbstvorwürfe, keinen Sinn. Wir sollten doch alle an einer Lösung bzw. an einer Linderung der Symptome arbeiten. Und wir müssen auch feststellen, dass selbst das nicht immer gelingt und die Ursachen auch ganz woanders liegen können. Wir wissen nicht alles. Offenbar ist das Eingestehen von Nichtwissen für viele Menschen sehr belastend, denn einerseits besteht die Gefahr, dass ihnen ihre Anhänger nicht mehr folgen oder sie sich andererseits damit ihrer Endlichkeit ein Stück weit mehr bewusst werden. Das wollen sie lieber verdrängen. Dabei ist und bleibt unser Wissen immer nur ein Tropfen. Das Klima und die damit einhergehenden Veränderungen sind und bleiben einfach nicht vorhersagbar. Aber wieder zurück zum Thema.

Durch die Eltern (mit-)verursachter Autismus

Es scheint einzelne Fälle zu geben, in denen Autismus durch die Eltern mindestens mitverursacht wurde. Eine Patientin kam mit ihrem Sohn zu mir, der an Asperger erkrankt ist bzw. war. Diese Patientin war in ihrer Kindheit selbst schwerstem Missbrauch ausgesetzt. Frauen mit Missbrauchserfahrungen bringen mit einer mehr als 60-prozentigen Wahrscheinlichkeit eher autistische Kinder zur Welt als Frauen, denen solche Erfahrungen erspart geblieben sind.[54]

Darüber hinaus bekam sie kurz nach der Schwangerschaft eine schwere Wochenbettdepression und berichtete davon, dass sie innerhalb des ersten halben Lebensjahres des Sohns keine echte emotionale Verbindung zu ihm habe herstellen können. Sie habe ihn zwar versorgt, ihn danach jedoch wieder ‚wie einen Gegenstand' sofort ins Bett gelegt. Ferner gerieten die jungen Eltern häufig miteinander in Streit. Der Vater muss dabei sogar einmal einen Schuh in Richtung seines Sohnes geworfen und dabei ausgerufen haben, dass sein Sohn an allem Schuld habe und erst seitdem er da sei, alles viel schlechter geworden sei. Das führte letztlich zur Trennung der beiden. Was blieb dem Jungen denn anderes übrig, als sich in seine eigene, innere Welt zu flüchten und einen Filter zwischen sich und der Umwelt zu verwenden? Könnte das nicht einfach nur Selbstschutz gewesen sein?

Bis zu 84% der autistischen Kinder leiden unter ausgeprägten Angsterkrankungen.[131] So war es auch bei diesem Jungen. Durch enorm viele günstige Umstände gelang es allen Beteiligten, ihm nachhaltig zu helfen. Denn es gibt hochwirksame Ansätze, Symptome des Autismus abzumildern.[132] [133] Frühes Gegensteuern kann die Behinderungen mildern <u>oder ganz vermeiden</u>.[133] Der Sohn meiner eben genannten Patientin wurde jahrelang therapiert und bekam eine Schulbegleitung zugesprochen."

„Was genau ist eine Schulbegleitung?"

„Schulbegleiter unterstützen das Kind in der Schule, betreuen es während des Unterrichts und den Pausen."[134]
„Das wusste ich nicht. Das ist bestimmt nicht ganz billig."

„Stimmt, in diesem Fall führten die Maßnahmen jedoch zum Erfolg. Der damalige Lebensgefährte meiner Patientin, der auf den leiblichen Kindesvater folgte, erzählte mir, dass sie den Sohn auch in höherem Lebensalter tagsüber lieber zu den Großeltern abgeschoben habe. Er sprach sogar davon, dass der Junge keinerlei oder nur sehr geringe Symptome zeigte, wenn er mit ihm alleine Zeit verbracht habe. Doch sobald die Mutter wieder zugegen war, hätten sich die Symptome des Autismus wesentlich ausgeprägter gezeigt. Auch sonst sei er derjenige gewesen, der sich den Ängsten des Kindes gestellt habe. Viele der Ängste des Jungen sind heute verschwunden und er macht sogar eine Ausbildung zum Erzieher. Wurde ihm mit der damaligen Diagnose nicht mangelnde Empathie bescheinigt? Und heute kümmert er sich um die Kleinsten unter uns, ist das nicht ein schöner Wandel?[55]

Allgemein nimmt die Wissenschaft an, dass die Theorie der toxischen Elternschaft als Ursache für autistische Erkrankungen als überwunden anzusehen ist.[135] Doch ist das im eben beschriebenen Fall auch so? Meine Patientin brach ihre Therapie ab, sie selbst hat es nie vermocht, sich ihrer toxischen Vergangenheit und ihrer eigenen Toxizität zu stellen. Ich weiß das, weil es mir ihr damaliger Lebensgefährte heute noch berichtet, wenn ich ihn mal auf der Straße treffe.

ADHS[136] und autistische Störungen sind inzwischen zu einer Modediagnose verkommen,[137] einfach, weil die Kriterien für die Diagnose verändert worden sind. Selbstverständlich sind nicht immer die Eltern schuld, manchmal kommen auch unbekannte Ursachen für die Krankheit infrage, aber wie oft verdecken wir mit diesen Diagnosen die wahren Ursachen? Kostspielige Schulleistungen, wie eine Schulbegleitung, werden nur denjenigen zur Verfügung gestellt, die Diagnosen erhalten.[137] Zudem ist das Abschieben von Verantwortung auf Großeltern, Therapeuten, Lehrern und Schulbegleitern oder das Verabreichen von Medikamenten wie Ritalin doch so viel einfacher. Manche Diagnosen bringen den großen Vorteil mit sich, dass niemand genauer hinsehen muss."

„Ist das nicht sehr heftige Kritik an deinem Berufsstand?"

„Die eine Ursache des Autismus gibt es nicht, allerdings sollte man die Psychiatrie nicht allzu ernst nehmen."

„Wie bitte, Eva? Wie redest du über dein Fach und deinen Beruf? Du hast eine jahrelange Ausbildung zur Psychotherapeutin hinter dich gebracht. Und dafür hast du sehr viel Geld investieren müssen."

„Ja und? Was heißt das schon? Sicher hat meine Ausbildung einen Wert. Doch möchte ich mich weder selbst überhöhen, denn das versperrte mir den Blick auf andere Meinungen, noch meinen Humor verlieren. Es schadet nicht, meinem Berufsstand mit einer gewissen Skepsis zu begegnen. Lass uns jedoch erst einmal zu den Thunbergs zurückkehren."

„Okay!"

Gretas Schwester Beata wird krank

„Gretas Schwester, Beata, gerät ebenso in eine schwere Krise. Beata meldet sich eines Tages telefonisch bei ihren Eltern, um ihnen mitzuteilen, dass sie bei einer Freundin essen würde. ‚Das ist seit langer Zeit das erste Mal, dass Beata nicht alleine Abendessen muss', denn ‚zuerst muss Greta gesund werden', berichtet ihre Mutter.[138]

Beata verschwindet in ihrem Zimmer, sobald sie von der Schule nach Hause kommt. ‚Wir kriegen sie kaum zu Gesicht. Sie spürt unsere Unruhe und geht uns aus dem Weg',[139] schreibt Malena, die einst selbst mit Bulimie und depressiven Schüben konfrontiert war, und bei der ‚wahrscheinlich ADHS, und Anzeichen depressiver Schübe und eines Erschöpfungssyndroms'[140] vorliegen. Beata nennt ihre Mutter

,blöde Schlampe [...], reißt DVDs aus dem Regal und wirft sie die Wendeltreppe hinunter. [...] ,Ihr kümmert Euch nur um Greta. Nie um mich. Ich hasse dich, Mama. Du bist die schlechteste Mutter auf der ganzen Welt, du verdammte Bitch!' [...] Beata [...] tritt immer wieder mit voller Wucht gegen die Wand, und wir staunen ein weiteres Mal über die unglaubliche Stabilität von doppelten Gipsplatten. Die Wand hält, und die DVDs sind ohnehin schon seit langem lädiert. Wir sind auch ziemlich lädiert, [...].[141] Sie erträgt uns nicht, [...]. Wir müssen still sein. Beata erfindet Spiele, die zu kompliziert werden, Spiele die aus dem Ruder laufen und zum Zwang werden, und wenn es nicht so klappt, wie sie es sich vorstellt, richtet sich ihre Wut gegen uns [...]. Svante, Greta und ich essen im Gästezimmer von Plastiktellern, um keinen Mucks von uns zu geben.'[142]

Am Ende des Kapitels heißt es:

,Wir schreien. Wir treten Löcher in die Türen. Wir kratzen uns. Wir schlagen Wände ein. Wir tragen Ringkämpfe aus. Wir weinen. Wir bitten um Hilfe, und wir halten aus.'[142]

Im Alter von zehn Jahren erhält Beata die Diagnose ,ADHS mit Zügen von Asperger, Zwangsstörungen und eine Störung mit oppositionellem Trotzverhalten'.[143] Beata braucht für einen Weg von einem Kilometer eine ganze Stunde.

,Sie muss immer den linken Fuß zuerst aufsetzen und wenn sie sich vertut, muss sie wieder von vorne anfangen. Und ich muss auf genau dieselbe Weise gehen wie sie, was schwierig ist, weil meine Beine länger sind [...].'[144]

Malena schreibt, dass Beata diese Manierismen nur zeige, wenn sie mit ihrer Mutter zusammen ist. Sie bringt sogar Verständnis dafür auf:

>*Und das kann ich gut nachvollziehen. Mir ging es mit meiner Mutter genauso – alle meine Tics traten in ihrer Gegenwart sehr viel stärker hervor.*'[144]

Sie erinnert sich an einen Machtkampf, als Beata vier Jahre alt ist und sich Strümpfe anziehen soll. Ihr Mann Svante und sie hätten Beata nach zwei Stunden den Kompromiss angeboten, ,die alten schmutzigen Strümpfe, die sie schon fast einen Monat lang trägt', anzuziehen. Beata weigert sich über <u>fünf</u> Stunden hinweg. Später sitzen sie im Zug nach Antwerpen und

>*Beata trägt keine Strümpfe in den Schuhen. Sie sitzt auf ihrem Platz und baumelt vergnügt mit den Beinen. Unser Duell ist zu Ende, und Beata ist die strahlende Siegerin. […] Beata setzt ihr spitzbübischstes Lächeln auf, und wie immer, wenn sie das tut, ist sie einfach nur unwiderstehlich. Man schmilzt dahin.*'[145]

„Es ist einfach unfassbar", wirft Jan ein. „Es ist doch alles kein Wunder. Sie lernt doch, sich mit diesen Methoden durchzusetzen. Sie setzt diese Methoden des Erfolgs Jahre später noch ein. Aber wer weiß? Vielleicht hatte sie keine andere Wahl. Auch negative Aufmerksamkeit ist Aufmerksamkeit, wenn positive nicht zu bekommen ist."
„Stimmt, das können wir aber natürlich nur mutmaßen. Malena bezeichnet sich selbst als Sozialphobikerin und zitiert Svante folgendermaßen:

>*Ich unterhalte mich nicht mit meinen Nachbarn. Ich schaffe es ja kaum, mit meinen Freunden oder meinen eigenen Eltern zu sprechen.*'[146]

Weiter schreibt sie: ‚Es geht um ausgebrannte Menschen auf einem ausgebrannten Planeten.'"

„Wahnsinn!"

„Ja Jan, so ist es. Sie sind es, die ausgebrannt sind. Und wie oft glaubst du, beleuchtet sie ihr eigenes Verhalten kritisch?"

„Nicht ein einziges Mal?"

„Korrekt. Schuld sind immer die anderen – die Schule, die Gesellschaft, das Gesundheitssystem, das angebliche Patriarchat. Oder der Klimawandel. Wenn Landstriche im Nahen Osten verdorren, sei es doch kein Wunder, dass die Schlangen vor den Kinder- und Jugendpsychiatrien in unserem Teil der Welt länger würden.[147] Sie selbst sagt von sich, sie sei ein hoffnungsloser Fall. Sie sei völlig aufgeschmissen, wenn es um praktische Dinge ginge, habe keinen Führerschein, hätte das Brot, selbst als sie zwanzig Jahre alt war, noch in der Plastikverpackung aufgewärmt, und weiß nicht, wie man sich ins Online-Banking einloggt und Rechnungen bezahlt."[148]

„Deswegen behauptet der Professor für Psychologie Jordan Peterson, man solle zuerst sein Zimmer aufräumen, bevor man die Welt rettet",[149] wirft Jan ein.

Gretas Gesundheitszustand verbessert sich

„Wir erfahren auch, wie es mit dem Klimathema weitergehen sollte. Greta bekommt in der Schule einen Film über die Verschmutzung der Meere gezeigt.[150] Daraufhin entwickelt sie Ängste und wundert sich über ihre Mitschüler, die keinerlei Ängste entwickeln, obwohl ich behaupte, dass sie bei den Mitschülern ebenso, nur eben nuanciert, einprogrammiert worden sind. Die Mitschüler reagieren natürlich anders auf angstmachende Themen als eine Autistin. Diese Angst bekämpft sie nun, indem sie den Klimawandel bekämpft. Und so kommt eins zum anderen. Die Familie hat nun einen Feind, den sie im Außen bekämpfen kann, um sich den eigenen Prozessen und den inneren Feinden nicht stellen zu müssen."

„Diese Parallelen zu dem Fall deiner Patientin sind unglaublich!"
„Aber wahr! Und wen wundert es, dass Gretas Zustand sich verbesserte, als sie sich für den Klimaschutz engagierte? Denn irgendwie sei sie, nach Angaben ihres Vaters, seitdem viel glücklicher."[151] Greta kompensiert also ihre Ängste, gleichzeitig dürften sich zahlreiche Symptome des Autismus verbessern, denn nun muss sie Interviews geben und sich damit auf soziale Interaktionen einlassen."
„Das sind also die Mechanismen, die auf psychologischer Ebene wirken!"
„Ja, so ist es. Auch wenn mir ein Abschnitt gut gefällt:

> ‚Den meisten von uns wird es besser gehen, wenn wir unser Leben entschleunigen und lokaler leben, wissend, dass wir unseren Kindern die Möglichkeit geben, Erfindungen und Lösungen zu entwickeln, auf die wir nicht gekommen sind.'[152]

Dennoch verbindet sie diese Gedanken grundsätzlich mit einer durchzuführenden Revolution. Und da melde ich natürlich meine Bedenken an. Denn Revolutionen gehen meist mit Gewalt einher, die auf das vorherige Brainwashing folgen. Ich bin der Meinung, dass wir Mechanismen beschreiben können, die dazu führen, dass Menschen blindlings Ideologien hinterherlaufen. Bevor ich dir abschließend diese Mechanismen erläutere, lass uns doch noch einmal auf meinen Berufsstand und einen Vertreter meiner Zunft zu sprechen kommen.

Das Psychotherapeutenjournal & „Die Verleugnung der Apokalypse"

Im Psychotherapeutenjournal 3/2019[153] meldet sich ein Psychologischer Psychotherapeut namens Fabian Chmielewski mit dem Artikel ‚Die Verleugnung der Apokalypse – der Umgang mit der Klimakrise aus der Perspektive der Existenziellen Psychotherapie' zu Wort. Das Wort Verleugnung bedarf einer Zerlegung in seine möglichen Bedeutungen. Eine Verleugnung ist die Nicht-Anerkennung einer Annahme, einer Unterstellung oder einer Tatsache. Für ihn ist die Apokalypse eine Tatsache, denn ‚ein großer Teil der Bevölkerung [...] hat nur ein lethargisches Gähnen für die Apokalypse übrig.‘ Verleugnung ist zudem ein primitiver Abwehrmechanismus nach Siegmund Freud. Die Apokalypse wird in der Offenbarung der Bibel als Gottes Gericht über die Menschen beschrieben. Auch hier wird die Spaltung deutlich, denn die Apokalypse wird auch als Endkampf zwischen ‚Gut‘ und ‚Böse‘ verstanden. Er stellt die Frage, ob es nicht um Leben oder Tod ginge.

Prophezeiungen

Die düsteren Prophezeiungen der Klimawissenschaftler würden heruntergespielt. Im religiösen Kontext versteht man unter Prophezeiungen Botschaften von Propheten, die im Auftrag Gottes handeln. Ich habe mich auf der ersten Seite seines Artikels bereits gefragt, ob ich einen Artikel eines Zeugen Jehovas oder eines Psychotherapeuten lese. Personen, ‚die die menschliche Verursachung des Klimawandels als Lüge abweisen‘, bezögen sich teils auf unhaltbare Verschwörungstheorien und seien erstaunlich aggressiv. Damit versucht er auf eine plumpe Art und Weise, Kritiker in eine gewisse Ecke zu stellen, da die Gehirne vieler Menschen auf das Wort ‚Verschwörungstheorie‘ hypnotisch eingestellt sind. Und überhaupt sei die Angst bei ‚uns allen‘ der Grund des Abstreitens. Er kommt nicht auf die Idee, dass Menschen davor keine Angst haben könnten, da sie die Diskussion um den Klimawandel für sich abgewogen haben und zu anderen Schlussfolgerungen kommen, als er mit seinen diffusen Ängsten. Wenn ‚jeder Angst hat‘, hat also auch er Angst. Ist nicht er es, der einen Therapeuten bräuchte?“

„Oh, eine Eva polemisiert? Das sind ja ganz neue Töne.“ Jan grinst schelmisch.

„Ja, ich polemisiere. Zurück zu diesem…, ach, unfassbar, wie sehr mich eine solche Auffassung nervt."

„Solltest du nicht selbst auf die Couch?", lacht Jan.

„Vielleicht." Auch Evas Gesichtszüge hellen sich kurzzeitig etwas auf.

„Jan, ich sehe eine andere Gefahr dahinter. Die Menschheit hat in 116 Jahren, zwischen 1900 und 2016, acht Millionen Todesopfer durch Naturkatastrophen zu beklagen. Und die Tendenz sinkt, obwohl die Bevölkerung absolut zunimmt. In Relation sinken die Opferzahlen deshalb sogar wesentlich stärker als absolut. Warum? Weil die Menschen lernen. Sie verbessern ihre Gebäude, bauen Talsperren, um Dürren zu vermeiden und die Wasserversorgung sicherzustellen, bauen Deiche usw. Der technische Fortschritt lässt uns hier besser überleben, denn wenn das nicht so wäre, würden wir immer noch in Höhlen leben. Der Mensch entwickelt Dinge nur deswegen, weil sie ihm das Überleben sichern oder angenehmer gestalten. Was und inwieweit das nötig ist, steht auf einem anderen Blatt. Und auch ob ein Flug nach London 2,50 Euro kosten sollte.

Wie viele Tote durch Krieg stehen den acht Millionen Opfern durch Naturkatastrophen gegenüber?[154] Bis zu 187 Millionen alleine im letzten Jahrhundert! Auch wenn diese Zahlen sinken, die Welt war wahrscheinlich noch nie so friedlich wie heute,[155] so ist der Mensch doch definitiv die größere Bedrohung für das Überleben des Menschen als die Natur. Zurück zu Fabians Geschreibsel.

Unsichtbarer Gegner

Da die Gefahr des Klimawandels noch in weiter Zukunft läge, seien unsere typischen Reaktionen auf Gefahren, also Kampf, Flucht oder Erstarrung, ‚hochgradig dysfunktional',[153] da sie ‚nicht für den Kampf mit einem unsichtbaren Gegner gemacht' seien. Was das Wort ‚Gegner' wohl framen soll? Er beschäftigt sich im Folgenden mit den möglichen Reaktionen von Menschen auf traumatische Ereignisse, die ich in ähnlicher Form bereits in meinen Publikationen beschrieben habe. Sie sind hier nur nicht zielführend, da er davon ausgeht, dass alle Menschen den Klimawandel als ultimative Bedrohung ansehen und ihre jeweils eigenen Kompensationsstrategien entwickelt haben. Wir könnten unser Überleben nur durch den Fight-Modus sicherstellen, weshalb die demonstrierenden Jugendlichen als gesund zu bezeichnen seien. Hier ist also zu dem unsichtbaren Gegner der Kampf hinzugekommen.

Klima-Kreuzritter und Deus lo vult

Interessanterweise käme es bei Klimaskeptikern zu ‚Überkompensationen', die zu ‚Kreuzrittertum' gegen den Klimaschutz und zur aktiven und aggressiven Leugnung führen können. Er sieht den Kreuzritter also nur im ‚Gegner' des Klimaschutzes. Dabei ist er es doch, der eine religiöse Sprache verwendet und damit dem Kreuzritter sehr nahekommt. Über seinen eigenen, inneren Kreuzritter verliert er kein Wort. Sondern stellt die Frage in den Raum, ob wir es mit der Klimakrise nicht auch mit einer Eigen- und Fremdgefährdung zu tun hätten. Und sieht sich, als Angehöriger eines Heilberufs, in der Verantwortung, eigen- und fremdgefährdende Menschen zu schützen. Jan, stell dir das mal vor. Ich muss als Therapeutin handeln, wenn ich Suizidabsichten als Eigengefährdung oder Verletzungs- oder Mordabsichten eines Patienten anderen gegenüber als Fremdgefährdung erkenne, und den Notruf wählen. Sind der eingeschaltete Arzt und der zuständige Richter der gleichen Ansicht, so erfolgt eine Zwangseinweisung in die Psychiatrie. Was will er also mit diesem Terminus ausdrücken?"

„Das ist Wahnsinn", ruft Jan aus. „Wir sperren die übrigen Gesunden weg!"

„Das ist die Gefahr. Will der Kreuzritter nun wegsperren? Wie lange dauert es wohl noch, bis er töten will? Fast möchte ich ihm ‚Deus lo vult', ‚Gott will es', zurufen.[56]

Brainwashing mit Klimapatienten

Chmielewski beschreibt weiter, welche therapeutischen Schritte notwendig seien. Menschen im Erduldungsmodus sollten ,neben den düsteren Nachrichten [...] konkrete Handlungs- und Wirksamkeitspotentiale vermittelt' werden. So würden sie Kontrolle über ihre depressive Symptomatik zurückerlangen. Bei Menschen im Vermeidungsmodus sollten ,wir [...] ein Schuldempfinden aufbauen.' Schuld könne so zu einer Veränderung des Verhaltens führen. Die Todesbewusstheit lasse Menschen im Einklang mit sozialen Werten handeln."

„Es ist einfach unfassbar!" Jan schüttelt entsetzt den Kopf.

„Es kommen die typischen Merkmale des Brainwashings zusammen. Angst, Schuld, Tod und Befreiung aus dem Kreislauf durch normgerechtes Verhalten! Es fehlt nur noch der Fernseher, der in einem dunklen Raum seine Schreckensbilder, die mit Musik untermalt werden, auf den Zuseher einprasseln lässt. Oder lass sie direkt tanzen, wie Sargant es in seinen Büchern beschreibt: ,Wer nicht hüpft, der ist für Kohle, hey, hey.' Es fehlen noch ein paar Mechanismen des Brainwashings, nicht?

Es gestalte sich sehr schwierig, Menschen im Kämpfermodus, ,die offensiv gegen eine von ihnen so empfundene ,Klimahysterie' ankämpfen, zurückzugewinnen'."

Jan haut mit der Faust auf den Tisch: „Das kann doch nicht wahr sein! Diese Menschen empfinden es nur so, als gäbe es eine Klimahysterie. Es ist eine gefühlte Klimahysterie, die nichts mit der Realität zu tun hat. Außerdem sind diese Menschen verloren. So meint er es."

„Korrekt. Denn sie müssen ja zurückgewonnen werden. Das wiederum ginge nur, indem man an ihr Gewissen appelliere. Keinesfalls dürften angstmachende Techniken verwendet werden, da diese Menschen durch das Mehr an Todesangst sonst noch mehr in ihren Überkompensationsmodus rutschten. In seinen Augen sind immer noch alle Menschen von der Tanatophobie, der Todesangst, wegen des Klimawandels befallen.

Den Menschen müsse vermittelt werden, dass sie die Ziele Sinnerfüllung, Zugehörigkeit und Selbstwert im Kampfe für das Klima erreichen könnten. Sinnerfüllung durch Fürsorge, Generativität und ein Ziel, das im Außen verfolgt würde. Das Retten der Welt sei doch auch sinnstiftend. Das Ego rettet die Welt, eigene, innere Probleme kennt es nicht. Das Thema Zugehörigkeit kennen wir schon durch den bereits beschriebenen Gruppendruck. Gruppendruck lässt sich ganz gut ausüben, wenn Schulen sogenannte Exkursionen zu den fridays-for-future-Demonstrationen organisieren,[156] [157] [158] und dies von den Bezirks- und den Landesregierungen unterstützt wird.[57]

Gruppendruck ist eine Maßnahme des Brainwashings. Die Meinungen, die hypnotisch in der Gruppe verankert sind, dürfen nicht mehr hinterfragt werden. Wie in Sekten. Wenn du dennoch zu einer eigenen oder neu formulierten Meinung gelangst, gehörst du in der Regel eben nicht mehr dazu. Und wer kann das schon aushalten? Die Selbstwerterhöhung solle laut Chmielewski erreicht werden, indem Menschen nun auch endlich zum Helden werden dürften. Wir brauchen einfach Helden im Kampf gegen den unsichtbaren Gegner. ‚Ziel wäre das Reframing vieler kleiner oder großer Aktivitäten als Heldentaten.'"

„Und so einer will an Menschen herumdoktern, es ist unfassbar."
„Er wird Menschen sicher schon geholfen haben. Doch sein Artikel spaltet die Gesellschaft noch mehr. Er will Gesunde zu Kranken deklarieren und Helden im Kampf gebären. Der Freiburger Arzt und Psychiater Alfred Hoche und ein Professor für Strafrecht, Karl Binding, veröffentlichten im Jahr 1920 ihre Schrift ‚Die Freigabe der

Vernichtung lebensunwerten Lebens. Ihr Maß und ihre Form'. Wie lange dauert es noch, bis ähnlich wohlfeil argumentierende Artikel auftauchen? Über Menschen vielleicht, die man Klimaleugner nennt, die wir ja heute schon verloren haben? Am Wort des Klimaleugners kannst du erkennen, wie sehr sie die Debatte einengen, denn kennst du jemanden, der den Wandel des Klimas leugnet? Ich kenne keinen einzigen Menschen!"
„Ich auch nicht. Wer bezweifelt schon, dass es Eiszeiten und wärmere Zeiten gab?"

Nimm die Psychiatrie nicht zu ernst
„Zurück zur Psychiatrie. Welche Meinung hast du zur kognitiv induzierten Verzerrung in der stereotypen Urteilsbildung?"
„Gar keine!"
„Gut, ich auch nicht. Dieser Titel ist nämlich das Thema der Doktorarbeit eines gewissen Gerd Postel. Unter 39 Ärzten und zwei Professoren hatte er sich um die Stelle als Oberarzt im Maßregelvollzug der Fachklinik für Psychiatrie des sächsischen Zschadraß erfolgreich beworben. Der Vorsitzende der Kommission, die über die Einstellung entscheiden sollte, sagte zu dem Thema der Doktorarbeit: ‚Das ist ja interessant, Sie werden sich bei uns sicher wohlfühlen.'[159] Tatsächlich existiert diese Doktorarbeit nicht, er promovierte nie, fälschte seine Dokumente und fühlte sich in den darauffolgenden zwei Jahren als Chefarzt offenbar tatsächlich sehr wohl. Er war nämlich gelernter Postbote und bezeichnete später den Titel seiner vermeintlichen Doktorarbeit als ‚Aneinanderreihung leerer Begriffe'.[159] Die Psychiatrie sei ein Fach, das von Wortakrobatik lebe.[159] Neue Krankheitsbegriffe erfand er auch gleich mit, wie z.B. die bipolare Depression dritten Grades.[159] Er setzte Gutachten auf, verschrieb Medikamente und wurde Weiterbildungsbeauftragter der sächsischen Landesärztekammer im Bereich Psychiatrie. So weit

210

kann dich eine fundierte Ausbildung als Postbote bringen!"
Jan kommt aus dem Schütteln des Kopfs nicht mehr heraus.

„Ihm wurde sogar eine C4-Professur als Chefarzt in der forensischen Abteilung am Sächsischen Krankenhaus Arnsdorf angeboten, einem landeseigenen Fachkrankenhaus für Psychiatrie und Neurologie im Landkreis Bautzen.[160] Er flog nach ca. zwei Jahren auf, nicht etwa durch seine Inkompetenz, sondern durch Zufall. Zwei seiner für sich gewonnen Erkenntnisse werde ich nie vergessen:

,Sie können mittels der psychiatrischen Sprache jede Diagnose begründen und jeweils auch das Gegenteil und das Gegenteil vom Gegenteil – der Fantasie sind keine Grenzen gesetzt.'"[159]

„Das erinnert mich direkt an diesen Artikel, den du eben zitiert hast", wirft Jan ein, der das Kopfschütteln immer noch nicht eingestellt hat.
„Bestimmte Symptome unter bestimmte Begriffe zu subsumieren, kann auch jede dressierte Ziege',[159] ist der zweite Ausspruch des Herrn."

Glück durch Spontanität, Bewusstheit und das Intimerlebnis
„Jetzt verstehe ich dein Witzeln darüber, dass man deinen Berufsstand nicht zu ernst nehmen sollte." Jan beendet sein Kopfschütteln.
„Manchmal kann uns Humor wirklich weiterhelfen", Eva lächelt.
„Jan, ich bin jetzt einfach zu müde, um noch etwas dazu zu sagen, wie man sich vor Ideologien und Brainwashing schützen kann."
„Ich habe verstanden, was du mir sagen wolltest", murmelt Jan leise.
„Im Grunde sehe ich für uns Menschen schwarz. Ich teile die Meinung von Eric Berne, der in seinem Buch ,Spiele der Erwachsenen', womit er die kranken Interaktionen von Menschen benannte, einordnete und beschrieb, auf seiner letzten Seite zum Ausdruck bringt, dass es für einige wenige Glückliche etwas Lohnenderes gibt als die-

se kranken Transaktionsspiele. Und das seien Spontanität, Bewusstheit und das Intimerlebnis. Bei all den Menschen, die darauf nicht vorbereitet seien, lösten sie Angst und Furcht aus. Sie sollten besser so bleiben wie sie sind und lieber die üblichen Sozialaktionen praktizieren wie z.B. gesellschaftliche Zusammenschlüsse. Für die gesamte Menschheit gäbe es keine Hoffnung, für einzelne Individuen könne die Zukunft jedoch hoffnungsvoll sein.[161]

„Gebet der Beziehungskultur"

Jan, ich habe mir das Gebet der Beziehungskultur extra notiert, das Herr Maaz geprägt hat." Eva steht auf, holt aus einer Schublade einen sauber gefalteten, hellgrünen Briefbogen und gibt ihn Jan. „So, ich gehe ins Bad und dann ins Bett", spricht Eva noch und gibt Jan einen Kuss auf seine Wange. Jan faltet den grünen Bogen auf. Mit blauer Tinte findet er die folgenden Wörter, die ihm wie aufgemalt erscheinen, so schön empfindet er die Schrift.

„Ich bin Ich. Du bist Du. Ich und Du sind immer verschieden. Jeder ist für sein Leben verantwortlich. Wir genießen Übereinstimmung und Gemeinsames. Wir akzeptieren vorwurfsfrei Getrenntes. Für das notwendige und unvermeidbare Zusammenleben in Verschiedenheit verhandeln wir. Vom Bösen, Feindseligen, Destruktiven lasse ich mich nicht anstecken Ich reagiere nicht, ich gehe aus dem Weg / dem Feld, ich wehre mich aktiv bei Gefahr, ich engagiere mich für Abhilfe."[124]

Jan und Mia begegnen einander wie nie zuvor

Eine ganze Weile noch bleibt Jan in der Küche sitzen. Gleich würde es wieder dämmern, doch die letzten zwölf Stunden haben ihn in der Tiefe berührt. Auch er trägt alte Verletzungen aus der Kindheit mit sich, auch er hat nie gewagt, sich diesen Verletzungen und seinen Ängsten zu stellen. Wie viele Verletzungen er wohl unbewusst an Mia weitergegeben hat? Die Gedanken über sein gestriges Verhalten seiner Tochter gegenüber machen ihn nun traurig. Er hat auch wirklich alles dafür getan, dass sich beide voneinander entfernen. Er weiß genau, dass sie sich bei hohen Geschwindigkeiten unwohl fühlt, und er hat sie bewusst in diese Lage gebracht. *„Dabei hat sie nur gelacht, den Kontext ihrer Beweggründe kenne ich ja nicht einmal. Erst auf meine Frage, ob sie nun völlig durchgeknallt sei, reagierte sie mit dem Begriff ‚CO_2-Dreckschleuder'. Später habe ich sie nicht einmal mehr zu Wort kommen lassen. Und mich ihr gegenüber, als Oberlehrer aus dem Eltern-Ich, absolut herabsetzend verhalten. Dabei ist es meine Tochter. Aber wie oft hat sich mein Vater mir gegenüber herabsetzend verhalten?"* Vor Jans geistigem Auge ziehen all die Bilder noch einmal vorbei, in denen sein Vater sich ihm gegenüber verletzend verhalten hatte. Selbst als er die ersten Erfolge vor Gericht feiern konnte, gab es nie eine Anerkennung seines Vaters. Sicher, er hatte ihm das Studium finanziert. Von Liebe sprach allerdings nie jemand. Erst in den letzten Momenten des Lebens seines Vaters, am Totenbett, haben sich beide voller Liebe und Schmerz umarmt und voneinander verabschiedet. Erst da spürte Jan das erste Mal die Liebe seines Vaters. Dafür ist er ihm heute noch so dankbar. *„Wie viele Menschen schaffen selbst das nicht?"* In den ersten Wochen nach dem Tod des Vaters hatte Jan diese *„komischen Träume"*. Da tauchte immer wieder das Gesicht seines Vaters vor ihm auf und es war voller Tränen. Selbst Jan ist damals häufiger schluchzend und mit stark pochendem Herzen aufgewacht. Sie hätten sich noch so viel zu sagen gehabt.

Und heute? In einer Zeit, in der seine Tochter bald selbst erwachsen ist? *„Ich mache die gleichen Fehler wie mein Vater. Und ich kann ihr noch nicht einmal eine Antwort auf ihre Frage geben, ob ich sie liebe. Und dabei wäre das die Möglichkeit eines Intimerlebnisses gewesen, so wie Eva es ausdrückte."* Jan ist völlig klar, dass mit einem Intimerlebnis nicht Sex gemeint ist, sondern die Möglichkeit, eines tiefen, inneren und vertrauten Austauschs zweier Seelen. *„Und darauf konnte ich mich, wie mein Vater, nicht einlassen."*

213

Als sich die ersten Emotionen wie Selbstzweifel und Selbstvorwürfe bei Jan melden, weist er diese zurück. Das hat er durch Eva gelernt. Jan ist ein Mensch. Er hat Fehler gemacht, er wird Fehler machen. Das weiß er. Keinen einzigen seiner Fehler wird er je rückgängig machen können. Aber er kann es besser machen. In jedem Augenblick. *„Gleich heute noch fange ich damit an!"*

Es ist 4:45, als Jan das letzte Mal auf seinen Wecker blickt, bevor er neben Eva einschläft. Viele Bilder tauchen im Schlaf vor ihm auf, es scheint, als zöge sein Leben an ihm vorbei. Eine dreiviertel Stunde später wacht er abrupt auf und fühlt sich hellwach, aber dennoch irgendwie erschöpft. Er steht auf, um sich etwas zu trinken zu holen. Von der Treppe aus kann er ein kleines Licht aus der Küche heraus wahrnehmen. Als er die Küche erreicht, sieht er seine Tochter Mia, die sich etwas aus dem Kühlschrank herausnimmt.

„Guten Morgen Mia. Kannst du nicht schlafen?"
Mia schüttelt den Kopf. „Ich habe Hunger!"
Jan gießt sich etwas zu trinken ein, setzt sich an den Tisch und beobachtet Mia, wie sie ihr Brot zu sich nimmt.
„Mia, es dämmert draußen. Wollen wir beide zur Elbe runter und uns dort auf die Steine einer Buhne setzen?"

Mia schaut erst etwas überrascht, nickt daraufhin aber mit dem Kopf. Eine halbe Stunde später sitzen beide am Rande der Elbe, lauschen den Morgengeräuschen der Natur, beobachten die Strudel, das Fließen des Wassers und die ersten Sonnenstrahlen, die den Himmel in tiefblaue und orange Töne verwandeln.

Jahre später noch werden sie sich an das Wochenende erinnern, das für beide so vieles geändert hatte. Beide werden die Bilder nie vergessen, wie Jan den Arm um seine Tochter Mia legte, und ihr sagte, dass er sie natürlich lieben würde. Und wie sehr er sie schätzte. Wie Mia ihren Kopf auf die rechte Schulter ihres Vaters legte und beide für einige

Momente innig versunken auf die Elbe sahen. Jan erzählte von seiner Vergangenheit, seinen Verletzungen und seinen Erfahrungen mit Mias Mutter. Mia verstand nun viel mehr, denn bisher kannte sie nur die Seite der Mutter. „Wie wichtig es ist, die Argumente beider Seiten zu würdigen", lernte sie damals. „Mia, deine Schule und die Nachhilfe halte ich deswegen für wichtig, weil ich möchte, dass du eines Tages ein so freies Leben wie möglich führen kannst. Je besser deine Ausbildung, desto mehr erhöht sich die Wahlmöglichkeit, womit du dein Geld verdienen kannst. Deshalb dränge ich darauf. Ich wünsche mir für dich, dass du in deinem Leben frei sein kannst." Auf die Frage, weshalb er sie zum Krav-Maga gedrängt habe, antwortete er: „Mia, du bist mir wichtig. Ich möchte, dass du so sicher wie möglich bist. Und du dich verteidigen kannst, damit du so unversehrt wie möglich durchs Leben kommst." Jetzt verstand Mia ihren Vater. Vorher hörten sich seine Anweisungen so dogmatisch, beherrschend und unterdrückend an. Diese Worte waren anders. Sie gaben Mia Sicherheit und Geborgenheit. Und Liebe. *„Sicher, es geht um Eigenliebe und Akzeptanz",* wird sie als reife Frau wissen. *„Dennoch muss das Herz von außen geweckt werden. Und dafür sind die Eltern zuständig."*

Pro & Contra Klimawandel – verschiedene Meinungen werden diskutiert und ausgehalten

Jahre später noch erinnert sich Mia, wie sie sonntags über den Klimawandel diskutierten und stritten. Wie Jan die Argumente des Freitags wiederholte und auch, welche Erkenntnisse er durch das Gespräch mit Eva gewonnen hatte. Auf das Argument Jans, einen Klimawandel habe es schon immer gegeben, antwortete Mia, dass dies nicht bedeute, dass die Menschen keinen Einfluss auf den Wandel des Klimas hätten. Außerdem hätten Forscher in mehreren Studien gezeigt, dass „sich das Klima der Erde in den vergangenen zwei Jahrtausenden nie an so vielen Orten gleichzeitig erwärmt hat wie derzeit."[162]

„Wie wollen die denn tausende Jahre zurückschauen können?"
„Anhand der Analyse von Baumringdaten".
Jan fand daraufhin einen Artikel, der die Baumringdaten aus Sibirien als falsch darstellt, und Temperaturkurven deutlich nach unten korrigiert werden mussten.[163]
„Sollten wir nicht einfach mehr Bäume pflanzen, denn die nehmen das CO_2 auf", meinte Jan. „Denn tatsächlich ist die Erde in den letzten Jahrzehnten immer grüner geworden.[164] Wenn CO_2 ein Problem ist, dann sollten wir den Vulkanen verbieten, auszubrechen", witzelte Jan. „Papa, der CO_2-Ausstoß von Vulkanen ist einhundertmal geringer als durch den Menschen."[165]
Auf das Argument Jans, der Anteil von CO_2 sei zu gering, um das Klima beeinflussen zu können, antwortete Mia, dass er den Treibhauseffekt doch aus der Schule kennen müsste.
„Sag mal, wo hast du deine plausiblen Argumente her?", erinnert sie sich noch heute an die Frage ihres Vaters. Sie erzählte ihm, dass sie mit ihrer Freundin Luisa an mehreren Veranstaltungen teilgenommen hatte, die sich mit „Strategien gegen Desinformation" beschäftigten.[166] „Das Seziermesser der Logik" sei gegen die Desinformation zum Klimawandel einzusetzen. Denn mit „allgemein zugänglichen Mitteln der Logik" lasse sich „arbeiten", um nicht „tief in die Details der Klimaforschung einzutauchen".[167]
„Mia, das ist genau das, was ich mit Eva besprochen habe. Sie verwenden den Terminus mit ‚allgemein zugänglichen Mitteln der Logik'. Das impliziert, dass ein Skeptiker über diese Mittel der Logik nicht verfügte. Sie begegnen den Skeptikern wie der Gerichtsmediziner seinen Kunden: ‚Mit dem Seziermesser!'"
Mia berichtete von einem vollbesetzten Workshop „Mit Klimaleugnern diskutieren ohne den Verstand zu verlieren", der auf dem ‚Kongress Klimawandel Kommunikation und Gesellschaft'[58] stattfand.[59]
„Dieser Workshop beleuchtet die häufigsten ‚Argumente' von sogenannten Klimawandel-Skeptikern und -Leugnern und fragt, wie man

sinnvoll mit ihnen umgehen sollte."[168] Mit einer Art „Impfung fürs Hirn",[169]

,[...] [also der] Beschäftigung mit bekannten Falschinformationen könnten die Leute künftig Desinformation selbst erkennen - und im Idealfall widerlegen. [...] Gegen einprägsamen Irrglauben helfen einprägsame Fakten [...]. Dafür brauche es Glaubwürdigkeit, Konkretheit, Emotion, Einfachheit und möglichst eine Geschichte.'"[170]

„Ich bin entsetzt, Mia. Sind das nicht die gleichen Mechanismen, die Eva als Brainwashing definierte?" Jan las den Bericht, den er zwischenzeitlich online recherchierte, laut vor:

„,Die von Leugnern verbreiteten Behauptungen einfach nachzuerzählen, berge nämlich die Gefahr eines ‚Bumerang-Effekts': Wird er wiederholt, prägt er sich umso tiefer ein.'[170]

Das gilt doch für beide Seiten, oder etwa nicht?", fragte Jan Mia.
„Wenn ich mir die Mechanismen ansehe, ohne emotional involviert zu sein, dann erkenne ich durchaus Methoden des Brainwashings. Übrigens ist in Studien herausgefunden worden, dass Kinder, und insbesondere Töchter, das umweltbewusste Verhalten ihrer Eltern beeinflussen. Durch ‚modifizierten Unterricht' könnten ‚besser informierte Kinder an schwer erreichbare Gruppen' herankommen.[171] Also Papa, es ist vollkommen klar, wo deine Reise hingeht."

Sie erinnert sich heute noch daran, dass Jan und sie herzhaft darüber lachten. Sie beschäftigten sich den gesamten Sonntag mit weiteren Argumenten beider Seiten und fanden beide bei spiegel-online heraus:
„Dass sich die Erde bei einem jährlichen Ausstoß von derzeit etwa 37 Milliarden Tonnen CO_2 aufheizt, erscheint somit plausibel."[162] Beide lernten, dass der größte Anteil aller wissenschaftlichen Arbeiten einen menschengemachten Klimawandel bejaht.[172]

„Wieso auch nicht? Zünde ich eine Kerze an, wird es wärmer und wenn acht Milliarden Kerzen brennen, ist die Wahrscheinlichkeit groß, dass das einen Einfluss hat", fand Jan. „Nur welchen, das ist wohl nicht so klar!"

Sie lernten allerdings anhand zahlreicher Artikel auch, dass der Treibhauseffekt sehr umstritten ist. Beide lasen über Versuche von Prof. em. Jan-Erik Solheim: „Das ‚Al Gore Experiment' soll zeigen, dass eine Flasche mit CO_2 in wenigen Minuten wärmer wird, als eine mit Luft. Doch das ist ein Schwindel."[173] [174] Sie sahen sich Videos mit Versuchen eines Lehrers an, der folgendes Resümee zieht: „Der CO_2-Anteil am Treibhauseffekt ist lächerlich gering."[175] [176]

Auf der anderen Seite lasen beide etwas darüber, dass es sehr wohl einen Treibhauseffekt gäbe, da ansonsten kaum Leben auf der Welt möglich wäre. Auf dem Mond würden die Temperaturen innerhalb eines Tages um 240°C schwanken, weil es keine Atmosphäre gäbe.[177] „Allerdings hat der Mond auch nicht annähernd so viel Wasser wie die Erde", bemerkte Jan.

Beide schauten sich einen Vortrag des Physikers Dr. Tscheuschner an, der vom „größten Wissenschaftsskandal" aller Zeiten in Bezug auf den Treibhauseffekt spricht. Beide nahmen auch die Antithese des Prof. Dr. Stephan Pfahl wahr, der behauptet dass „mit sehr großer Sicherheit [...] der Ausstoß von Treibhausgasen durch den Menschen für einen Großteil der beobachteten weltweiten Klimaerwärmung verantwortlich ist."[178]

Sie lasen auch, dass der Weltklimarat, also das IPCC, in seinen Prognosen häufiger daneben lag[179] und das er selbst Folgendes darlegt: „Klimamodelle arbeiten mit gekoppelten nichtlinearen chaotischen Systemen, dadurch ist eine langfristige Voraussage des Systems Klima nicht möglich."[180] [181]

Der Artikel „Die 97-Prozent-Falle" bei spiegel-online war der finale Artikel, den beide in ihrer Recherche berücksichtigten. Obama hatte erklärt, dass 97% der Wissenschaftler darin übereinstimmten, dass der „Klimawandel eine Tatsache, menschengemacht und gefährlich" ist. Diese Aussage stimmt jedoch nicht. Bei einer Studie von John Cook von der australischen University of Queensland sei lediglich herausgekommen, dass „97 Prozent" aller ausgewerteten Studien „einen menschlichen Einfluss zugrunde" legten.[182]

„Na ja, so banal hatte ich es eben formuliert, als ich über die acht Milliarden Kerzen sprach", rief Jan aus.

„Zwei Drittel [der Studien] hatten keine Position zu dem Thema - sie blieben außen vor.' Bei der Frage nach der Gefährlichkeit des Klimawandels gingen die die ‚Meinungen der Wissenschaftler weit auseinander.'"[182]

Finale

Jan brachte Mia sehr spät nachhause und stellte seinen Tempomat auf der Autobahn auf sanfte 130 Stundenkilometer ein.

Mia erinnert sich gut an Evas Sätze, dass depressive Menschen doch einfach das tun sollten, was sie als Kind schon gerne getan hatten oder gerne getan hätten. Mia hatte so gerne Blumen gepflanzt und sich an ihren gelben Sonnenblumen erfreut, die sie während des Frühlings im Garten ihrer Eltern pflanzen durfte und die im Sommer den Lauf der Sonne verfolgten.

Sie ist heute noch sehr bewegt darüber, wenn sie an das entsetzte Gesicht ihres Vaters zurückdenkt, als sie ihm eröffnete, sie wolle seine Kanzlei nicht übernehmen, sondern lieber Botanik studieren. Er sei doch immer davon ausgegangen, dass sie seine Arbeit fortführen könne. Und wie schnell er zugesagt habe, ihren Weg zu unterstützen. Und sich darüber freute, dass sie ihre Entscheidung frei und selbstbestimmt getroffen hatte. Sie konnte während des Studiums „selbstverständlich" bei

Eva und Jan wohnen. Auch Eva mochte den Gedanken, denn beide Frauen verband ein tiefes Band einer vertrauten Freundschaft. Sie erinnert sich noch sehr gut, wie ihr Vater eines Tages mit einem schnellen Elektroflitzer ankam und immens Freude an den Beschleunigungswerten seines neuen Fahrzeugs empfand. Wie er Solarpanels für den Hof besorgte, den er kaufte, bevor er sich entschloss, seinen bisherigen Job an den Nagel zu hängen und Menschen zu helfen, die am Existenzminimum gegen staatliche Institutionen kämpfen mussten, weil ihnen zustehende Leistungen verweigert wurden. Sie erinnert sich sehr gut an den Tag, als Jan und Eva plötzlich mit dem alten Achtzylinder, den er nie verkauft hatte, vor Mias kleiner Gärtnerei auftauchten und die drei in die Schweiz flohen und erst wieder nach Deutschland zurückkehrten, als sich die politische Lage wieder beruhigt hatte. Die Menschen waren, wie so oft in der Geschichte, mordend durch die Straßen gezogen. Sicher gab es schon Jahre vorher die Anzeichen von Fehlentwicklungen, doch niemand wollte genauer hinsehen, sondern die Schuld den Menschen in die Schuhe schieben, die eine andere Meinung hatten. Wieder wollte niemand bei sich selbst anfangen. Mia trägt heute noch die Kapitel des letzten Buches von Eva mit sich, mit dem sie vor Brainwashing gewarnt hatte. Auch das war einer von zahllosen Aufrufen anderer Menschen, die ihre Wirkung verfehlten.

Mia ist nun 55 Jahre alt. Sie wischt mit ihrer Handbewegung etwas Erde von ihrem blauen Kleid ab, die beim Einpflanzen der gelben Gerbera darauf gefallen sein muss. Gelb für Freude, auch in Zeiten tiefer Trauer. Vor einer Woche begrub sie die Urne ihres Vaters genau hier an dieser Stelle. Neben der Urne Evas. Er hatte seit dem Tod Evas ein Jahr zuvor immer mehr abgebaut. Er vermisste sie einfach zu sehr. Sein Herz war dennoch voller Liebe. Und er hatte gelernt, seine Liebe zu Mia auch in Worten und Gesten zu zeigen.

Mia legt die Schaufel beiseite, um weiße Lilien zu pflanzen. Die weiße Lilie ist Symbol für die Reinheit des Herzens und Würde und steht

für die Liebe über den Tod hinaus sowie die Auferstehung reiner Seelen.[183] Bevor Mia zu ihrer grünen Gießkanne greifen kann, erschrickt
sie. Es ist, als würde jemand hinter ihr stehen. Sie dreht sich um. Doch
da ist niemand. Sie lächelt und dreht sich voller Dankbarkeit dafür um,
dass sie zwei so wunderbaren Menschen so nahestehen darf. Und während sie lächelt, laufen Tränen über ihre Wangen.

Evas Worte

Religion oder Spaltung?

Das Wort Religion oder ‚religare' bedeutet „Zurückverbindung" und meint die Verbindung zu Gott. Weder gelingt das dem größten Teil der Religionen noch verbindet es die Menschen untereinander. Religionen oder Ideologien verbinden allenfalls nur innerhalb der Gruppe, spalten jedoch zu anderen, außerhalb der Gruppe stehenden, Menschen hin. Dabei verwenden sie meist höchstpathologische Methoden. Der Erfolg einzelner ideologischer Gemeinschaften, und die damit einhergehende Veränderung des Verhaltens, hängen einerseits von den neurotischen Dispositionen des Einzelnen ab, anderseits wie sehr die Menschen vorab, beispielsweise durch Traumatisierungen, in sich selbst gespalten sind, und darüber hinaus, wie sehr es den Urhebern oder „Predigern" einer Ideologie gelingt, die Menschen zu schockieren. Je größer der Schock, desto größer die Verhaltensänderung.

Gelingt der Schock, ist der Mensch deutlich anfälliger für Suggestionen bzw. hypnotische Beeinflussungen.

Je mehr Menschen im Außen spalten, desto mehr sind sie in sich selbst gespalten, wie wir es anhand der Projektionen gelernt haben. Kern einer jeden Projektion ist das Wahrnehmen eigener Defizite bei anderen Menschen. Damit werden die eigenen dunklen Flecken nicht erkannt. Projektionen entstehen nicht nur auf individueller, sondern auch auf kollektiver Ebene.

Innerhalb der Gruppe kann ein Gemeinschaftsgefühl entstehen, das zu Lebenssinn verhilft. Das Verhalten innerhalb der Gruppe wird aufgrund des Lebenssinns und der starken Identifikation bis aufs Letzte verteidigt. Je größer die emotionale Verwicklung und das Gefühl der Gemeinschaftsseele sind, desto eher wird ein rationales Abwägen unmöglich. Auch deshalb werden andere, von außen kommende, Ideen abgelehnt. Die Identifikation und die Gemeinschaftsseele werden stärker, je stärker die Abgrenzung nach außen hin erfolgt. Diese Abgrenzung beginnt mit Worten und negativ geäußerter Kritik an Menschen außerhalb der Gruppe.

Kritik oder Abwertung des Ganzen?

Kritik ist grundsätzlich ein wichtiger Bestandteil unseres Lebens. Kritik bedeutet Wachstum, denn nur durch Kritik finden wir bessere Lösungen. Wenn Eigenschaften, Taten oder Verhaltensweisen von Menschen negativ bewertet werden, mag das für alle Beteiligten sehr segensreich sein. Eine Kritik gibt allen Beteiligten grundsätzlich die Möglichkeit, zu reflektieren. Reflektion könnte der erste Schritt zu persönlichem Wachstum darstellen. Kritik wiederum wünscht die Gruppe jedoch aufgrund der oben beschriebenen Eigenarten nicht. Ideologische Gruppierungen verwenden daher selten Kritik an dem Verhalten anderer, außerhalb der Gruppe stehenden Menschen, sondern werten sie unter Verwendung von Subjekten ab, da sie sich auf eine inhaltliche Auseinandersetzung nicht einlassen können. Die inhaltliche Auseinandersetzung würde sie ja wieder in ihrem Sein bedrohen. Deshalb verwenden sie Begriffe, die vorab sorgsam mit Bedeutungen, sogenannten Frames, versehen werden.

„Klimaleugner" oder „Klimawandler", „Verschwörungstheoretiker" oder „Sch(l)afmensch", „Nazis" oder „linksversiffte Gutmenschen", „Kapitalisten" oder „Kommunisten", „Weltmenschen" bei den Zeugen Jehovas, „Wogs" bei den Scientologen, „Kuffar" für die „Ungläubigen" im Islam, „Goj" für die „Ungläubigen" im Judentum, sind keine Kritik an Positionen oder dem Verhalten, sondern führen zu Schubladendenken. Einzelne Gruppen verwenden sowieso eine spezielle Sprache mit Fachbegriffen, die Wissen nach außen hin vortäuschen soll, gleichzeitig nach innen den Nimbus des Auserwähltseins erschafft, und zusätzlich die inneren Mitglieder der Gruppe nach außen hin abgrenzt. Die Bezeichnungen für Menschen außerhalb der Gruppe sind so sehr mit Frames versehen, dass diese „Andersartigen"[60] sofort, mitsamt ihnen zugeschriebenen Eigenschaften, in eine Schublade gesteckt werden. Daraus wird man sie auch nicht wieder hervorholen können, weil alle anderen Mechanismen gruppenbezogener Prozesse mitwirken. Mit dem Subjekt wird der bezeichnete Mensch nicht nur abgewertet, sondern auch auf die Eigenschaften des „geframten" Begriffs reduziert. Dieser Begriff „malt" ein Bild des Menschen. Ein Bild jedoch muss weder etwas mit der Realität zu tun haben, noch kann es die gesamte Realität darstellen.

Abwertung am Beispiel des „Tätervolks"

Gruppenabwertungen funktionieren mit gleichen Prinzipien. „Tätervolk" ist solch ein Wort. Dieser Begriff reduziert ein Volk, und damit alle Beteiligten, auf den Begriff des Täters. Als ob alle Menschen eines Volkes Täter geworden sein könnten. Er impliziert gleichzeitig, dass dieses Volk eine Ausschließlichkeit beträfe, andere Völker also keine Schuld trügen. Nur das Tätervolk muss Buße tun. Das verhindert Augenhöhe und bewirkt gleichzeitig, dass sich eine hervorragende Projektionsfläche ergibt. Würden sich jedoch alle Völker dieser Erde gleichberechtigt begegnen, würden sie erkennen, dass in allen Völkern dieselben Mechanismen wirken, die uns andere Menschen oder Völker abwerten lassen. Ginge es nicht eigentlich genau darum? Um das Erkennen der Mechanismen, die uns in einem fortgeschrittenen Stadium dazu bringen, anderes, nicht zur „eigenen Art" gehörendes, Leben auszulöschen? Sollten wir nicht gemeinsam daran arbeiten, solche Mechanismen frühzeitig zu erkennen?

Was passiert bei dem sogenannten Tätervolk? Es muss sich natürlich schuldig fühlen. Eine Überkompensation der gefühlten Schuld führte dann dazu, alles besonders „gut" machen zu wollen. Wenn ein Begriff nach Jahrzehnten oder Jahrhunderten noch die Nachfahren dieses Volkes bezeichnen soll, betrifft der Vorwurf der Schuld Menschen, die die einzelnen Täter des damaligen Volkes nicht einmal mehr kennen oder kennenlernen konnten. Auch Schuld erzeugt einen Frame, vielleicht auch so etwas wie eine eigene Matrix.

Gegenbewegung

Je mehr sich die Gruppe von anderen Menschen oder anderen Gruppierungen abgrenzt, desto mehr entsteht die Tendenz einer Gegenbewegung. Dieser Gegenbewegung werden die gleichen Muster pathologischer Gruppendynamiken innewohnen wie der ersten Gruppe.

Groß-/Kleindenken in Gruppen

Als weiteres Problem haben wir das Klein-/Großdenken Einzelner erkannt, das auch Gruppen innewohnt. Die Idealisierung einzelner Menschen geht so weit, dass ihnen Millionen hinterherlaufen und sich mit dem dargestellten „Bild" identifizieren, nur weil sie besonders gut Tore mit einem Ball treffen, besonders schnell ein Fahrzeug im Kreis bewegen, eine oder mehrere Rollen als Schauspieler erfüllt haben oder schlicht und ergreifend über mehr Macht verfügen als andere Menschen. Innerhalb von Konzernen beispielsweise durchzuckt es ganze Abteilungen, sobald der Abteilungsleiter oder dessen Vorgesetzter durch die Flure wandeln. Kritik an Entscheidungen wird allenfalls von Einzelnen geäußert, auch wenn die gesamte Gruppe weiß, dass Kritik u.U. durchaus auf breiterer Basis angebracht wäre. Auf Konzernebene sind es keine ideologisierten Gruppen, die sich zusammenfinden, dennoch wirkt hier bereits das Phänomen der Angst. Aus Gründen der Angst und des Selbsterhaltungstriebs überlässt man lieber Anderen, Kritik zu äußern, und fällt ihnen vielleicht sogar noch in den Rücken, um die eigene Position zu sichern. Auch das hat mit Identifikation zu tun. Identifikation mit dem Selbstbild, mit dem Bild, wie der Einzelne von Kollegen und nicht zuletzt zuhause von der Familie wahrgenommen wird. Denn schließlich gilt man ja schnell als „Versager", nur weil der Arbeitsplatz verlustig gegangen ist. Aufgrund dieser Eigenarten befindet sich der Vorgesetzte, dessen Verhalten im Einzelfall durchaus kritikwürdig wäre, in einer Filterblase, mit der er sich von der Realität abkoppelt, da nicht ausreichend Kritik geäußert worden ist. Es sind also in dem Fall des Vorgesetzten nicht nur die individuellen neurotischen Dispositionen,[61] die Kritik abprallen lassen, sondern insbesondere das Verhalten der Menschen um diesen herum. In ideologiegeladenen Gruppen wird dieses Verhalten tendenziell schnell gefährlich, denn nur im Anfangsstadium eines gruppendynamischen Prozesses hätte innere Kritik zu einem umsichtigeren, und im Zweifelsfall zu weniger ausgrenzendem, Handeln geführt. Doch in einer ideologischen Gruppierung wirken neben den Ängsten, Neurosen und den Identifikationen des Einzelnen auch noch die beschriebenen Mechanismen der Gruppe.

Erlösung als Versprechen

Kennzeichen einer ideologischen Bewegung ist das Steuern des Verhaltens ihrer Mitglieder mit dem Versprechen der Erlösung, wenn die Regeln eingehalten werden. Scientologen können zu einem „Clear" werden, um individuell befreit zu werden, Zeugen Jehovas werden in Harmagedon durch Gott befreit und auch der Erlösungsanspruch anderer Religionen bezieht sich meist auf jenseitige Versprechungen, die durch diesseitiges Wohlverhalten erfüllt werden sollen. Problematisch werden sie nur dann, wenn das diesseitige Verhalten Bezug auf Außenstehende der Gruppe nimmt, die zur Not mit Gewalt überzeugt werden müssen. „Der Kapitalismus kann doch nur überwunden werden, wenn es keine Kapitalisten mehr gibt, oder etwa nicht?"[62]

Die Gefahr, wenn die Erlösung mit dem Verhalten anderer Menschen verbunden wird

Die Klimabewegung postuliert das „Zwei-Grad-Ziel" als erlösendes Ziel.[184] Abgesehen davon, dass es keine exakten Vorhersagemodelle einer mittleren Temperaturentwicklung geben kann,[180] [181] beschreibt dieses Ziel einen Zustand, der nicht im Jenseits, sondern im Diesseits erreichbar sein soll. Das entsprechende Verhalten zur Zielerreichung wird seitens der Klimabewegung genau formuliert. Da das „Zwei-Grad-Ziel" gleichzeitig mit dem CO_2-Ausstoß „geframt" ist, wird jeder, der zu Widerspruch tendiert, der „Erlösung" im Weg stehen. In letzter Konsequenz wird derjenige, der mehr CO_2 ausstößt, zum Feind des eigenen Überlebens. Dabei werden sich die Grenzen immer weiter verschieben. Anfänglich werden die Touristen der Kreuzfahrtschiffe, dann die Dieselfahrer, später die Inhaber der Wohnungen, die die Temperatur über eine bestimmte, definierte Grenze heizen, zum Problem deklariert. Und wie wird das mit ganzen Staaten sein, die gewissen Überlegungen nicht folgen wollen? Unter diesen Voraussetzungen muss der Erlösungsansatz der Klimabewegung kritisch gesehen werden.

Don't get emotionally involved?

Erinnern Sie sich an Heinrich? Und an sein Aussprechen sehr tiefer Wahrheiten, die scheinbar ganz woanders herkamen, und an die er sich einen Tag später nicht mehr erinnern konnte? Diese Begebenheit hat sich exakt so zugetragen. So etwas wird insgesamt sehr selten zu beobachten sein, weil es für Außenstehende fast unmöglich ist, den Panzer aus Lebenssinn, hypnotischen Befehlen, Gemeinschaftsseele, Schocks und Programmierungen zu durchbrechen. Selbst Therapeuten wird dies in der Regel nicht gelingen, wenn sich der Betreffende noch innerhalb der Gruppe aufhält. Denn sie selbst wollen die Auseinandersetzung im Grunde nicht, und ziehen bei intensiven Auseinandersetzungen mit Wissenden vorab antrainierte Schutzwälle hoch. Sie werden nur auf die Auseinandersetzung mit Menschen vorbereitet, die überzeugt werden sollen. Dafür wird ein gewisses Standardrepertoire an Überzeugungstaktiken geschult. Nicht umsonst werden Menschen, die sich intensiv mit den Lehren und Ideologien der jeweiligen Gruppierung auseinandergesetzt haben, und zu anderen Schlüssen gekommen sind als sie, scharf verurteilt und in von dieser Gruppe vorab beschriftete Schubladen gesteckt. Doch wie ist es Michael gelungen, wenigstens für einen kurzen Augenblick hinter die Schutzwälle seines Vaters zu gelangen? Er formulierte dies mir gegenüber einmal so:

„Weißt du Eva, ich glaube, dass Hass und Liebe zwei Seiten derselben Medaille sind. Wer hätte mich verurteilen können, wenn ich meinen Vater, aufgrund seiner wiederholten Angriffe, im Alter von 17 oder 18 Jahren massiv körperlich beschädigt oder gar getötet hätte? Hatte er mir gegenüber doch auch zum Ausdruck gebracht, dass er mich getötet haben würde, wenn das mosaische Gesetz noch gelten würde! Und wer, Eva, darf ihn verurteilen und den Stab über ihn brechen? Er, der selbst voller Kummer ist und sich immer wieder mit dem Gefühl des Abgelehnt- und Nichtgeliebtwerdens konfrontiert gesehen hat? Der sich verlaufen hat? Oder vielleicht auch nicht verlaufen hat? Ich sage dir, wer es dürfte. Vielleicht dürfte es Gott, wenn es ihn denn überhaupt interessiert. Ihn selbst wird es interessieren, spätestens, wenn er eines Tages sein Leben an sich vorbeiziehen sehen wird. Viele würden behaupten, ich dürfte es. Ich habe ihn verurteilt. Das ist aus meiner Lage heraus auch verständlich. Sobald ich aber hinter die Fassade gesehen und erkannt habe, welche Mechanismen ihn dazu gebracht haben, zu werden, wie er ist, konnte ich ihn nicht mehr verurteilen. Das hat er gespürt. Er hat in den letzten Jahren unseres Kontakts gespürt, dass ich nicht ihn, sondern allenfalls einige Verhaltensweisen, ablehne. Weil ich Dinge in ihm gesehen und erkannt, sie ihm gespiegelt und geäußert habe, ohne dabei zu verurteilen, habe ich ihm die Erlaubnis gegeben, aufzumachen. Er hat mir Dinge erzählt, über die er mit niemand anderem sprechen konnte. Weil ich ihm in Liebe und Mitgefühl begegnet bin, konnte er über seine eigenen Themen reden, die ich nach wie vor für mich behalten werde. Umgedreht war das auch so. Ich konnte über meine Schmerzen reden. Das führte trotz aller Differenzen dazu, dass wir uns begegnen konnten. Das bringt mich zu der Annahme, dass es seinen Eltern sehr wohl möglich gewesen wäre, ihn aufzufangen. Ohne Erpressung wäre dies sicher einfacher gewesen. Denn nicht umsonst hat er so oft geäußert, dass er es nie vermocht hatte, ihnen als Erwachsener zu begegnen. Wie sehr es ihn betrübte, dass sie ihm mit dem Rauswurf aus dem elterlichen Hause gedroht hatten.

Ich denke, dass wir unseren Nächsten kennen sollten. Die meisten Menschen kennen sich nicht einmal selbst, wie sollen sie dann ihren Nächsten kennen? Wenn ich mich auf meinen Nächsten, also auf meinen Sohn, einschwingen möchte, dann muss ich mich mit seinen Annahmen über das Leben auseinandersetzen. Wenn dabei Respekt und Liebe bestimmen, und beide Seiten gelernt haben, dass Widerspruch zum Leben gehört, und Widerspruch nicht dazu führt, dass der Nächste ausgegrenzt wird, sondern Kritik zum Wachsen dazugehört, dann ist auch das Auseinandersetzen einfacher. Im frühen Stadium einer Ideologisierung sind die Prozesse der ideologischen Auflösung der Persönlichkeit im Einzelnen noch nicht so weit ausgereift, dass sie mit Logik nicht zu überzeugen wären. Wenn allerdings schon Schock und Ängste wirken, dann weiß ich auch nicht weiter."

„Auch dann könnte es Möglichkeiten der therapeutischen Intervention geben", schmunzelte ich und erinnere mich an meine geliebte Begleiterin meines Lebens, Mia. „Ich bin sowieso der Meinung, dass viel mehr Menschen Methoden, wie das einfach zu erlernende Brainspotting, beherrschen sollten, um sich gegenseitig zu unterstützen. Sehr schwere psychiatrische Themen gehören in die Hände von erfahrenen Therapeuten, dennoch könnte mit einem breiten Wissen und Anwenden solcher und ähnlicher Methoden viel Gutes bewirkt werden."

„Okay, nehmen wir also an, dass Ängste und Schocks einigermaßen gelöst worden sind. Dann erfordert es schlicht und ergreifend Aufmerksamkeit und Arbeit der Beteiligten. Im Fall meines Vaters wären es seine Eltern gewesen, die sich in der Tiefe mit ihm hätten aus-

einandersetzen müssen. Vielleicht war der Weg zu den Zeugen Jehovas ja auch teilweise ein Aufbegehren gegen sie und ein Protest gegen die Vernachlässigung ihrerseits, die er so empfunden hat. Dann
müssten zuerst die tiefergehenden Themen gelöst werden, und das
geht nur mit offenem Visier, mit dem Eingestehen eigener Fehler
und des Äußerns des Bedauerns. Erst danach hätte er verstehen
können, weshalb sie in einzelnen Situationen so gehandelt haben,
und hätte so zu neuen Sichtweisen zu seinem eigenen Werdegang gelangen können. Wird diese Auseinandersetzung jedoch abgelehnt,
wird auch keine Auseinandersetzung über andere Themen möglich
sein. In einem Stadium, in dem es der Einzelne noch nicht als Angriff auf seinen Lebenssinn ansieht, wird er sich respektiert und ge-
achtet fühlen, wenn du dich mit seinen Themen auseinandersetzt.
Dazu müsstest du dich gründlich mit den Argumenten der Gruppierung auseinandersetzen, die Mechanismen verstehen und dich wirklich darauf einlassen. Doch wer kann und will das schon?"
„Ja, das stimmt wohl", entgegnete ich Michael und denke heute noch
mit Freude daran zurück, wie Jan sich auf Mia einlassen konnte und
wie wichtig es für beide war, die wirklich wichtigen, grundlegenden
Themen anzusprechen und zu lösen. Ich fragte Michael, welches In-
strument oder welche Maßnahme vor Brainwashing schützen könnte.
„Don't get emotionally involved!", war seine Antwort.
„Was genau meinst du damit?", fragte ich weiter.
„Nun, die Schocks führen dazu, dass wir emotionsgeladene Entscheidungen treffen und dabei nicht mehr ganz bei uns selbst sein
können. Davon sollten wir uns distanzieren."
„Sollten wir die Gefühle abstellen?"
„Nein, natürlich nicht! Wir sollten uns nur nicht treiben lassen von
unseren Emotionen. Manchmal helfen Therapeuten, wenn wir schon
zu weit in ihnen gefangen sind, manchmal reicht das bewusste Zurücktreten aus der Situation oder der Gruppe. Wenn die Emotionen

heruntergefahren sind, schalten sich der Verstand und die Rationalität wieder ein. Wenn wir Entscheidungen aus dem Verstand und dem Gefühl heraus treffen, nutzen wir einen größeren Teil unserer Ressourcen, die uns zum Menschen machen. Auch dabei werden wir Fehler machen, wir sind nicht perfekt!"

„Und dann?"

„Nun, dann steh einfach wieder auf und versuch es erneut. Vielleicht brauchst du zuerst eine Pause, ein kurzes Zurücktreten, ein kurzes Lecken deiner Wunden. Aber dann lauf wieder los. Es gibt Menschen, die haben dein Öffnen verdient, so wie du es auch verdient hast. Liebe deinen Nächsten wie dich selbst. Und vielleicht gelingt es uns gemeinsam, unsere eigene Finsternis zu zerlieben."

Literaturverzeichnis

[1] M. Miller, „chabad.org" [Online]
www.chabad.org/kabbalah/article_cdo/aid/380651/jewish/Neshamah-Levels-of-
Soul-Consciousness.htm [Zugriff am 28.2.2020]

[2] E. Yardeni, „The Kabbalah Centre", 16.7.2015 [Online]
https://kabbalah.com/en/articles/is-satan-real/ [Zugriff am 28 02 2020]

[3] G. l. Bon, Psychologie der Massen, Bd. 99, Stuttgart: Alfred Kröner Verlag, 1982,
p. 10.

[4] ebd., p. 13

[5] ebd., p. 33

[6] ebd., p. 47

[7] A. Hitler, Mein Kampf, München: Zentralverlag der NSDAP, 1943, p. 198.

[8] ebd., pp. 200-201

[9] G. l. Bon, Psychologie der Massen, Stuttgart: Alfred Kröner Verlag, 1982, pp. 16ff

[10] sueddeutsche.de/fiem/jube/hai, „Süddeutsche Zeitung", 30.6.2011 [Online]
www.sueddeutsche.de/politik/zitate-zur-atomdebatte-hoch-lebe-die-kernkraft-
die-kernkraft-muss-weg-1.1072431 [Zugriff am 28.2.2020]

[11] sueddeutsche.de/fiem/jube/hai, „Süddeutsche Zeitung", 30.6.2011 [Online]
www.sueddeutsche.de/politik/zitate-zur-atomdebatte-hoch-lebe-die-kernkraft-
die-kernkraft-muss-weg-1.1072431-2 [Zugriff am 1.3.2020]

[12] klimaretter.info/hb, „Klimaretter.info - Das Magazin zur Klima- und
Energiewende", 12.3.2011. [Online]
www.klimaretter.info/protest/nachricht/8141-menschenkette-von-akw-unfall-
ueberschattet [Zugriff am 1.3.2020]

[13] dpa/mkü, „Welt", Axel Springer SE, 29 06 2018 [Online]
www.welt.de/politik/deutschland/article178442836/Millionen-Betrag-Bundestag-
beschliesst-Entschaedigung-fuer-Atomkonzerne.html [Zugriff am 1.3.2020]

[14] P. Wuhrer, „Radolfzell gegen CETA", 13 04 2019 [Online] www.konstanz-gegen-
ttip.de/2019/04/13/vattenfall-vs-brd-sechs-milliarden-fuer-zwei-schrottreife-
atommeiler/ [Zugriff am 28.2.2020]

[15] S. Wettach, „Wirtschatfswoche", 11.4.2019 [Online] Vattenfall vs. BRD: Sechs
Milliarden für zwei schrottreife Atommeiler? [Zugriff am 01 03 2020]

[16] J. Pezet, „Correctiv - Recherchen für die Gesellschaft", CORRECTIV –
Recherchen für die Gesellschaft gemeinnützige GmbH, 21 09 2017 [Online]
https://correctiv.org/faktencheck/artikel-faktencheck/2017/09/21/bezahlen-die-
deutschen-den-hoechsten-strompreis-auf-der-welt [Zugriff am 1.3.2020]

[17] „Nuclopedia", 10 11 2019. [Online] Available:
https://de.nucleopedia.org/wiki/Liste_der_geplanten_Kernkraftwerke. [1.3.2020]

[18] R. (an), „Die freie Welt - Die Internet & Blogzeitung für die Zivilgesellschaft",
8.9.2017 [Online] www.freiewelt.net/nachricht/die-union-hat-sich-beim-thema-
migration-vollkommen-gewandelt-10072049/ [Zugriff am 1.3.2020]

[19] C. SCHWENNICKE, „Cicero - Magazin für politische Kultur", 6.12.2016 [Online] www.cicero.de/innenpolitik/cduparteitag-hetzerin-merkel [28.2.2020]

[20] A. Echtermann, „Correctiv - Recherchen für die Gesellschaft", CORRECTIV – Recherchen für die Gesellschaft gemeinnützige GmbH, 10.10.2019 [Online] https://correctiv.org/faktencheck/politik/2019/10/10/nein-angela-merkel-hat-auf-dem-cdu-parteitag-2003-nicht-von-gefahr-von-parallelgesellschaften-gesprochen [Zugriff am 16.2.2020]

[21] „Der Mann starb an Lungenkrebs Fukushima: Japan bestätigt ersten Strahlentoten", Axel Springer SE, 05 09 2018 [Online] www.bild.de/news/ausland/news-ausland/fukushima-katastrophe-japan-bestaetigt-ersten-strahlentoten-57090634.bild.html [Zugriff am 28.2.2020]

[22] „Welt", WeltN24 GmbH, 5.3.2017 [Online] www.welt.de/politik/deutschland/article162582074/Fast-haette-Merkel-die-Grenze-geschlossen.html [Zugriff am 282.2020]

[23] (mg), „Express", DuMont.next GmbH & Co. KG, 20 09 2015 [Online] www.express.de/koeln/hilfen-fuer-fluechtlinge-koelner-kardinal-woelki---deutschland-leuchtet-und-macht-europa-hell--22659248 [Zugriff am 1.3.2020]

[24] dpa/tmn Direkt aus dem dpa-Newskanal Süddeutsche Zeitung GmbH, „Süddeutsche", 21.12.2016 [Online] www.sueddeutsche.de/gesundheit/gesundheit-er-hat-mich-verfolgt-posttraumatische-belastungsstoerung-dpa.urn-newsml-dpa-com-20090101-161213-99-524732 [Zugriff am 1.3.2020]

[25] Deutschlandradio Karoline Knappe, „Deutschlandfunk Kultur", Deutschlandradio, 27.9.2018 [Online] www.deutschlandfunkkultur.de/tre-gegen-angst-und-stress-koerperuebungen-fuer.976.de.html?dram:article_id=429225 [29.2.2020]

[26] „Wikipedia" [Online] https://en.wikipedia.org/wiki/Abreaction [Zugriff am 1.3.2020]

[27] „Wikipedia" [Online] https://de.wikipedia.org/wiki/Strukturelle_Dissoziation. [Zugriff am 29 02 2020]

[28] „Wikipedia" [Online] https://de.wikipedia.org/wiki/Stockholm-Syndrom. [Zugriff am 1.3.2020]

[29] „Wikipedia" [Online] https://de.wikipedia.org/wiki/Pawlowscher_Hund [Zugriff am 29.2.2020]

[30] W. Sargant, Battle for the mind – a physiology of conversion and brain-washing, ISHK (by Margaret Sargant), 2011, p. 40

[31] ebd., p. 91

[32] A. Community-Autor*innen, „Edition F", 22.10.2015 [Online] https://editionf.com/das-schlimmste-an-der-vergewaltigung-ist-die-zeit-danach/ [Zugriff am 1.3.2020]

[33] „Wikipedia", [Online] https://de.wikipedia.org/wiki/Vergebung [1.3.2020]

[34] C. Wolf, „Göttinger Tageblatt", Verlagsgesellschaft Madsack GmbH & Co. KG, 15.4.2018 [Online] www.goettinger-tageblatt.de/Nachrichten/Wissen/Dein-Trauma-mein-Trauma [1.3.2020]

[35] D. Grand, Brainspotting: Wie Sie Probleme, Traumata und emotionale Belastungen gezielt auflösen, Kirchzarten: erschienen in der VAK Verlags GmbH, 2015, p. 9

[36] „Quarks", Westdeutscher Rundfunk Köln, 31 10 2017 [Online] www.quarks.de/gesellschaft/psychologie/darum-koennen-horrorfilme-suechtig-machen/ [Zugriff am 1.3.2020]

[37] „Prisma", prisma Verlag (Quelle: teleschau – der Mediendienst), [Online] www.prisma.de/news/Suspiria-Dakota-Johnson-nach-Horror-Dreh-in-Therapie,18040665.amp [Zugriff am 1.3.2020]

[38] P. Heidmann, „Stuttgarter Nachrichten", Stuttgarter Nachrichten Verlagsgesellschaft mbH, 25 09 2017 [Online] www.stuttgarter-nachrichten.de/inhalt.interview-mit-bill-skarsg-rd-ich-habe-jede-nacht-von-pennywise-getraeumt.4b91099e-0409-4c5f-b140-4cfa9a516428.html [1.3.2020]

[39] A. Böhme, „Der Westen", FUNKE Digital First GmbH, 15.6.2010 [Online] www.derwesten.de/kultur/spannungsdusche-id3116183.html [29.2.2020]

[40] Martina, „OK-Magazin", OK! Verlag GmbH & Co. KG, 31 10 2019 [Online] www.ok-magazin.de/people/news/stars-die-nach-ihrer-rolle-in-einem-horrorfilm-traumatisiert-waren-54591.html [Zugriff am 28.2.2020]

[41] L. Zhao, „Deutsche Welle", Deutsche Welle, 27.9.2019 [Online] www.dw.com/de/epigenetik-wenn-wir-traumata-vererben/a-50547821 [28.2.2020]

[42] www.sekten-sachsen.de/disposition.htm, Pfarrer Gerald Kluge Beauftragter für Sekten- und Weltanschauungsfragen im Bistum Dresden-Meißen [Online] www.sekten-sachsen.de/disposition.htm [Zugriff am 1.3.2020]

[43] L. Hubbard, „Dianektik – der Leitfaden für den menschlichen Verstand, Kopenhagen: New Era Publications, 1974, 1999, 2003, p. 13

[44] D. Redaktion, „jungle.world", jungle.world, 25 06 2015 [Online] https://jungle.world/artikel/2015/26/die-reaktion. [Zugriff am 14.3.2020]

[45] H. Steinkuhl, „Der Spiegel", DER SPIEGEL GmbH & Co. KG, 30.12.2015 [Online] www.spiegel.de/geschichte/wie-die-zeugen-jehovas-fuer-1975-den-weltuntergang-voraussagten-a-1069893.html [Zugriff am 1.3.2020]

[46] Watch Tower Bible and Tract Society of Pennsylvania, „jw.org", [Online] www.jw.org/de/bibliothek/buecher/biblische-geschichten/1/schweres-leben/ [Zugriff am 29.2.2020]

[47] Wachtturm-Bibel und Traktatgesellschaft, „jw.org" [Online] https://wol.jw.org/de/wol/d/r10/lp-x/1101978056 [Zugriff am 29.2.2020]

[48] Watch Tower Bible and Tract Society of Pennsylvania, „jw.org" [Online] www.jw.org/de/bibliothek/buecher/biblische-geschichten/2/jakobs-tochter-dina/ [Zugriff am 29.2.2020]

[49] Watch Tower Bible and Tract Society of Pennsylvania, „jw.org GESCHICHTE 114 Das Ende von allem Bösen" [Online] www.jw.org/de/bibliothek/buecher/biblische-geschichten/8/harmagedon/ [Zugriff am 29.2.2020]

[50] Watch Tower Bible and Tract Society of Pennsylvania, „jw.org GESCHICHTE 116 Wie man ewiges Leben bekommt" [Online] www.jw.org/de/bibliothek/buecher/biblische-geschichten/8/ewiges-leben/ [Zugriff am 29.2.2020]

[51] D. Wegner, „Dushan Wegner Du sollst nicht stehlen", 18.12.2019 [Online] https://dushanwegner.com/du-sollst-nicht-stehlen/ [Zugriff am 01 03 2020].

[52] E. Wehling, „Elisabeth Wehling", Elisabeth Wehling [Online] www.elisabethwehling.com/about [Zugriff am 6.3.2020]

[53] M. Röhlig, „bento - Das junge Magazin vom Spiegel – ‚Klimawandel' oder ‚Klimakrise': Wie Sprache unser Denken über die Zukunft verändert", DER SPIEGEL GmbH & Co. KG , 22.5.2019 [Online] www.bento.de/nachhaltigkeit/klimawandel-wie-framing-den-blick-auf-die-klimakrise-veraendert-a-01b18d55-d2a9-4b14-a276-dce86c7ad75a [8.3.2020]

[54] ARD, Hart aber fair -, „youtube Trumps Wahlkampf: Land spalten, Macht retten? | Hart aber fair vom 5.11.2018", 3.12 2018 [Online] www.youtube.com/watch?v=vaOiz50j3c0 [Zugriff am 5.3.2020]

[55] „DasErste - Aufgabe und Funktion des öffentlich-rechtlichen Rundfunks/der ARD", Norddeutscher Rundfunk, 19.10.2015 [Online] https://daserste.ndr.de/wahlarena/Aufgabe-und-Funktion-des-oeffentlich-rechtlichen-Rundfunks-der-ARD,antworten124.html [Zugriff am 9.3.2020]

[56] B. Weidenbach, „Durchschnittliche tägliche Fernsehdauer in Deutschland nach Altersgruppen in den Jahren 2018 und 2019", Statista GmbH, 10.1.2020 [Online] https://de.statista.com/statistik/daten/studie/152389/umfrage/durchschnittliche-fernsehdauer-pro-tag/ [Zugriff am 6.3.2020]

[57] J. Huang, „ MSD Manual Ausgabe für medizinische Fachkreise - Übersicht über die Hirnfunktion", MSD SHARP & DOHME GMBH, 07/2017 [Online] www.msdmanuals.com/de-de/profi/neurologische-krankheiten/funktion-und-funktionsst%C3%B6rung-der-hirnlappen/%C3%BCbersicht-%C3%BCber-die-hirnfunktion#v1033944_de [Zugriff am 6.3.2020]

[58] Nonnenmacher, Dr. med., „MediLexi.de - Frontallappen", MedLexi.de, 30.6.2019 [Online] https://medlexi.de/Frontallappen [Zugriff am 6.3.2020]

[59] Spektrum der Wissenschaft Verlagsgesellschaft mbH, „Lexikon der Neurowissenschaft: Frontallappen", 2000 [Online] www.spektrum.de/lexikon/neurowissenschaft/frontallappen/4368 [6.3.2020]

[60] „Frontallappen", Wikimedia Foundation Inc., [Online] https://de.wikipedia.org/wiki/Frontallappen. [Zugriff am 6.3.2020]

[61] A. Rheinländer, „KENHUB Frontallappen (Lobus frontalis)", Kenhub GmbH, 6.3.2020 [Online] www.kenhub.com/de/library/anatomie/frontallappen-lobus-frontalis [Zugriff am 7.3.2020]

[62] Prof. Dr. med. h.c. Günther W. Amann-Jennson, „Gehirnwellen – Beta, Alpha, Theta, Delta", SAMINA Produktions- und Handels GmbH, 17.5.2017 [Online] www.einfach-gesund-schlafen.com/gesund-schlafen/gehirnwellen-beta-alpha-theta-delta [Zugriff am 6.3.2020]

[63] „WIKIPEDIA - Frequenz", 27.1.2020 [Online] https://de.wikipedia.org/wiki/Frequenz [Zugriff am 7.3.2020]

[64] Administrator, „The Seven Laws of Suggestopedia", Laznov.org, 9.10.2009 www.lozanov.org/index.php?option=com_content&view=article&id=50&Itemid=67&lang=bg [Zugriff am 6.3.2020]

[65] Herbert E. Krugman & Eugene L. Hartley, „Passive Learning from Television", *MHD. Mental Health Digest, Band 2,Ausgabe 10*, pp. 28-30, 10.10.1970

[66] Jasinna, „Youtube - P. 1 // HYPNOTISIERTE Massen + PROPAGANDA", Weisheit-Liebe ♥ , 25 09 2015 [Online] www.youtube.com/watch?v=V4bIScxOAIY. [Zugriff am 06 03 2020]

[67] S. Kollewe, „Peacelife create yourself - Was Du über Dein Gehirn unbedingt wissen solltest bevor Du es benutzt", PeaceLife ®, 2018 [Online] www.peacelife.de/gehirn-wissen/ [Zugriff am 6.3.2020]

[68] „BRAINEFFECT - Mentale Regeneration – die besten Entspannungsübungen", Whitewall GmbH [Online] www.brain-effect.com/magazin/entspannungsuebungen [Zugriff am 9.3.2020]

[69] C. Habelung, „Zentrum der Gesundheit - Fernsehen - das Kontrollmedium", Neosmart Consulting AG, 20 11 2019 [Online] www.zentrum-der-gesundheit.de/fernsehen-ia.html [Zugriff am 6.3.2020]

[70] aikos2309, „PRAVDATV - Fernsehen – das Kontrollmedium (Video)", Pravda TV, 25.4.2018 [Online] www.pravda-tv.com/2018/04/fernsehen-das-kontrollmedium-video/ [Zugriff am 6.3.2020]

[71] „Wikipedia Die freie Enzeklopädie - Elektroenzephalografie", Wikimedia Foundation Inc., 16.2.2020 [Online] https://de.wikipedia.org/wiki/Elektroenzephalografie [Zugriff am 6.3.2020]

[72] U. Seiler, „Fernsehen- Der manipulierte Mensch", *ZeitenSchrift Nr. 9*, pp. 30-35, Quartal 1 1996

[73] D. Sutphen, „Battle for your mind - Persuasion & Brainwashing Techniques Being Used On The Public Today", [Online]. www.cs.cmu.edu/~dst/Secrets/TR/sutphen.html [Zugriff am 6.3.2020]

[74] M. Schütz, „Universität Wien / Universitätsbibliothek", 2015 [Online] http://othes.univie.ac.at/36925/1/2015-03-30_0906980.pdf [Zugriff am 9.3.2020]

[75] „wikipedia Die freie Enzyklopädie - Die Ankunft eines Zuges auf dem Bahnhof in La Ciotat", Wikimedia Foundation Inc., 11 02 2020. [Online].

https://de.wikipedia.org/wiki/Die_Ankunft_eines_Zuges_auf_dem_Bahnhof_in_L a_Ciotat [Zugriff am 6.3.2020]

[76] D. Sutphen, „THE BATTLE FOR YOUR MIND, by Dick Sutphen" [Online] www.cs.cmu.edu/~dst/Secrets/TR/sutphen.html [Zugriff am 6.3.2020]

[77] „WIKIPEDIA - Enkephalin", Wikimedia Foundation Inc., 27.12.2019 [Online] https://de.wikipedia.org/wiki/Enkephalin [Zugriff am 7.3.2020]

[78] „Gedankenwelt - Enkephalin: Ein schmerzlindernder Neurotransmitter", Gedankenwelt, 23.10.2019 [Online] https://gedankenwelt.de/enkephalin-ein-schmerzlindernder-neurotransmitter/ [Zugriff am 7.3.2020]

[79] „BRAINEFFECT - Endorphine - Definition, Wirkung und Entstehung des Glückshormons", Whitewall GmbH [Online] www.brain-effect.com/magazin/endorphine-glueckshormone [Zugriff am 7.3.2020]

[80] „TherMedius Shop - Weißes Rauschen 10Hz Alpha", Dipl. Betrw. (BA), HP Psych., HP, Ausbilder (IHK) Jan-Henrik Günter, [Online]. www.hypnosecds.de/us/Weisses-Rauschen-10Hz-Alpha/p/107829 [7.3.2020]

[81] F. Rötzer, „TELEPOLIS - Fernsehen verändert das Gehirn", Heise Medien GmbH & Co. KG, 07 04 2004 [Online] www.heise.de/tp/features/Fernsehen-veraendert-das-Gehirn-3434077.html [Zugriff am 6.3.2020]

[82] C. Thiel, „DIE WELT - Fernsehen ist nichts für Kinder", Axel Springer SE, 3.11.2005 [Online] www.welt.de/print-welt/article175145/Fernsehen-ist-nichts-fuer-Kleinkinder.html [Zugriff am 6.3.2020]

[83] „NAGEL-Redaktion – Fernsehen und Co. – Junge Menschen und Medien", ABA Fachverband Offene Arbeit mit Kindern und Jugendlichen e.V., 16.9.2005 [Online] www.aba-fachverband.org/fileadmin/user_upload_2008/medien/Fernsehen_macht_Kinder_dumm_WANC_2005.pdf [Zugriff am 6.3.2020]

[84] „www.kindergesundheit-info.de", Bundeszentrale für gesundheitliche Aufklärung (BZgA), 30.4.2015 [Online] www.kindergesundheit-info.de/themen/medien/medienarten/film-fernsehen/ [Zugriff am 6.3.2020]

[85] „Gedankenwelt - Vom unbewussten zum bewussten Verstand", Gedankenwelt, 31.12.2017 [Online] https://gedankenwelt.de/vom-unbewussten-zum-bewussten-verstand/ [Zugriff am 7.3.2020]

[86] Z. d. Gesundheit, „Zentrum der Gesundheit - Fernsehen macht dick, dumm und gewalttätig", Neosmart Consulting AG, 13.1.2020 [Online] www.zentrum-der-gesundheit.de/ia-fernsehen-macht-dick.html [Zugriff am 6.3.2020]

[87] J. McIntosh, „Los Angeles Times - Opinion: Are Hollywood movies teaching men and boys that predatory behavior is OK?", Los Angeles Times, 1.3.2018 [Online] www.latimes.com/opinion/opinion-la/la-ol-mcintosh-hollywood-predator-heroes-20180301-story.html [Zugriff am 9.3.2020]

[88] T. Moosa, „The Guardian - Stalking, actually: why men who reject rejection are not romantic heroes", Guardian News & Media Limited, 12.9.2017 [Online]

www.theguardian.com/commentisfree/2017/sep/12/stalking-men-rejection-romantic-sitcoms-films-creepy-women-boundaries [Zugriff am 9.3.2020]

[89] B. Child, „The Guardian - Study finds romcoms teach female filmgoers to tolerate „stalking myths", Guardian News & Media Limited , 3.2.2016 [Online] www.theguardian.com/film/2016/feb/03/rom-coms-women-stalker-myth-study [Zugriff am 9.3.2020]

[90] J. Pearlman, „The Telegraph - Australian man accused of stalking escapes conviction after blaming Bollywood", Telegraph Media Group Limited, 29.1.2015 [Online] www.telegraph.co.uk/news/worldnews/australiaandthepacific/australia/11377511/Australian-man-accused-of-stalking-escapes-conviction-after-blaming-Bollywood.html [Zugriff am 9.3.2020]

[91] A. Ehrhardt, „business insider - Forscher haben herausgefunden, warum „Game of Thrones" süchtig macht", Business Insider Deutschland GmbH, 17.5.2019 [Online] www.businessinsider.de/wissenschaft/game-of-thrones-deshalb-macht-die-serie-suechtig-2019-5/ [Zugriff am 6.3.2020]

[92] W. Stangl, „arbeitsblätter news - Ergänzende Texte zu Werner Stangls psychologischen und pädagogischen Arbeitsblättern - Suchtpotenzial von Netflix & Co", best:management e.U., 2020 [Online] https://arbeitsblaetter-news.stangl-taller.at/suchtpotential-von-netflix-co/ [Zugriff am 8.3.2020]

[93] L. Watzel, „mdr Wissen - Warum die Serien-Sucht jeden treffen kann", MITTELDEUTSCHER RUNDFUNK, 27.8 2018 [Online] www.mdr.de/wissen/mensch-alltag/warum-binge-watching-sucht-jeden-treffen-kann-100.html [Zugriff am 6.3.2020]

[94] „Ein Blick hinter die Kulissen Im Gespräch mit Christoph Hörstel", Blog von Frank Höfer (NuoViso Filmproduktion), 26.2.2011 [Online] http://frank-hoefer.blogspot.com/2011/02/im-gesprach-mit-christoph-horstel.html [Zugriff am 14.3.2020]

[95] peacefulwarrior2012, „YouTube - Eva Herman - Gleichschaltung der Medien", 30 11 2012. [Online]. www.youtube.com/watch?v=ky2s-mOQlQI [11.3.2020]

[96] K. Jebsen, „KENFM - KenFM über: Der Kopf ist rund, damit das Denken die Richtung wechseln kann.", Ken Jebsen, 14.2.2014 [Online] https://kenfm.de/der-kopf-ist-rund/ [Zugriff am 11.3.2020]

[97] S. Reconquista, „YouTube - Peter Scholl Latour Die deutsche Presse ist nicht frei", 9.3.2018 [Online] www.youtube.com/watch?v=-EH1Ghj75ZI [11.3.2020]

[98] Ramon Schack, „Telepolis Scholl-Latour: „Wir leben in einer Zeit der Massenverblödung"„ Heise Medien GmbH & Co. KG , 9.3.2014 [Online] www.heise.de/tp/features/Scholl-Latour-Wir-leben-in-einer-Zeit-der-Massenverbloedung-3364167.html?seite=2 [Zugriff am 14.3.2020]

[99] Ken Jebsen, sector b, Blücherstraße 22, 10961 Berlin, „KenFM im Gespräch mit: Volker Bräutigam und Friedhelm Klinkhammer", 5.12.2016 [Online] www.youtube.com/watch?v=qdDxSdxh16w [Zugriff am 11.3.2020]

[100] „Wikipedia" [Online]
https://de.wikipedia.org/wiki/Volker_Br%C3%A4utigam_(Publizist) [Zugriff
am 15.3.2020]

[101] Henryk M. Broder für den Spiegel, DER SPIEGEL GmbH & Co. KG, „Der
programmierte Eklat", 1.10.2007 [Online]
www.spiegel.de/kultur/gesellschaft/herman-rauswurf-bei-kerner-der-
programmierte-eklat-a-510511.html [Zugriff am 15.3.2020]

[102] J. Schönenborn, „DieARD – ‚Ein Beitrag zur Funktionsfähigkeit der
Gesellschaft'", ARD.de, 27 12 2012 [Online] www.ard.de/home/die-ard/presse-
kontakt/pressearchiv/253050/index.html [Zugriff am 13.3.2020]

[103] „Shalom Aleichem (Shalom'alêkem/Sholem Aleykhem)" [Online]
www.israelmagazin.de/israel-juedisch/shalom-aleichem [Zugriff am 9.3.2020]

[104] M. Hohmann, „statista Zusammensetzung des Benzinpreises (Super E10) in
Deutschland bei einem Preis von 1,389 Euro pro Liter", Statista GmbH,
14.2.2020 [Online]
https://de.statista.com/statistik/daten/studie/29999/umfrage/zusammensetzung
-des-benzinpreises-aus-steuern-und-kosten/ [Zugriff am 1.3.2020]

[105] „Stuttgarter Nachrichten Kretschmann über seine S-Klasse ‚Wie eine Sardine in
der Büchse'", Stuttgarter Nachrichten Verlagsgesellschaft mbH, 17.1.2018
[Online] www.stuttgarter-nachrichten.de/inhalt.kretschmann-ueber-seine-s-
klasse-wie-eine-sardine-in-der-buechse.f22b1205-b7b0-40ce-8b23-
93cb7b6cb916.html [Zugriff am 1.3.2020]

[106] „Trends Der Zukunft Wissenschaftler warnen: Wir haben noch 10 Jahre, um die
Erde zu retten!", Heidorn GmbH, 15 04 2017 [Online]
www.trendsderzukunft.de/wissenschaftler-warnen-wir-haben-noch-10-jahre-um-
die-erde-zu-retten/ [Zugriff am 1.3.2020]

[107] W. Behringer, „Deutschlandfunkkultur kritik Archiv Beitrag vom 27.08.2007
Kulturgeschichte des Klimas", Deutschlandradio, 27.8.2007 [Online]
www.deutschlandfunkkultur.de/groenland-war-mal-
gruen.950.de.html?dram:article_id=135363 [Zugriff am 1.3.2020]

[108] A. Bojanowski, „Spiegel Wissenschaft Hitze-Jahr 1540 Wetterdaten enthüllen
Europas größte Naturkatastrophe", Spiegel, 2.7.2014 [Online]
www.spiegel.de/wissenschaft/natur/hitze-und-duerre-1540-katastrophe-in-
europa-im-mittelalter-a-978654.html [Zugriff am 1.3.2020]

[109] „Wortprotokoll der 24. Sitzung Ausschuss für Umwelt, Naturschutz und
nukleare Sicherheit Berlin, den 28. November 2018, 11:00 Uhr", Deutscher
Bundestag , 28.11.2018 [Online]
www.bundestag.de/resource/blob/584210/1333e5d7816ecfd0469841b463e3f8e8/
Protokoll-19-024-data.pdf [Zugriff am 1.3.2020]

[110] „Spiegel", Spiegel DER SPIEGEL 33/1986 [Online]
www.spiegel.de/spiegel/print/index-1986-33.html [Zugriff am 1.3.2020]

[111] T. Mader, „WAZ Warum das Ruhrgebiet ohne Pumpe eine Seenplatte wäre", FUNKE MEDIEN NRW GmbH [Online] www.waz.de/region/rhein-und-ruhr/wenn-die-pumpen-stillstaenden-id12358775.html [Zugriff am 1.3.2020]

[112] „DER SPIEGEL 47/1981", Spiegel [Online] www.spiegel.de/spiegel/print/index-1981-47.html [Zugriff am 1.3.2020]

[113] C. Hecking, „Umweltschutz Was wurde eigentlich aus dem Waldsterben?", Spiegel, 3.1.2015 [Online] www.spiegel.de/wissenschaft/natur/umweltschutz-was-wurde-aus-dem-waldsterben-a-1009580.html [Zugriff am 1.3.2020]

[114] A. Lowen, Bioenergetik – Therapie der Seele durch Arbeit mit dem Körper, Reinbek bei Hamburg (Febr 1979): Rowhwolt-Verlag, 4. Auflage Dezember 2015, p. S. 138

[115] Peter Cubasch Europäischer Berufsverband für Lachyoga und Humortraining e.V., „Lachen – Tanz des Zwerchfells. Über die heilsame Wirkung des Lachens und Atmens" [Online] www.lachverband.org/media/1076/cms_514061f020f02.pdf [1.3.2020]

[116] *Spektrum Akademischer Verlag*, Heidelberg, „Lexikon der Psychologie Engramm" [Online] www.spektrum.de/lexikon/psychologie/engramm/4111 [1.3.2020]

[117] A. Mohl, Der große Zauberlehrling Teil 1 Das NLP-Arbeitsbuch für Lernende und Anwender, Paderborn: Junfermann Verlag, 2013, p. 177

[118] G. Chatzoudis, „Wissenschaftsportal „Anpassung an kranke gesellschaftliche Verhältnisse"", Gerda Henkel Stiftung , 15.8.2017 [Online] https://lisa.gerda-henkel-stiftung.de/anpassung_an_kranke_gesellschaftliche_verhaeltnisse?nav_id=7095 [Zugriff am 1.3.2020]

[119] „Youtube Renommierter Psychiater bestätigt: Deutsche Spitzenpolitiker psychisch gestört , Eva Herman im Gespräch mit Dr. Hans-Joachim Maaz und Andreas Popp", Wissensmanufaktur, 7.10.2017 [Online] www.youtube.com/watch?v=P3dCH_tUOD4 [Zugriff am 1.3.2020]

[120] „Interview mit Hans-Joachim Maaz „Wir Deutsche sind Größenwahnsinnige", Verlag Der Tagesspiegel GmbH, 27.12.2017 [Online] www.tagesspiegel.de/gesellschaft/interview-mit-hans-joachim-maaz-wir-deutsche-sind-groessenwahnsinnige/20718852.html [Zugriff am 1.3.2020]

[121] L. M. Kaus, „Margaret Thatchers Vorahnung für Deutschland", Achgut Media GmbH, 22.1.2019 [Online] www.achgut.com/artikel/margaret_thachers_vorahnung_fuer_deutschland. [Zugriff am 1.3.2020]

[122] A. Franck, „Quarks", Westdeutscher Rundfunk Köln, 25 09 2019 [Online] www.quarks.de/umwelt/klimawandel/was-bringt-es-wenn-deutschland-co2-reduziert/ [Zugriff am 1.3.2020]

[123] Nina Breher, Katarina Huth, „Nein, Deutschland beeinflusst nicht 0,00004712 Prozent des CO2-Anteils in der Luft", CORRECTIV – Recherchen für die Gesellschaft gemeinnützige GmbH, 30.7.2019 [Online]

https://correctiv.org/faktencheck/wirtschaft-und-umwelt/2019/07/30/nein-deutschland-beeinflusst-nicht-000004712-prozent-des-co2-anteils-in-der-luft [Zugriff am 1.3.2020]

[124] Maaz, Dr. H.-J., „Was ist und will Beziehungskultur? Vortrag beim 1.Stiftungstag der „Hans-Joachim-Maaz-Stiftung Beziehungskultur" am 24.10.2015 Leopoldina Halle", hans-joachim-maaz-stiftung, 24.10.2015 [Online] https://hans-joachim-maaz-stiftung.de/wp-content/uploads/2015/10/Vortrag-Dr.-H.-J.-Maaz_Stiftungstag-24.10.15.pdf, [Zugriff am 1.3.2020]

[125] K. Göring-Eckardt, „goering-eckardt Kanzelrede im Rahmen der Duisburger Akzente Salvatorkirche Duisburg, 17.3.2019, 17:00 Uhr", 22.3.2019 [Online] www.goering-eckardt.de/2019/03/22/kanzelrede-im-rahmen-der-duisburger-akzente/ [Zugriff am 1.3.2020]

[126] G. Lachmann, „Ein seltsames Paar für den grünen Wahlkampf", Axel Springer SE, 11 11 2012 [Online] www.welt.de/politik/deutschland/article110906606/Ein-seltsames-Paar-fuer-den-gruenen-Wahlkampf.html [Zugriff am 1.3.2020]

[127] (dpa), „Greta Thunberg will Papst Franziskus vom Klima-Streik überzeugen", Verlag Der Tagesspiegel GmbH, 17 04 2019 [Online] www.tagesspiegel.de/politik/join-the-climate-strike-greta-thunberg-will-papstfranziskus-vom-klima-streik-ueberzeugen/24230782.html [1.3.2020]

[128] Malena und Beata Ernman, Greta und Svante Thunberg, Szenen aus dem Herzen: Unser Leben für das Klima, Frankfurt a.M.: S. Fischer, 2019, p. 17

[129] ebd., pp. 19,20

[130] ebd., pp. 24,26

[131] „Forscher", „Autistenbloggen Wie Angst, Reizüberflutung und Ungewissheit zusammenhängen", Felix W., 8.4.2016 [Online] https://autistenbloggen.wordpress.com/2016/04/08/wie-angst-reizueberflutung-und-ungewissheit-zusammenhaengen/ [1.3.2020]

[132] J. Hauschild, „Autismus-Therapie Der Weg ins fast normale Leben", Spiegel, 28.1.2013 [Online] www.spiegel.de/gesundheit/psychologie/autismus-therapie-der-weg-ins-fast-normale-leben-a-876742.html. [Zugriff am 1.3.2020]

[133] M. Szalavitz, „Im Namen des Vaters, des Sohnes und des menschlichen Gehirns", ZEIT Wissen Nr. 5/2014, 19. August 2014 ZEIT ONLINE GmbH, 21.9.2014 [Online] www.zeit.de/zeit-wissen/2014/05/hirnforschung-autismus-henry-markram-neurowissenschaften [Zugriff am 1.3.2020]

[134] „Wikipedia" [Online] https://de.wikipedia.org/wiki/Schulbegleiter [Zugriff am 1.3.2020].

[135] T. Becker, „Der Aufstieg der Nerds", Spiegel, 29 10 2016 [Online] www.spiegel.de/spiegel/print/d-147594899.html [Zugriff am 29.2.2020]

[136] J. Clemens, „Die Fehldiagnose „ADHS" und ihre fatalen Folgen", Welt Axel Springer SE, 14 01 2014 [Online] www.welt.de/dieweltbewegen/sonderveroeffentlichungen/article123823722/Die-Fehldiagnose-ADHS-und-ihre-fatalen-Folgen.html [Zugriff am 29.2.2020]

[137] A. Frances, „Wie Autismus zur Modediagnose geworden ist", Welt Axel Springer SE, 24 07 2011 [Online] www.welt.de/debatte/die-welt-in-worten/article13504624/Wie-Autismus-zur-Modediagnose-geworden-ist.html [Zugriff am 1.3.2020]

[138] Malena und Beata Ernman, Greta und Svante Thunberg, Szenen aus dem Herzen: Unser Leben für das Klima, Frankfurt a.M.: S. Fischer, 2019, p. 42

[139] ebd., p. 36

[140] ebd., p. 143

[141] ebd., p. 60

[142] ebd., pp. 65-67

[143] ebd., p. 77

[144] ebd., pp. 73, 74

[145] ebd., pp. 51,52

[146] ebd., pp. 181,182

[147] ebd., p. 49

[148] ebd., p. 219

[149] J. B. Peterson, „112-Peterson: Die Macht eines ordentlichen Zimmers", Achgut Media GmbH , 30.10.2019 [Online] www.achgut.com/artikel/112_peterson_Die_Macht_eines_ordentlichen_Zimmers [Zugriff am 3.3.2020]

[150] ebd., pp. 44,45

[151] dpa/jm, „Ich habe es nicht fürs Klima getan – sondern um mein Kind zu retten", Welt Axel Springer SE, 31 12 2019 [Online] www.welt.de/vermischtes/article204670508/Vater-von-Greta-Thunberg-Habe-es-nicht-getan-um-das-Klima-zu-retten.html [Zugriff am 29.2.2020]

[152] ebd., p. 212

[153] F. Chmielewski, „Psychotherapeutenjournal 3/2019 „Die Verleugnung der Apokalypse – der Umgang mit der Klimakrise aus der Perspektive der existenziellen Psychotherapie"", Bayerische Landeskammer der Psychologischen Psychotherapeuten und der Kinder- und Jugendlichenpsychotherapeuten, 2019 [Online] www.psychotherapeutenjournal.de/blaetterkatalog/PTJ-3-2019/23/index.html [Zugriff am 1.3.2020]

[154] hda/AFP, „Bilanz seit 1900 Acht Millionen Tote durch Naturkatastrophen", Spiegel, 18.4.2016 [Online] www.spiegel.de/wissenschaft/natur/acht-millionen-tote-durch-naturkatastrophen-seit-1900-a-1087842.html [1.3.2020]

[155] „Früher war alles schlechter Kriegstote und Kriegsberichterstattung", Spiegel, 06 2019 [Online] https://magazin.spiegel.de/SP/2019/6/162162953/index.html [Zugriff am 1.3.2020]

[156] J. Kraus, „NRW-Schulen machen offiziell auf ‚Fridays for Future'", Tichys Einblick GmbH, 17.6.2019 [Online] www.tichyseinblick.de/kolumnen/josef-kraus-lernen-und-bildung/nrw-schulen-machen-offiziell-auf-fridays-for-future/ [Zugriff am 1.3.2020]

[157] Ulrike Gerards und Tobias Klingen, „Fridays for Future : Kempen: Wer muss mit zur Klima-Demo?", Westdeutsche Zeitung GmbH & Co. KG, 23.9.2019 [Online] www.wz.de/nrw/kreis-viersen/kempen-und-grefrath/fridays-for-future-in-kempen-wer-muss-mit-zur-klima-demo_aid-46030271 [1.3.2020]

[158] A. Poulakos, „Fridays for Future: Schüler zum Demonstrieren gezwungen?", Westdeutscher Rundfunk, 25.6.2019 [Online] www1.wdr.de/nachrichten/rheinland/fridays-for-future-kuerten-schule-exkursion-100.html [Zugriff am 29.2.2020]

[159] Eva Kuck, Stefanie Reiffert, Christina Steinlein, „Falsche Ärzte Aus Lust an der Lüge Gert Postel: ‚Das kann auch eine dressierte Ziege'", Focus-Online, 5.8.2009 [Online] www.focus.de/wissen/mensch/psychologie/tid-15095/falsche-aerzte-gert-postel-das-kann-auch-eine-dressierte-ziege_aid_423648.html [29.2.2020]

[160] „https://de.wikipedia.org/wiki/Gert_Postel", Wikipedia [Online] https://de.wikipedia.org/wiki/Gert_Postel [Zugriff am 1.3.2020]

[161] Berne, Dr. Eric, Spiele der Erwachsenen Psychologie der menschlichen Beziehungen, Reinbek bei Hamburg: Rohwohlt Taschenbuch Verlag, 1988

[162] J. Merlot, „Drei Stammtischparolen - und wie Sie ihnen Paroli bieten", Spiegel, 22.9.2019 [Online] www.spiegel.de/wissenschaft/natur/klimawandel-antworten-auf-die-wichtigsten-argumente-der-leugner-a-1286437.html [2.3.2020]

[163] Prof. Dr. Fritz Vahrenholt, Dr. Sebastian Lüning (Kalte Sonne), „Ein weiterer Pfeiler des Hockey Sticks kollabiert: Sibirische Yamal-Baumringdaten jetzt offiziell als fehlerhaft eingestuft", 15.8.2013 [Online] https://kaltesonne.de/ein-weiterer-pfeiler-des-hockey-sticks-kollabiert-sibirische-yamal-baumringdaten-jetzt-offiziell-als-fehlerhaft-eingestuft/ [Zugriff am 1.3.2020]

[164] „Überraschende Nasa-Studie zum Klimawandel: Die Welt ist grüner als vor 20 Jahren", Focus [Online] www.focus.de/wissen/klima/flaeche-in-amazonas-groesse-ueberraschende-nasa-studie-zum-klimawandel-die-welt-ist-gruener-als-vor-20-jahren_id_11401420.html [Zugriff am 2.3.2020]

[165] T. Eckert, „Nein, Vulkane verursachen nicht mehr CO2 als Menschen", CORRECTIV – Recherchen für die Gesellschaft gemeinnützige GmbH, 29.10. 2019 [Online] https://correctiv.org/faktencheck/wirtschaft-und-umwelt/2019/10/29/nein-vulkane-verursachen-nicht-mehr-co2-als-menschen/ [Zugriff am 1.3.2020]

[166] T. Staud, „Strategien gegen Desinformation - vier Vorschläge aus der Forschung", Smart Energy for Europe Platform (SEFEP) gGmbH klimafakten.de, 28.2.2019 [Online] www.klimafakten.de/meldung/strategien-gegen-desinformation-vier-vorschlaege-aus-der-forschung [29.2.2020]

[167] T. Staud, „Neue Strategie gegen Desinformation zum Klimawandel: das Seziermesser der Logik ansetzen", Smart Energy for Europe Platform (SEFEP) gGmbH klimafakten.de, 3.7.2018 [Online] www.klimafakten.de/meldung/neue-strategie-gegen-desinformation-zum-klimawandel-das-seziermesser-der-logik-ansetzen [Zugriff am 29.2.2020]

[168] „Programmheft zum Kongress", Deutsches Klima-Konsortium e. V. (DKK) [Online] http://k3-klimakongress.org/wp-content/uploads/2019/09/Programmheft_K3-Kongress-2019.pdf [1.3.2020]

[169] T. Staud, „Desinformations-Kampagnen kontern - mit einer ‚Schutzimpfung'", Smart Energy for Europe Platform (SEFEP) gGmbH klimafakten.de, 31.1.2017 [Online] www.klimafakten.de/meldung/desinformations-kampagnen-kontern-mit-einer-schutzimpfung [Zugriff am 29.2.2020]

[170] S. Götze, „K3-Workshop: Mit Klimaleugnern diskutieren, ohne den Verstand zu verlieren", Smart Energy for Europe Platform (SEFEP) gGmbH klimafakten.de, 27 09 2019 [Online] www.klimafakten.de/meldung/k3-workshop-mit-klimaleugnern-diskutieren-ohne-den-verstand-zu-verlieren [3.3.2020]

[171] S. Götze, „Kinder können das Klimabewusstsein ihrer Eltern deutlich beeinflussen. Vor allem Töchter", Smart Energy for Europe Platform (SEFEP) gGmbH klimafakten.de, 6.6.2019 [Online] www.klimafakten.de/meldung/kinder-koennen-das-klimabewusstsein-ihrer-eltern-deutlich-beeinflussen-vor-allem-toechter [Zugriff am 2.3.2020]

[172] John Cook/klimafakten.de, Juli 2010 - zuletzt aktualisiert: September 2019, „Fakt ist: Über 90 Prozent der Klimaforscher sind überzeugt, dass maßgeblich der Mensch den Klimawandel verursacht", Smart Energy for Europe Platform (SEFEP) gGmbH klimafakten.de, 9/2019 [Online] www.klimafakten.de/behauptungen/behauptung-es-gibt-noch-keinen-wissenschaftlichen-konsens-zum-klimawandel [Zugriff am 1.3.2020]

[173] EIKE - Europäisches Institut für Klima und Energie, „YouTube „Prof. em. Jan-Erik Solheim: Start des zweitägigen „Al Gore-Experiments" (10. IKEK)"", EIKE - Europäisches Institut für Klima und Energie, 25.1.2017 [Online] www.youtube.com/watch?v=ddktGQdiU7M [Zugriff am 29.2.2020]

[174] Admin, „10. IKEK – Prof. em. Jan-Erik Solheim: Start des zweitägigen ‚Al Gore-Experiments'", EIKE - Europäisches Institut für Klima und Energie, 4.2.2017 [Online] www.eike-klima-energie.eu/2017/02/04/10-ikek-prof-em-jan-erik-solheim-start-des-zweitaegigen-al-gore-experiments/ [Zugriff am 29.2.2020]

[175] L. MaPhy, „CO2-Lüge oder doch Treibhausgas? Teil 1 Versuch mit furchtbarem Ergebnis", Lehrer MaPhy, 30.7.2019 [Online] www.youtube.com/watch?v=EwOCGWv8wH8 [Zugriff am 29.2.2020]

[176] L. MaPhy, „CO2-Lüge oder doch Treibhausgas? Teil 5_0, NEUER Versuch mit langwelliger IR-Strahlung, Auswertung", Lehrer MaPhy, 4.1.2020 [Online] www.youtube.com/watch?v=K2h7_NNV6gw [Zugriff am 29.2.2020]

[177] Translation by BaerbelW, Skeptical Science [Online] https://skepticalscience.com/arg_gibt-es-den-Treibhauseffekt.htm [29.2.2020]

[178] Tim Berressem, Carol Pfeffer, Aaron Pommerening, „Faktencheck zu ‚maischberger. die woche'", ARD Das Erste, 19.6.2019 [Online] www.daserste.de/information/talk/maischberger/faktencheck/faktencheck-maischberger-die-woche-106.html [Zugriff am 2.3.2020]

[179] L. Teufel, „Cicero online Weltklimareport - An der Realität vorbeiprognostiziert", Res Publica Verlags GmbH, 1.4.2014 [Online] www.cicero.de/aussenpolitik/klimawandel-es-war-einmalein-weltklimareport/57325 [Zugriff am 29.2.2020]

[180] „TAR Climate Change 2001: The Scientific Basis", IPCC [Online] www.ipcc.ch/report/ar3/wg1/ [Zugriff am 29.2.2020]

[181] „Climate Change 2001 The Scientific Basis", IOCC [Online] www.ipcc.ch/site/assets/uploads/2018/03/WGI_TAR_full_report.pdf [29.2.2020]

[182] A. Bojanowski, „Missglückter Forscher-Aufruf zum Uno-Klimagipfel Die 97-Prozent-Falle", 23.9.2014 [Online] www.spiegel.de/wissenschaft/natur/klimawandel-97-prozent-konsens-bei-klimaforschern-in-der-kritik-a-992213.html [Zugriff am 29.2.2020]

[183] O. F. garten-treffpunkt.de, „Trauerblumen: Grabblumen und Friedhofsblumen" [Online] www.garten-treffpunkt.de/lexikon/grabblumen.aspx#farben_bedeutung [29.2.2020]

[184] Wikipedia, „Wikipedia" [Online] https://de.wikipedia.org/wiki/Zwei-Grad-Ziel [Zugriff am 3.3.2020]

[185] rme/aerzteblatt.de, „Ärzteblatt", Deutscher Ärzteverlag GmbH, 4.11.2014 [Online] www.aerzteblatt.de/nachrichten/60726/PTBS-Psychotherapie-lindert-traumabedingte-DNA-Schaeden [Zugriff am 1.3.2020]

[186] M. Huber, www.michaela-huber.com/files/vortraege/strukturelle_dissoziation_070217.pdf, 2007 [Online] www.michaela-huber.com/files/vortraege/strukturelle_dissoziation_070217.pdf [Zugriff am 29.2.2020]

[187] A. Grams, „GRIN - Wissen finden und publizieren", 2000 [Online] www.grin.com/document/12484#

[188] B. Wagner, „Welt", 13.5.2008 [Online] www.welt.de/wissenschaft/article1989274/Gleichzeitig-blind-und-sehend.html [Zugriff am 1.3.2020]

[189] Watch Tower Bible and Tract Society of Pennsylvania, „jw.org", 1988 [Online] https://wol.jw.org/de/wol/d/r10/lp-x/101988646#p10 [Zugriff am 28.2.2020]

[190] Watch Tower Bible and Tract Society of Pennsylvania, „jw.org Jehovas Zeugen Der Wachtturm – Studienausgabe April 2015" [Online] www.jw.org/de/bibliothek/zeitschriften/w20150415/gemeinschaftsentzug-ausdruck-von-liebe/ [Zugriff am 29.2.2020]

[191] „w72 1. 3. S. 137-155 Ernannte Älteste sollen die Herde Gottes hüten, Der Wachtturm verkündet Jehovas Königreich 1972", Watch Tower Bible and Tract Society of Pennsylvania [Online] https://wol.jw.org/de/wol/d/r10/lp-x/1972002 [Zugriff am 29.2.2020]

[192] „jw.org" Was gottgefällige Unterordnung von uns verlangt" Der Wachtturm verkündigt Jehovas Königreich 1.2.1993 S.14-19", Watch Tower Bible and Tract

Society of Pennsylvania [Online] https://wol.jw.org/de/wol/d/r10/lp-x/1993084#h=20 [Zugriff am 29.2.2020]

[193] SCM R.Brockhaus im SCM-Verlag GmbH & Co. KG, Witten, „Bible Server Revidierte Elberfelder Bibel (Rev. 26) © 1985/1991/2008 Matthäus 12", ERF Medien e.V. [Online] www.bibleserver.com/ELB/Matth%C3%A4us12 [Zugriff am 29.2.2020]

[194] BrunderInfo aktuell (www.bruderinfo-aktuell.de) mit einer Ansprache von Thomas Fiala, „YouTube", 28.5.2014 [Online] www.youtube.com/watch?v=joXPy_xY260 [Zugriff am 29.2.2020]

[195] S. Bolzen, „Die Deutschen neigen zur Gehirnwäsche", Axel Springer SE, 30 12 2016 [Online] www.welt.de/geschichte/article160659596/Die-Deutschen-neigen-zur-Gehirnwaesche.html [Zugriff am 1.3.2020]

[196] irb/AFP, „Missbrauch der Mutter kann Autismus-Risiko ihrer Kinder erhöhen", Spiegel, 21.3.2013 [Online] www.spiegel.de/gesundheit/schwangerschaft/missbrauch-der-mutter-erhoeht-risiko-fuer-autismus-bei-kindern-a-890030.html [Zugriff am 13.3 2020]

[197] „Wikipedia" [Online] https://de.wikipedia.org/wiki/Deus_lo_vult [15.2.2020]

[198] M. Richter, „Bildungsportal [13.02.2019]' Teilnahme von Schülerinnen und Schülern an Streiks und Demonstrationen während der Unterrichtszeit'", Ministerium für Schule und Bildung des Landes Nordrhein-Westfalen, 13.2.2019 [Online] www.schulministerium.nrw.de/docs/bp/Ministerium/Schulverwaltung/Schulmail/Archiv-2019/190207/index.html [Zugriff am 1.3.2020]

[199] „Über K3", Deutsches Klima-Konsortium e. V. (DKK) [Online] https://k3-klimakongress.org/about/ [Zugriff am 1.3.2020]

[200] „Impressum", Deutsches Klima-Konsortium e. V. (DKK) [Online] https://k3-klimakongress.org/impressum/ [Zugriff am 1.3.2020]

[201] AP/OC, „Narzisstische Menschen werden oft Führungskräfte", Welt Axel Springer SE, 9.10.2008 [Online] www.welt.de/gesundheit/psychologie/article2551285/Narzisstische-Menschen-werden-oft-Fuehrungskraefte.html [Zugriff am 3.3.2020]

[202] Focus, „Bernd Riexinger in der Kritik Linke spricht davon, Reiche zu erschießen - Parteichef reagiert mit schlechtem Scherz", Focus Online Group, 3.3.2020 [Online] www.focus.de/politik/deutschland/bernd-riexinger-in-der-kritik-linke-spricht-davon-reiche-zu-erschiessen-parteichef-reagiert-mit-schlechtem-scherz_id_11730868.html [Zugriff am 4.3.2020]

[203] Herausgegeben von H. Dilling und H.J. Freyberger. Nach dem englischsprachigen Pocket Guide von J.E. Cooper, Taschenführer zur ICD-10-Klassifikation psychischer Störungen, Bd. siebte überarb. Auflage, Bern: Verlag Hans Huber, 2014, pp. 242, 243

[204] B. I. F. Institute, „Netzpolitik - FRAMING MANUAL Unser gemeinsamer freier Rundfunk ARD", 17 02 2019 [Online] https://cdn.netzpolitik.org/wp-upload/2019/02/framing_gutachten_ard.pdf [Zugriff am 8.3.2020]

[205] D. /. DPA, „stern - Rohdes Stuntman beim Dreh ertrunken", stern.de GmbH, 21.7.2006 [Online] www.stern.de/lifestyle/leute/filmdreh-rohdes-stuntman-beim-dreh-ertrunken-3591666.html [Zugriff am 10.3.2020]

[206] „Youtube - Framing: ARD-Papier sorgt für Diskussion | ZAPP | NDR", ZAPP - Das Medienmagazin, 20.2.2019 [Online] www.youtube.com/watch?v=9ze4VV4_fpI [Zugriff am 8.3.2020]

[207] „The Guardian - Tauriq Moosa", Guardian News & Media Limited [Online] www.theguardian.com/profile/tauriq-moosa [Zugriff am 11.3.2020]

[208] Der vorliegende Text stammt von www.zeugen-jehovas-sos.de und wurde übernommen, „Denunziantentum – Wie Aussteiger und Ausgeschlossene behandelt werden", Diözese Augsburg [Online] https://bistum-augsburg.de/content/download/154311/file/Denunziantentum_Wie%20Aussteig er%20und%20Ausgeschlossene%20behandelt%20werden_Zeugen-Jehovas-SOS.pdf [Zugriff am 29.2.2020]

[209] Heike vom Orde, Dr. Alexandra Durner, „Grunddaten Kinder und Medien" [Online] www.br-online.de/jugend/izi/deutsch/Grunddaten_Kinder_u_Medien.pdf [Zugriff am 6.3.2020]

[210] „WIKIPEDIA -Grey's Anatomy" [Online] https://de.wikipedia.org/wiki/Grey%E2%80%99s_Anatomy [11.3.2020]

[211] „Zitate berühmter Personen - Zitate von Carl R. Rogers" [Online] https://beruhmte-zitate.de/autoren/carl-r-rogers/ [Zugriff am 14.3.2020]

[212] D. A. Jekosch, „Mythos Mittelerde – Wie geht es weiter mit Mittelerde?", Dr. Angela Jekosch [Online] www.mythos-web.de/herr-der-ringe-galadriel/ [Zugriff am 11.4.2020]

Fußnoten

[1] Das lateinische Substantiv ‚histrio' bezeichnete einen Schauspieler im alten Rom. Nach dem ICD-10 sind die Symptome einer histrionischen Persönlichkeitsstörung dramatische Selbstdarstellung, theatralisches Auftreten oder übertriebener Ausdruck von Gefühlen, Suggestibilität, leichte Beeinflussbarkeit durch Andere oder durch Ereignisse (Umstände), oberflächliche, labile Affekte, ständige Suche nach aufregenden Erlebnissen und Aktivitäten, in denen die Betreffenden im Mittelpunkt der Aufmerksamkeit stehen; unangemessen verführerisch in Erscheinung und Verhalten; übermäßige Beschäftigung damit, äußerlich attraktiv zu erscheinen.[203] Diagnoseschlüssel ist F60.4

[2] Das Zitat wurde zum Zweck der besseren Lesbarkeit ins Deutsche übersetzt.

[3] „Psychischer Stress steigert die Ausschüttung von Katecholaminen und Glukokortikoiden. Es kommt zu einem vermehrten oxidativen Stress und zu Entzündungsreaktionen im Körper. Sie erhöhen die Anfälligkeit der Patienten auf Infektionen und Autoimmunerkrankungen. Die Patienten laufen auch Gefahr, frühzeitig an altersbedingten Erkrankungen wie Diabetes, Herz-Kreislauf-Erkrankungen und Krebs zu erkranken."[185]

[4] Eine emotionale Entladung wird sowohl bei Paul als auch bei Lara stattfinden.

[5] „Trauma führt bei PTBS", der Posttraumatischen Belastungsstörung, „immer zu einer Persönlichkeitsspaltung" lautet die Überschrift einer Vortragspräsentation der bekannten Psychologischen Psychotherapeutin Michaela Huber.[186]

[6] Denken, Fühlen, Handeln wie auch äußere Merkmale wie Handschrift, Gestik, Sprechweise, Wortschatz, Haltung verändern sich der jeweiligen „bestimmenden" Persönlichkeit entsprechend bis hin zu einer Veränderung der Augenfarbe (!), welche gemeinhin als ein festes und unveränderliches Merkmal gilt.[187]

[7] „Denn die Patientin lernte nur mit einigen ihrer Persönlichkeiten wieder zu sehen, während die anderen nach wie vor blind blieben."[188]

[8] EMDR (Eye Movement Desensitization and Reprocessing) wurde von der amerikanischen Literaturwissenschaftlerin und Psychologin Francine Shapiro in den USA entwickelt.

[9] Framing wird im Kapitel „Framing als Waffe" ausführlich erläutert.

[10] „Verkehrte Handlungen nicht sehen und eine unbiblische Einstellung nicht bemerken zu wollen wäre so, als würde man Zahnschmerzen ignorieren. Auch wenn man sich nichts anmerken läßt und alle Schmerzen erträgt — das Loch bleibt. Ja, die Karies kann sich weiter ausbreiten. Die Sünde ist eine ähnliche fäulniserregende und zerstörerische Kraft. Fäulnis, gegen die nichts unternommen wird, breitet sich aus [...] Wenn dein Freund sich sträubt, selbst jemanden um Hilfe zu bitten, kann es notwendig werden, dass du für ihn handelst."[189]

¹¹ „[…] merken Ausgeschlossene vielleicht, was sie verloren haben: die Versammlung, also ihre geistige Familie. Was könnte sie zur Besinnung bringen? Zum einen die traurigen Folgen ihres sündigen Lebenswandels und zum anderen die schönen Erinnerungen aus der Zeit, als sie noch ein gutes Verhältnis zu Jehova und zu seinem Volk hatten. Um jemand zur Besinnung zu bringen, ist Liebe und Entschlossenheit nötig […] *Alle in der Versammlung* können grundsatztreue Liebe zum Ausdruck bringen, indem sie sich weder mit dem Ausgeschlossenen unterhalten noch mit ihm Umgang haben (1. Kor. 5:11; 2. Joh. 10, 11). Dadurch unterstützen sie die Zuchtmaßnahme, die eigentlich von Jehova kommt."[190]

¹² „so dass wahrheitsgemäß zu diesen Ältesten oder Aufsehern gesagt werden kann: ‚Der heilige Geist hat euch zu Aufsehern ernannt'."[191]

¹³ „Im Familienkreis dient der Ehemann und Vater als Haupt. Ehefrauen müssen daher den Rat befolgen, der in Epheser 5:22, 23 gegeben wird: 'Die Frauen seien ihren Männern untertan wie dem Herrn, denn ein Mann ist das Haupt seiner Frau, wie der Christus auch das Haupt der Versammlung ist.'"[192]

¹⁴ „2 Als aber die Pharisäer es sahen, sprachen sie zu ihm: Siehe, deine Jünger tun, was am Sabbat zu tun nicht erlaubt ist […] 7 Wenn ihr aber erkannt hättet, was das heißt: ‚Ich will Barmherzigkeit und nicht Schlachtopfer', so würdet ihr die Schuldlosen nicht verurteilt haben. 8 Denn der Sohn des Menschen ist Herr des Sabbats." (Matthäus 12)[193]

¹⁵ Die Begebenheit ist in Markus 12 zu finden.

¹⁶ Addieren Sie mal zu Ihrem Bruttogehalt den Arbeitgeberanteil an den Sozialversicherungen, denn diesen Betrag erarbeiten Sie selbst. Den Betrag subtrahieren Sie mit Ihrem Nettoverdienst. Zu diesen Abzügen addieren Sie noch die Mehrwertsteuer, die Sie jeden Monat zahlen, Öko-, Mineralöl-, Kirchen-, Erbschafts-, Grund-, Grunderwerbssteuer etc. hinzu. Wohnen Sie zur Miete? Ist das eine echte Arbeitsleistung? Oder müssen Sie selbst nicht auch noch kalkulatorisch für den persönlichen Steuersatz des Vermieters aufkommen, den er in den Mietzins eingepreist hat?

¹⁷ „Was aber, wenn wir mit jemand, der ausgeschlossen werden musste, verwandt oder eng befreundet sind? Dann steht jetzt unsere Treue auf dem Prüfstand, und zwar nicht gegenüber dieser Person, sondern gegenüber unserem Gott. Jehova schaut nun darauf, ob wir uns an sein Gebot halten, keinen Kontakt mehr mit jemandem zu haben, der ausgeschlossen ist. (Lies 1. Korinther 5:11-13.) Hält sich eine Familie treu an Jehovas Anweisung, nicht mit ausgeschlossenen Verwandten zu verkehren, kann das viel Gutes bewirken […]. Über Abtrünnige sagt die Bibel, dass sie ‚geistig krank' sind und andere mit ihrem treulosen Gedankengut infizieren wollen (1. Tim. 6:3,4). Jehova, der beste ‚Arzt', rät uns dringend, jeden Kontakt mit ihnen zu meiden. Uns ist klar, was er damit meint. Fragen wir uns: Bin ich fest entschlossen, konsequent auf seine Warnung zu hören?"[208]

¹⁸ Abtrünnige seien die „Küchenhelfer Satans", behauptete Thomas Fiala, ein Angehöriger der Zeugen Jehovas, in einer „Ansprache über Abtrünnige".[194]

¹⁹ Das lateinische Substantiv ‚histrio' bezeichnete einen Schauspieler im alten Rom. Nach dem ICD-10 sind die Symptome einer histrionischen Persönlichkeitsstörung dramatische Selbstdarstellung, theatralisches Auftreten oder übertriebener Ausdruck von Gefühlen, Suggestibilität, leichte Beeinflussbarkeit durch Andere oder durch Ereignisse (Umstände), oberflächliche, labile Affekte, ständige Suche nach aufregenden Erlebnissen und Aktivitäten, in denen die Betreffenden im Mittelpunkt der Aufmerksamkeit stehen; unangemessen verführerisch in Erscheinung und Verhalten; übermäßige Beschäftigung damit, äußerlich attraktiv zu erscheinen.[203] Diagnoseschlüssel ist F60.4

²⁰ Der Stunt wurde in ähnlicher Form geplant und durchgeführt. Der tragische Ausgang hat ebenfalls stattgefunden. Ort, Personen und Datum wurden für die Geschichte geändert.[205]

²¹ Die Talkrunde „hart aber fair" zu dem Thema der Midterm-Wahlen in den USA wurde am 5.11.2018 mit dem Titel „Trumps Wahlkampf: Land spalten, Macht retten?" im Ersten ausgestrahlt. Zum Zweck der erzählten Geschichte wurde das Datum geändert.[54]

²² „Framing Manual – Unser gemeinsamer, freier Rundfunk ARD", Seite 11[204]

²³ „Framing Manual – Unser gemeinsamer, freier Rundfunk ARD", Seite 15[204]

²⁴ Aussage von Susanne Pfad, Generalsekretärin ARD[206]

²⁵ „Framing Manual – Unser gemeinsamer, freier Rundfunk ARD", Seite 8[204]

²⁶ „Framing Manual – Unser gemeinsamer, freier Rundfunk ARD", Seite 8[204]

²⁷ „Framing Manual – Unser gemeinsamer, freier Rundfunk ARD", Seite 10[204]

²⁸ „Framing Manual – Unser gemeinsamer, freier Rundfunk ARD", Seite 20[204]

²⁹ „Framing Manual – Unser gemeinsamer, freier Rundfunk ARD", Seite 50[204]

³⁰ „Framing Manual – Unser gemeinsamer, freier Rundfunk ARD", Seite 38[204]

³¹ „Framing Manual – Unser gemeinsamer, freier Rundfunk ARD", Seite 35[204]

³² „Framing Manual – Unser gemeinsamer, freier Rundfunk ARD", Seite 66[204]

³³ Dr. Angela Jekosch zitiert aus „Der Herr der Ringe". Die Drehbücher zu der Trilogie wurden von Peter Jackson, Fran Walsh und Philippa Boyens verfasst.[212]

³⁴ Die Frequenzen der verschiedenen Wellen sind je nach Quelle unterschiedlich angegeben und können minimale Unterschiede zu den hier angegebenen Werten aufweisen. Gehirnwellen treten zumeist nicht in Reinform auf, z.B. nur Alphawellen oder nur Betawellen.

³⁵ D. Byrne, ‚The Effect of a Subliminal Food Stimulus on Verbal Responses', in ‚Journal of Applied Psychology 43/1959', S. 249 ff.[72]

³⁶ ADS steht für das Aufmerksamkeitsdefizitsyndrom, ADHS für das Aufmerksamkeitsdefizit-Hyperaktivitäts-Syndrom.

[37] Internationales Zentralinstitut für das Jugend- und Bildungsfernsehen (IZI), Freizeitaktivitäten, Auswahl, 2018 (Angaben in %), Seite 7[209]

[38] Internationales Zentralinstitut für das Jugend- und Bildungsfernsehen (IZI), Diese Medien haben nach Ansicht der Eltern einen negativen Einfluss auf ihr Kind, 2019 Seite 14[209]

[39] Dabei handelt es sich um eine wahre Begebenheit.

[40] Grunddaten Kinder und Medien, IZI-Studie „Die Lieblingsfiguren der 6-13-Jährigen nach Geschlecht 2019", Seite 28[209]

[41] Das Zitat wurde zum Zweck der besseren Lesbarkeit ins Deutsche übersetzt.

[42] Gesangsszene von Heath Ledger in „Ten things I hate about you"; Liebeserklärung von Mark an Juliet mit Boombox und Karten an der Tür in „Love Actually"; etc.

[43] Tauriq Moosa ist ein südafrikanischer Autor in den Bereichen Ethik, Gerechtigkeit, Tech- und Popkultur.[207]

[44] Freie Übersetzung: „Ich habe es getan, da ich nie aufgehört habe, dich zu lieben"

[45] U.A. : „There's Something About Mary", „Management"[89]

[46] US-Amerikanische Krankenhausserie[210]

[47] „Empathisch zu sein, bedeutet, die Welt durch die Augen der anderen zu sehen und nicht unsere Welt in ihren Augen", ist ein Zitat von Carl Rogers, dem Begründer der klientenzentrierten Gesprächstherapie.[211]

[48] Was ein „sicherer Ort" ist, wird im Kapitel „Eva trifft auf Mias Angst" beschrieben.

[49] NLP steht für Neurolinguistisches Programmieren. Die Methoden können therapeutisch und fördernd oder unbewusst manipulierend verwendet werden.

[50] Das Abtrennen einer Empfindung, um es von außen wahrnehmen zu können, ist gezieltes, therapeutisches Dissoziieren.

[51] Hier zeigt sich ein Drache. Genauso könnte sich eine Farbe, ein Mensch, ein Gegenstand o.ä. zeigen.

[52] „Die Deutschen neigen zur Gehirnwäsche" lautet der Artikel der „Welt"[195]

[53] Szenen aus dem Herzen: „Unser Leben für das Klima"

[54] Der entsprechende Spiegel-Artikel lautet: „ Missbrauch der Mutter kann Autismus-Risiko ihrer Kinder erhöhen"[196]

[55] Diese Geschichte beruht auf wahren Begebenheiten. Einzig der Bezug zu Eva ist frei erfunden.

[56] „Der Kreuzzug als Krieg der Papstkirche wurde – so die Intention des Ausdrucks – in der Stellvertreterschaft Gottes geführt."[197]

[57] Den Autoren liegt das Schreiben der Gesamtschule Kürten an die Eltern der Schüler der Klassen 9a und 9c vor. Darin ist von einer verpflichtenden schulischen Exkursion zu lesen.[198]

[58] Hinter dem K3 Kongress steht, Stand 02/2020, ein Veranstalterbündnis aus Deutschland, Österreich und der Schweiz. Marie-Luise Beck, Deutsches Klima-Konsortium (DKK), Assoc. Prof. Dr. Herbert Formayer, Climate Change Centre Austria (CCCA),

Dr. Michiko Hama, National Centre for Climate Services Schweiz (NCCS), Carel Carlowitz Mohn, klimafakten.de (klimafakten.de), Dr. Urs Neu, ProClim bei der Akademie der Naturwissenschaften Schweiz (ProClim). [199] Das Impressum der Webseite benenn das Deutsches Klima-Konsortium e. V. (DKK). Gesetzliche Vertretung des DKK ist der Vorstand, bestehend aus Prof. Dr. Mojib Latif (Vorsitzender), Dr. Paul Becker, Prof. Dr. Gernot Klepper, Prof. Dr. Jochem Marotzke und Prof. Dr. Monika Rhein.[200]

[59] Das Programmheft zu dem Kongress enthält auf der letzten Seite den Hinweis „Gefördert durch: Bundesministerium für Umwelt, Naturschutz und nukleare Sicherheit aufgrund eines Beschlusses des Deutschen Bundestags".

[60] „Sie sind nicht von unserer Art", behauptete Thomas Fiala, ein Angehöriger der Zeugen Jehovas, in einer Ansprache über Menschen, die „Gottes Vertreter" ablehnen.[194]

[61] „Narzisstische Menschen werden oft Führungskräfte"[201]

[62] „Linke spricht davon, Reiche zu erschießen."[202]

GIFTDEPONIE MENSCH

Katja Kutza

*Der ungewöhnliche Heilungsweg einer Amalgamvergiftung,
die Hintergründe moderner Volkskrankheiten und
die wundervolle Hilfe aus der geistigen Welt!*

„Sie sind austherapiert. Wir können keine körperlichen Erkrankungen bei Ihnen feststellen und vermuten eine psychische Störung." Das waren die Worte, mit denen Katja Kutza aus den meisten schulmedizinischen Praxen entlassen wurde. Am Ende eines langen Leidensweges stand die Autorin mit einem nicht mehr funktionieren wollenden Körper und allein gelassen von Ärzten vor den Trümmern ihres einst glücklichen Lebens. Völlig verzweifelt an diesem Punkt angekommen, bekam ihr Leben endlich eine glückliche Wende. Durch innige Gebete gab es für Katja Kutza plötzlich außergewöhnliche Fügungen des Schicksals – meist in Form von alternativen und spirituellen Heilmethoden. Nicht nur ihre Grunderkrankung – eine Amalgamvergiftung – wurde aufgedeckt, auch spirituelle, geistige und energetische Heilsysteme ebneten ihr den Heilungsweg.

ISBN 978-3-938656-47-1 • 21,00 Euro

UNSICHTBAR

Martina Heise

Haben Sie nicht auch schon einmal Geschichten über eine verborgene Welt gehört – eine unsichtbare Welt, in der sich Verstorbene aufhalten, aber auch Geister und Dämonen? Oder haben Sie möglicherweise sogar selbst etwas sehr Außergewöhnliches erlebt, das sie nicht mit dem Verstand alleine erklären konnten?

Es gibt Menschen, die haben die Gabe – oft seit Geburt –, diese Welt wahrzunehmen und mit den dort lebenden Wesen und Verstorbenen zu kommunizieren. Martina Heise ist eine von ihnen. Nach dem Erfolg ihres Buches „Schutzengel & Co." lässt Martina uns teilhaben an zahlreichen Phänomenen, die sie mit Engeln, Verstorbenen und der geistigen Welt erlebt hat und greift dabei Phänomene auf, die viele von uns bereits erlebt haben, jedoch bislang nicht zuordnen konnten.

Spannend erzählt Martina nicht nur ihre Erlebnisse mit dem Übersinnlichen, sondern bietet gleichzeitig eine wunderbare Hilfe zur Lösung vieler Probleme an, unter anderem zum Thema Gesundheit, Partnerschaft, Indigokinder und unheimliche Phänomene in unserem Zuhause. Wie wichtig ist beispielsweise ein energetisch harmonisches Umfeld, speziell in Häusern und Wohnungen? Sieht unser Kind Geister oder Verstorbene oder hat es Visionen?

ISBN 978-3-938656-51-8 • 26,00 Euro

DIE KENNEDY-VERSCHWÖRUNG

Dan Davis

War es eine Freimaurer-Hinrichtung?

Etwa 2.800 bislang geheime Dokumente zum Mord an John F. Kennedy wurden von Präsident Donald Trump zur Veröffentlichung freigegeben. In diesem Buch werden die neusten Erkenntnisse über den Mord an JFK am 22. November 1963 in Dallas, Texas, thematisiert und aufgelistet. Neben den brandaktuellen Fakten werden weitere offene Fragen erstmals beantwortet: Warum waren alle Entscheidungsträger, die mit der „Aufklärung" des Mordes zu tun hatten, Freimaurer? Welche von JFK geplanten Gesetzesänderungen verschwanden nach dem Attentat umgehend wieder? Warum kam es zu einem Massensterben von Augenzeugen? War es reiner „Zufall", dass Kennedys Sohn 1999 mit seinem Flugzeug abstürzte, wenige Tage vor einer geplanten Kandidatur zum US-Präsidenten? Und was weiß Donald Trump darüber? Wussten Sie, dass John F. Kennedys Grabstätte die Form eines Q aufweist? Wer ist der Whistleblower QAnon? Gibt es einen großen Rachefeldzug?

ISBN 978-3-938656-52-5 • 21,00 Euro

SKLAVENPLANET ERDE

Gabriele Schuster-Haslinger

Es ist Zeit, aufzuwachen!

Die Völker der Erde werden ganz bewusst belogen, und das in allen Bereichen: Seien es unterdrückte Verfahren zur Stromerzeugung, Krebs-Therapien, die nur bestimmten Kreisen zugänglich sind, die wahre Abstammung des Menschen oder die geheime Besiedelung unserer Nachbarplaneten – aber auch Themen wie Massenmigration, Gender-Ideologie oder Klimaschwindel. Wir werden durch ein Konstrukt aus Konsumgesellschaft, Zinssystem und bewusster Irreführung durch die Massenmedien derart beschäftigt, dass wir gar nicht mitbekommen, in welchem Stadium der Kontrolle und Überwachung wir uns bereits befinden. Doch nicht nur von staatlichen und Geheimdienstorganen, sondern mehr und mehr durch Künstliche Intelligenz. Und diese ist nicht nur dabei, unsere Gehirnleistung zu übernehmen, sondern sie auch zu steuern – uns allen droht ein vollkommen manipuliertes Sklavendasein. Doch neben diesen gibt es auch noch andere besorgniserregende Entwicklungen auf der Erde, von denen der Bürger nichts mitbekommt – aus gutem Grund!

ISBN 978-3-938656-51-8 • 26,00 Euro